디아코니아
신학 선언

삼위일체 하나님의 디아코니아

디아코니아
신학 선언

지은이 | 장승익
펴낸이 | 원성삼
책임편집 | 홍순원
본문 및 표지디자인 | 한영애
펴낸곳 | 예영커뮤니케이션
초판 1쇄 발행 | 2018년 8월 31일
등록일 | 1992년 3월 1일 제 2-1349호
주소 | 04018 서울시 마포구 동교로 55 2층(망원동, 남양빌딩)
전화 | (02)766-8931
팩스 | (02)766-8934
홈페이지 | www.jeyoung.com
ISBN 978-89-8350-997-0 (93230)

값 14,000원

이 도서의 국립중앙도서관 출판예정도서목록(CIP)은 서지정보유통지원시스템 홈페이지
(http://seoji.nl.go.kr)와 국가자료공동목록시스템(http://www.nl.go.kr/kolisnet)
에서 이용하실 수 있습니다.(CIP제어번호: CIP2018026547)

모든 인간은 하나님의 형상을 닮은 존귀한 존재입니다. 사람은 인종, 민족, 피
부색, 문화, 언어에 관계없이 모두 다 존귀합니다. 예영커뮤니케이션은 이러한
정신에 근거해 모든 인간이 존귀한 삶을 사는 데 필요한 지식과 문화를 예수 그리스도의
사랑으로 보급함으로써 우리가 속한 사회에 기여하고자 합니다.

삼위일체 하나님의 디아코니아

diakonia

디아코니아
신학 선언

장승익 지음

예영 커뮤니케이션

아하! 장승익 박사에게서 기독교의 디아코니아(*Diakonia*)는 한국의
옷을 입었다! 출애굽한 이들의 것만도, 유대교의 것만도, 예루살렘 교
회의 것만도, 소아시아의 교회들의 것만도, 그리고 유럽 교회의 것만도
아닌, 한국 교회의 디아코니아를 신구약성서의 흐름 속에서 그리고 세
계 교회와의 대화 가운데 바로 이 책에서 풀어내고 있다. 단순한 기독교
사회복지가 아니라, 그리고 독일어권의 발명품처럼 여겨지는 디아코니
(Diakonie)도 아닌 한국 교회의 디아코니아를 이 책은 말하고 있다.

장승익 박사에게서 디아코니아의 범위를 축소하려는 모든 시도들은
무익하게 되고 만다. 그에게서 기독교의 디아코니아는 하나님의 손길이
닿는 이 지구상의 모든 것에 미친다. 사물이든 사상이든 그것이 기독교
적이든 비기독교적이든 간에 기독교의 디아코니아는 신앙인이 관계하
는 삶의 모든 영역을 그 대상으로 삼는다. 디아코니아는 결코 한 분야가
아니라 모든 분야를 관통하는 열쇠라는 것이 밝혀졌다.

장승익 박사는 디아코니아의 모델이 하나님의 삼위일체적 관계에서 비롯된다고 말한다. 이 삼위일체성을 통해 신학의 모든 분야가 디아코니아적으로 조명된다. 신학의 모든 분야들에서 낯선 이론가를 동원하지 않고서도 장승익 박사는 국내외의 그리고 과거와 현재의 친숙한 이론가들의 얼핏 지나칠 사변들을 예리하게 끄집어내고 해석하여 디아코니아를 친숙한 우리의 이야기로 만들어 내었다.

장승익 박사는 디아코니아적 교회를 말한다. 1848년, 유럽에 출몰한 공산당선언에 응답한 기독교회의 디아코니아 선언이 오늘날 그가 외치는 한국 교회의 선언으로 되살아나서 현대의 합리성과 후·현대의 자율성에 대해 응답하는 것만 같다. 교회가 그리스도의 몸인 이상에는 디아코노스로 오신 그리스도의 교회는 철저하게 디아코니아적일 수밖에 없다고 선언하고 있는 것이다. 단지 그가 꿈꾸는 자로 말하고 있는가? 그렇다면 그의 꿈은 철저하게 기독교적인 꿈이고 기독교회와 그리스도인들은 이 꿈을 위해 부름을 받은 것이리라.

이범성 교수
실천신학대학원대학교 선교학과 디아코니아학

이 책의 핵심 주장은, "삼위일체 하나님의 본질이 바로 코이노니아다. 이것은 삼위일체 하나님의 본질이 생명이라는 말과도 같다. 생명에는 생동하는 교제가 있다. 즉 성부, 성자 그리고 성령 하나님 안에는 온전한 섬김으로서의 친교가 있다. 그러므로 삼위일체 하나님 안에서는 코이노니아와 디아코니아는 하나다."이다. 저자는 이 책에서 삼위일체 하나님의 코이노니아가 어떻게 세상을 향해 자기 생명을 소진시키고 나눠 주시는 디아코니아로 체현되는가를 자세히 논한다. 삼위일체 하나님은 자기 소진적인 내어 주심의 일환으로 세상을 창조하시고 모든 생명을 붙들고 계시며 쉴 새 없이 자기 소진적인 사랑을 베풀어 주신다. 하나님은 자기 소진적인 사랑을 아무리 하셔도 피폐하게 되거나 곤비하게 되지 않으신다. 하나님의 지혜와 능력, 사랑과 인애는 끝없이 크고 광활하기 때문이다.

저자는 기독교가 하나님께서 당신의 독생자 예수를 세상에 보내는 성육신적 아가페에서 탄생되었기에 교회는 이 신적 디아코니아를 체현함으로써 이 세상의 모든 약한 것들과 죽어 가는 것을 끌어안는 영적 감수성을 회복해야 할 것을 강조한다. 저자는 이 생명 살림의 연대를 통한 공의, 평화와 공생 추구가 교회뿐만 아니라 세계가 걸어가야 할 유일한 길이요, 대안이라고 설득력 있게 주장한다. 신학과 목회 현장은 삼위일체 하나님의 디아코니아를 체현하고 구체화하는 과업에 투신되어야 한다는 것이다. 그 이유는 우리가 믿는 삼위일체 하나님의 근본 속성이 디아코니아적이며, 그의 사역이 또한 디아코니아적이기 때문이다. 이 책은 삼위일체 하나님이 어떤 의미에서 '디아코니아적'인가를 자세히 그리고 다채롭게 설명하면서 독자들의 마음을 감동시키고 봉사적 존재로 변화시킨다. 특히 저자는 하나님의 자기 비움(kenosis)에 의한 디아코니아(diakonia)를 강조함으로써 기독인들과 교회의 삶이 근본적으로 자기 소진적 비움을 통한 나눔과 베풂, 타자 환대와 봉사에 있음을 감동적으로 논증한다. 이 책은 전체적으로 디아코니아를 통해 기독교의 핵심을 압축적으로 다룬다.

비록 학문적인 문체로 쓰였으나 이 책을 읽는 독자는 저자의 육성 설교를 듣는 듯한 감동을 받게 될 것이다. 우리는 이 책이 모든 한국 교회 그리스도인들에게 널리 읽혀서 하나님의 코이노니아와 디아코니아가 온 세상에 육화되기를 갈망한다.

김회권 교수
숭실대학교 인문대학 기독교학과(구약학)

　성경에서 디아코니아(기독교 사회봉사)는 교회 사역의 중대한 축을 이루고 있음에도 불구하고 오랫동안 홀대를 받아 왔다. 최근에 들어서야 신학 연구의 한 영역을 확보해 가는 중이고, 목회실천에서 당위성을 조금씩 확립하고 있는 형편이다.

　신학 연구의 여러 방면에서 디아코니아에 대한 연구가 절실히 필요한 참이었다. 차제에 장승익 박사님이 "디아코니아 신학 선언"이란 제하의 연구서를 발표하게 된 것은 신학과 목회실천에 매우 반가운 소식임이 틀림없다. 이 책은 다음과 같은 몇 가지 이유에서 충분히 추천을 받아 마땅하다.

　첫째, 본서는 디아코니아를 해야 하는 이유를 분명하게 해 준다. 저자는 삼위일체 하나님의 속성과 존재 형태에 근거하여 교회의 이웃사랑에 대해 해박하게 써 내려간다. 저자의 눈으로 본 디아코니아는 "삼위일체 하나님의 본질이요 예수의 삶의 가장 큰 특징"이다. 신학이 없는 디아코니아는 시대적 흐름이나 목회자의 신념에 따라 적극적으로 시행되기도 하고 뒷전으로 밀려나기도 한다. 이 책은 디아코니아 신학과 실천에 대한 이런 어중간함을 깨끗이 불식시켜 줄 것으로 확신한다.

둘째, 본서는 디아코니아에 대한 시야를 넓혀 준다. 저자는 디아코니아를 성경은 물론 기독교 신학의 각론과 목회 현장의 주요 주제들과의 연관성 속에서 설명하였다. 이 책에서 독자는 디아코니아를 중심으로 오늘 우리 한국 교회가 잃어버린 것과 다시 취해야 할 것이 무엇인지 깊이 성찰하게 될 것이다.

셋째, 본서는 디아코니아에 대한 실천-이론(Praxis-theorie)을 정립하는데 매우 유익한 책이다. 디아코니아가 목회실천과 직접적인 관계가 있다는 점을 고려하면, 디아코니아 실천의 옳고 그름을 가름하는 비평적 기준이 필요한데 이 책이 그런 중요한 내용을 가득히 담고 있다. 독자는 이 책의 모든 문장에서 그리고 온 정성을 다 쏟아 부은 흔적이 역력히 보이는 각주 하나 하나에서 그 귀한 보배들을 발견하게 될 것이다.

김한옥 교수
서울신학대학교 실천신학

　장승익 박사의 『디아코니아 신학 선언』은 디아코니아 교회론 정립을 시도한 소중한 역작입니다. 장승익 박사는 튀빙겐대학교에서 박사 학위를 받고 독일에서 목회를 감당하다가 한국 교회를 섬기기 위해 다시 부름을 받은 준비된 목회자이면서 신학자입니다. 따라서 이 책은 목회적 통찰력과 신학적 깊이가 잘 조화되어 있습니다.

　장승익 박사가 서론에서 밝혔듯이 이 책은 생명 존중의 삶의 철학이 신학적으로 잘 정립되어 있습니다. 농부 철학자 피에르 라비처럼 그도 생명 존중과 섬기는 자의 삶을 실천하는 신학자이며 목회자입니다. 그의 삶도 디아코니아의 본질에 합당한 삶이라고 할 수 있습니다.

　책의 내용을 천천히 읽어 보면, "디아코니아 선언"은 장승익 박사가 여러 해 동안 심혈을 기울여 완성한 역작임을 알 수 있습니다. 구약성서와 신약성서의 디아코니아를 잘 설명해 주고 있습니다. 신약성서 학자답게 다양한 관점에서 디아코니아 신학을 정립하고 있습니다. 디아코노스 예수로 말미암아 도래한 하나님 나라가 건강하게 세워져 가는데 이 책이 소중하게 쓰임 받으리라 생각합니다.

장승익 박사의 이 책을 통해서 디아코니아 교회론이 잘 정립되리라고 확신합니다. 돈, 권력, 탐욕에 물들어 있는 교회와 사회에 지혜로운 해답을 제시하는 책으로 많은 사람에게 읽히기를 바랍니다. 일반인들뿐만 아니라 신학생과 목회자들이 일독하여 디아코니아를 잘 이해하고 삼위일체 하나님의 디아코니아를 가정, 교회 그리고 세상에 공의롭게 펼쳐가기를 기대합니다.

박성배 박사
『한국이 온다』 저자, CBS 방송아카데미 교수

본서는 제목이 말해 주듯 "디아코니아"에 관한 책이다. 흔히 디아코니아는 우리말로 "사회봉사" 혹은 "섬김" 등으로 번역된다. 하지만 필자는 단순하게 사회봉사나 섬김에 관해서 저술하지 않았다. 제목이 "디아코니아 신학 선언"이고, 부제를 "삼위일체 하나님의 디아코니아"로 달았듯이 디아코니아 신학에 대해 저자 나름의 신학을 전개했다. 한 걸음 더 나아가 특별히 "삼위일체 하나님의 디아코니아"라는 관점에서 디아코니아 신학을 조명했다.

저자는 디아코니아에 관한 신학적 작업을 전통적으로 디아코니아학을 전공한 실천 신학자의 관점에서 저술하지 않았다. 이 책을 통해 전통적인 독일의 디아코니아 신학에 관한 정보를 얻을 수는 없을 것이다. 참고로 저자는 독일 튀빙겐대학에서 히브리서를 연구하여 박사 학위를 받은 성서신학자다. 하지만 저자는 소위 디아코니아 학문의 본 고장이라고 할 수 있는 독일, 그것도 독일의 뷔르템베르크 개신교 사회봉사국 산하 목사로 일하면서 독일 교회와 한인 교회를 함께 섬길 수 있었다. 또한 이후 뷔르템베르크주 교회 총회에 속한 외국인 목사로 위치를 옮겨 역시 동일하게 독일 교회와 한인 교회를 섬겼다. 20년이 넘는 세월 동안 독일에서 공부와 목회를 하며 또한 구체적으로는 개신교 사회봉사국 산하 여러 기관과 단체 현장 등을 방문하고 경험하면서 많은 것을 눈으로 보고 몸으로 배우고 경험할 수 있었다.

본서는 실천 신학자는 아니지만 이러한 저자의 오랜 독일 교회와 사회 경험을 바탕으로 한국 교회와 사회를 위해 나름의 신학적 관점과 비전을 갖고 저술했다고 볼 수 있다. 저자는 성서학을 공부하면서 15년 이상의 독일 목회 경험과 2010년 여름 귀국 이후, 지난 7년간의 교수와 목회 경험을 바탕으로 본서를 저술하게 되었다.

1~3장에서는 신구약성경에 나타난 디아코니아 개념을 정리하였다. 그러면서 인접 학문과 소통과 대화를 하려고 노력하였다. 그러다 보니 각주가 많아졌다.

4장에서 저자는 디아코니아 신학이라는 분야가 단지 디아코니아학을 전공한 학자나 목회자만의 분야가 되어서는 안 된다는 저자 나름의 신학을 시도하였다. 즉 디아코니아가 삼위일체 하나님의 본질에 해당되기에 이것은 신학 전반에 있어서 가장 중요한 분야라는 것이다. 하여 저자는 디아코니아 개념을 신학 내에서의 다른 인접 분야와의 연동을 통해 디아코니아 신학을 전개하였다. 이 부분에 대해서는 독자 제위의 비판적 평가와 읽기를 기대한다.

이 책의 초고는 2010년 여름, 귀국하여 자리를 잡지 못하고 있을 때 시작되었다. 귀국 후 그동안 읽지 못했던 한국어 신학 서적을 탐독하는 과정에서 한국 교회의 무너져가는 모습을 지켜보면서 문득 디아코니아에 관한 책을 써야겠다는 생각이 들었다.

당시에는 시간적인 여유도 있고 해서 묵상하며 아이디어를 정리하면서 책을 읽고 써 나갔다. 그러던 중 2011년 2월 어간에 어느 정도 글이 완성되어 지인을 통해 교정을 보고, 새로 나온 몇 권의 책을 좀 더 읽고 마무리할 생각이었다. 하지만 3월부터 이곳저곳 강의를 맡아 원고를 마무리할 여유가 없었다. 출력한 원고는 책장 한쪽 구석에 쳐 박혀 있었고, 어느덧 7년이라는 세월이 지났다.

2012년 1월부터 저자는 지금의 "함께하는 교회 예수마을"의 담임 목사로 부임하면서 강의도 조금씩 병행했기에 이 원고에 손을 댈 수 있는 여유가 전혀 없었다. 그야말로 완전히 묵혀있는 원고였다. 이 원고를 다시 집어 들고 수정할 수 있었던 계기는, 2017년 여름에 교회에서 재신임을 받고, 2018년 1월 중순부터 3개월 동안 교회로부터 얻은 안식년 기간이었다. 이 기간을 이용하여 저자는 지난 7년 동안 나온 여러 서적을 추가로 읽고 정리하여 오늘의 본서를 내놓게 되었다.

예수마을을 섬기고 있는 황재혁 목사가 전체 초고를 함께 읽어 주었다. '디아코니아와 사이버'라는 주제도 추가했으면 좋겠다는 제안도 해주어서 기꺼이 그 분야의 책을 읽고 정리하였다. "디아코니아 신학 선언"이라는 제목도 황재혁 목사의 아이디어였다. 대학원 공부하랴 목회하랴 연애하랴 틈틈이 기자일도 하는, 그 바쁜 와중에도 꼼꼼하게 초고를 읽고 지적해 줘서 고마울 따름이다. 안식년 기간 동안 담임 목사가 자리를 비운 중에도 교회를 성실하게 목회해 준 이파람 목사와 교역자들 그리고 장로님들을 비롯한 여러 교우에게도 이 자리를 빌려 감사를 드린다. 바쁜 가운데서도 기꺼이 본서의 추천서를 써 주신 김한옥 교수(서울신학대학교), 김회권 교수(숭실대학교), 이범성 교수(실천신학대학원대학교) 그리고 신학교 동기 박성배 박사(CBS 방송아카데미 교수 겸 작가)께 감사를 드린다.

늘 저자의 목회와 신학을 위해 기도와 따뜻하면서도 예리한 비평으로 지난 30년 목회와 신학의 여정을 함께해 온 아내에 대한 감사는 이루 다 말할 수 없다. 또한 이 자리를 빌려 딸 셋이 믿음 안에서 잘 자라 공의롭고 바른 분별력을 가진 신앙인으로 커 주어 고마울 뿐이다. 평생 하나님의 교회를 기도와 섬김으로 수고하시고 자녀의 목회와 교수를 위해 기도해 오신 부모님과 장모님과 장인어른의 후원에 감사를 드린다. 고령의 나이에도 건강하신 가운데 자손들을 통해 주시는 기쁨과 평강이 양가 부모님 가운데 가득하기를 기도한다.

이 책을 쓸 수 있도록 안식년을 허락해 준 함께하는교회 예수마을 교우들께 감사를 드린다. 안식년이 아니었으면 이 책은 도저히 이렇게 빛을 볼 수가 없었을 것이다. 또한 기꺼이 사랑으로 출판비의 한 부분을 후원해 주신 분께도 감사를 드린다.

어느 때보다도 교회에 대한 사회의 시선이 따갑고 차가운 현실이다. 점점 더 무너져가는 교회의 위상을 회복하기 위해서는 교회의 본질을 회복하는 길 외에는 없다고 생각한다. 저자는 디아코니아, 특히 삼위일체 하나님의 디아코니아의 관점에서 교회의 회복을 시도했다. 예수께서 당신 스스로를 가리켜 "나는 섬기는 자(디아코노스)로 너희 가운데 있다."라고 말씀하신 것을 오늘의 교회는 명심해야 할 것이다. 오늘의 교회가 참된 섬김으로 예수의 뒤를 따를 때만 교회의 무너진 위상을 다시 세울 수 있을 것이라고 확신한다.

아무쪼록 한국 교회가 이 책을 통해 삼위일체 하나님의 디아코니아를 바르고 정확하게 깨달아 한국 교회와 사회를 살리고 이 땅에 하나님 나라를 건강하게 세워감으로 하나님께 영광을 올려 드리기를 간절히 기원한다.

서툰 원고를 이렇게 읽기 좋고, 보기 좋은 멋진 책으로 만들어 준 예영커뮤니케이션 원성삼 대표와 편집팀에게 감사를 드린다.

2018년 8월
관악산 산자락 하늘을 받드는 동네에서
저자 장승익

디아코니아, 교회와 생명

이 원고를 쓰는 중에 필자는 특이한 사람이나 기삿거리에 관심을 갖고 찾아다니며 기록하는 일을 하고 있는 프랑스 기자 출신의 장 피에르 카르티에와 그의 부인 라셀 카르티에가 함께 쓴 『농부 철학자 피에르 라비』[1]라는 책을 우연히 읽었다. 필자는 독일에서 생활하면서 일상에서 흙을 밟으면서 흙과 대화하며 길가에 있는 이름 모를 들풀과 들꽃에 한없이 매료되어 그것들과 대화하기를 즐겨 했었다. 필자가 이 책을 읽고 나서의 감동 역시 그것과 유사했는데, 그것은 피에르 라비의 말 한마디 한마디가 필자에게는 뼛속까지 들어와 흐르는 깊은 감동과 더불어 전율을 던져 주었기 때문이다.

이 책에서 피에르 라비는 알제리 사막과 도시의 문명 사이를 서로 번갈아들며 느꼈던 경험을 바탕으로 흙과 나무를 비롯한 생명의 소중함을 넘어선, 존재하는 모든 것의 경외감을 노래한다. 나 역시 인간을 포함하여 존재하는 모든 것에는 그 나름대로의 꼴을 갖추고 있는 한, 그곳에

---

1   J. P. Cartier / R. Cartier, 『농부 철학자 피에르 라비』, 서울: 위즈덤하우스, 2005.

있을 수 있는 본래의 권리를 갖고 있다고 생각해 왔다. 수천 만 년 침묵을 지키며 지구를 풍요롭게 해 온 땅은 그 나름대로 연대해 온 이웃 땅과 더불어 그 자리에 머무를 수 있는 권리를 갖고 있기에 인간인 우리가 함부로 그것을 박탈할 수는 없는 노릇이다.

나는 이것을 땅에 대한 인간의 최소한의 예의요, 또한 우리 인간이 가져야만 하는 겸손의 아름다움이라고 생각한다. 사실상 이 원리는 살아 있는 모든 생명체에게도 동일하게 적용된다고 하겠다. 수많은 곤충과 벌레, 들풀과 들꽃, 나무와 돌, 물 등은 제 위치에 머무를 수 있는 권리가 있고, 물도 본래 흐르던 고유의 물줄기를 타며 기분 좋은 소리를 내면서 흐를 까닭이 이에 있는 것이다.

피에르 라비는 이러한 점들에 대해 그냥 지나침 없이 농부 특유의 섬세함과 정치(精緻)한 열정을 갖고 우리에게 많은 것을 가르쳤다. 그는 동시에 우리 시대의 생명경시 습관을 쌀쌀하고 매섭게, 하지만 진지하면서도 살갑게 질책하고 있는 것이다. 생명 경시의 습관은 어디에서 오는 것인가? 그것은 날마다 우리가 엉뚱한 것(죽은 것)에 곱작거리곤 하는 데서 오는 것이라 헤아려진다. 그것은 또한 참 살아 있는 것과 생명을 우리에게 내신 분을 경외하기보다는 돈을 사랑하고, 무분별한 개발과 불의와 더러운 것들과 타협하며 그들에게 연실 머리를 숙이거나 몸을 굽히기를 즐겨 하는 내 안과 우리 안에 있는 천박하고 경솔한 그리고 비루한 성질에서 비롯된 것이다.

피에르 라비는 그 척박한 땅을 옥토로 바꾸지 않았던가! 그는 생명이 있는 것에 대한 애착을 갖고 있었다. 그는 땅을 포함하여 죽어 가는 생명을 회복하고 풍성하게 하는 일에는 목숨 걸고 결기를 부리는 용장(勇將)인 동시에 지장(智將)이다. 정말 나에게는 우리 시대에 이런 사람이 많이 나왔으면 하는 바람이 있다. 살아 있는 것에 대한 그의 마음을 우리는 그의 말에서 쉽게 알아차릴 수 있다.

"우리는 우리에게 필요한 것들을 취할 수 있습니다. 하지만 그 대상에게 언제나 감사하는 마음을 잊어서는 안 됩니다. 그런 감사하는 마음이 곧 신에게 보답하는 마음입니다. 나무에게는 생명이 필요합니다. 나에게도 역시 그렇습니다. 내가 그런 식으로 나무와 협약을 맺는 순간, 많은 것이 달라집니다. 그런 평등한 관계가 삶에 건강한 생명력을 부여합니다. 필요 이상으로 쌓아 두려고 하는 것이 인간의 문제입니다. 쌓아 두려고만 한다면 인간은 더는 조화로운 삶을 누릴 수 없습니다."[2]

나는 피에르 라비야말로 생명을 생명 되게 하는 "생명의 조련사"라 부르고 싶다. 그는 진정 땅과 살아 있는 것들을 섬길 줄 아는 농부이다. 피에르 라비는 예수의 뒤를 따라가는 우리 시대의 진정한 "섬기는 자"이다. 우리는 그의 삶을 가리켜 디아코니아의 본질에 부합한 삶이라 말할 수 있을 것이다.

피에르 라비는 레위기 25장 23절에서 하나님이 "토지를 영구히 팔지 말 것은 토지는 다 내 것임이니라."고 하신 말씀과 시편 24편 1절, 곧 "땅과 거기에 충만한 것과 세계와 그 가운데 사는 자들은 다 여호와의 것이로다."라는 말씀에 어느 누구보다 충실하게 귀 기울인 사람이다. 그의 말 중에 "평등한 관계가 삶에 건강한 생명력을 부여합니다."라는 말이 내 마음에 깊이 와 닿는다.

---

2   J. P. Cartier / R. Cartier, 『농부 철학자 피에르 라비』, 15-16.

디아코니아적인 삶을 살았던 예수는 이러한 참 평등을 위해 오셨다. 예수에게 있어서 평등의 문제는 곧 하나님과 피조 세계와의 평화의 문제로 연결된다. 평등과 평화의 문제는 언제나 "생명"과 연계되어 있기 때문이다.[3] 피에르 라비의 말처럼, "필요 이상으로 쌓아 두려고 하는 것이 바로 인간의 문제"이고, 역설적이게도 이것은 오늘날 교회의 문제가 되었다. 오늘의 교회는 마치 부(富)를 자기 창고에만 쌓아 두려고만 하는 누가복음에 나오는 부자와 다름없는 것 같아, 내 마음이 한없이 씁쓸하다. 오늘의 인간은 슬프게도 이제 더는 조화로운 삶을 누릴 수 없게 된 것이다.

우리 사회와 교계에는 풀 수 없는 많은 난제가 쌓여 있다. 이 많은 문제의 핵심에 자리하고 있는 것이 돈이요, 이 돈과 결탁된 권력과 인간의 이기적 탐욕이다. 어느 누구도 풀 수 없는 이 난제를 해결하는 길이 곧 교회가 걸어가야 할 바로 그 길, 디아코니아라는 것을 나는 이 졸고를 쓰면서 새삼 깨닫게 되었다. 그 길은 끝없이 주고 나누는 것이다. 이것이 생명의 특질이다. 그러할 때 우리 사회에 산재한 많은 문제가 해결되리라 생각한다.

예수는 "주는 것이 받는 것보다 복이 있다."고 말씀하셨다(사도행전 20장 35절 참조). 퍼주는 교회, 나누기를 즐겨하고 이웃과 피조물을 섬기는 것을 교회 최고의 덕으로 생각하며 사는 교회는 바보 교회다. 하지만 하나님 나라는 결국 이러한 바보의 나라라고 나는 믿는다. 삼위일체 하나님의 디아코니아의 특징은 주는 데에 있다. 성경은 하나님이 세상을 사랑하셔서 우리를 위해 독생자를 주셨다고 일관되게 말씀하고 있다.

---

3 하나님은 예수를 통해 우리에게 영생의 선물을 주셨다(요한복음 3장 16절 이하 참조).

우리의 구주 예수님은 친히 바보가 되셔서 우리를 친구로 삼으셨다 (요 15:14). 그는 죽음으로 이 땅에 하나님 나라를 세우셨다. 나는 목사로서 오늘의 교회가 철저히 예수의 길을 걷기를 기도한다.

먼저 오늘의 교회가 철저히 나누고 베풀고 섬기는 바보의 셈법을 터득했으면 좋겠다. 목회자와 기독인이 이 바보 셈법의 최고 권위자가 되기를 바란다. 세상적인 이익에 발 빠르게 움직이고, 소위 자기의 철통밥그릇만을 지키고 채우기에 눈이 빨개지는 그런 목사가 되지 않기를 바란다. 가난하고 열악한 교회, 목사, 소수자 그리고 이웃을 매정하게 내팽개치는 그런 교회, 목사나 그리스도인이 되지 않았으면 참으로 좋겠다. 공평과 정의, 긍휼과 진리에 근거한 바른 분별력과 용기를 가진 그런 목회자가 많아지길 바라는 마음 간절하다.

욕심이 없고 마음이 깨끗한 목회자, 성도와 교회가 많아지기를 기도한다. 예수는 우리를 가리켜 친구라고 하셨다. 예수와의 참되고 긴밀한 친연(親緣) 관계를 가진 공동체가 바로 교회이다. 교회는 하나님의 새로운 가족임을 명심해야 한다.

교회가 왜 존재하는가? 그것은 예수로부터 우리에게 침투해 온 그 영원한 생명을 함께 나눔으로 하나님께 영광이 되고 하나님 나라를 세워가기 위해서일 것이다. 예수의 디아코니아! 예수 정신의 가장 중요한 내용은 철저한 자기 비움을 통해 죽기까지 섬기는 삶을 산 데에 있다. 이것을 통해 인류는 오래된 문제가 해결되어 하나님과의 바른 관계성을 회복하고, 참 자유와 해방의 기쁨을 누렸을 뿐만 아니라 참 행복의 길이 무엇인지 알게 되었다. 예수의 섬김은 당시 주류 사회에서 철저하게 외면당해 버림받고 소외당한 채 살아가는 타자(他者)를 위한 것이었다. 그뿐만 아니라 자신을 부인하고 떠난 제자들을 따뜻함과 관용으로 온전히 감싸 안았던 바로 그 사랑이기도 했다.

랍비 조너선 색스(Jonathan Sacks)는 그의 책 『차이의 존중』에서 "종교가 갈등의 원천이 아니라 평화를 앞당기는 힘이 될 수 있는가?"를 묻는다. 그러면서 그 답을 이렇게 내리고 있다.

"그 답은 서로 다른 종교와 문화가 어떠한 방법으로 '타자'를 위해 공간을 내줄 수 있는가에 달려 있다. 여기서 타자란 우리와 인종이나 피부색, 신앙 등이 다른 사람을 일컫는다. 우리는 과연 타자를 우리의 믿음과 생활 방식을 위협하는 존재로 볼 것인가? 아니면 인류 공동의 유산을 풍부하게 해 준 존재로 볼 것인가?"[4]

색스가 말하고 있는 해법인 "'타자'를 위해 공간을 내줌"은 바로 디아코니아적인 삶을 살아가는 것을 의미한다고 할 것이다. 나를 철저히 내려놓는 자기 부인을 통한 나 아닌 "다른 것(인간을 포함한 모든 피조물)"을 철저히 섬기는 것을 통해 종교는 이 땅에 평화를 앞당길 수 있을 것이라 나는 확신한다. 이것이 바로 예수의 사역 그 자체였기 때문이다.[5]

교회의 디아코니아는 성경이 보여 준 예수의 삶과 정신을 최선으로 택하여 굳게 지켜(택선고집, 擇善固執) 시대를 거슬러 근본으로 돌아가고자(역시귀본, 逆時歸本) 하는 교회의 본래적 행보라고 생각한다. 이러한 치열한 노력 없이 어떻게 우리가 하나님의 자녀라 일컬음을 받을 수 있겠는가?

---

4   J. Sacks, 『차이의 존중. 문명의 충돌을 넘어서』, 서울: 말글빛냄, 2008, 6-7.

5   이에 대해서 Brian D. McLaren, 『예수에게서 답을 찾다』, 김선일 옮김, 서울: 포이에마, 2010 참조.

국문학자 정민 교수는 실사구시(實事求是)를 추구하던 18세기 조선 지식인의 가장 큰 특징을 "벽(癖)"으로 보았다.[6] 이 "벽"은 미친 듯 몰두하여 다른 것을 돌아보지 않는 몰입의 상태를 가리킨다.

사도 바울의 삶이 바로 이 "벽"의 삶이었다. 그는 예수에게 사로 잡혀 오직 한길 위에서 부르신 부름의 삶을 향하여 복음의 증인으로서의 삶을 오롯이 살았다(빌 3:12-14; 골 1:24-25). 그는 예수로 인해 세상에 대해 바보가 된 것이었다. 이것이 바로 "벽"이다. 나는 오늘의 교회가 "디아코니아벽"에 걸렸으면 좋겠다. 이것은 그야말로 큰 병이요 장애지만, 세상을 살리는 병이요, 장애이다. 이제 교회 건물은 그만 짓고, 묘지도 땅도 그만 사고, 오직 디아코노스(종) 예수에 사로잡혀 "디아코니아벽"에 미친 교회를 보고 싶다.

요즈음 세태를 들여다보면, 어느 때보다도 모든 피조물 간에 차별 없이 조화로운 사랑과 정의의 연대가 절실히 요청되는 시대에 우리는 살고 있다. 디아코니아야말로 이러한 사랑과 정의의 깊은 연대를 지속적으로 평화롭게 유지하게 하는 사랑의 추동(推動) 및 연동 장치라고 생각한다.

미국 클레어몬트대학에서 기독교 윤리를 가르치고 있는 엘렌 오트 마샬(Ellen Ott Marshall) 교수는 최근 자신의 책 『광장에 선 그리스도인』에서 우리 시대의 문제를 해결할 수 있는 처방책으로 "윤리적 모호성", "신학적 겸손함"과 함께 "사랑"을 제시했다.[7] 그녀는 기독교가 말하는

6　차동엽, 『바보 Zone』, 서울: (주)여백미디어, 2010, 107 이하 참조.

7　E. O. Marshall, 『광장에 선 그리스도인』, 대장간 편집실 옮김, 대전: 대장간, 2010, 37-61 참조.

| 프롤로그 | 25

조건 없는 사랑의 의미를 더 깊이 이해하고 실천하는 것을 돕는 개념들로 간디의 "아힘사", 마틴 루터 킹 주니어의 아가페, 도로시 데이의 인격주의, 데스몬드 투투의 우분투 그리고 틱낫한의 인터빙(Interbeing)을 들었다. 이것은 그녀가 언급한 대로 기독교의 사랑을 더 풍성하게 해 주는 개념들인데, 나는 이중 디아코니아와 연결해서 아프리카어 "우분투"의 의미를 함께 되새겨 보고 싶다. 우분투는 다음과 같은 의미를 담고 있는 말이다.

> "우분투는 다른 이들을 사랑하고 돌보는 것, 다른 사람들에게 친절한 것, 다른 이들을 환영하고, 공정히 대해 주고 이해하는 것, 다른 이들에 대해 연민의 마음을 품는 것, 어려움에 부닥친 이들을 돕는 것, 다른 이들에 대해 정직한 것, 다른 이들에게 좋은 태도를 지니는 것을 의미한다. 우분투를 실천하는 나라야말로 이 땅 가운데서 하나님 나라에 좀 더 근접한 나라이다."[8]

이 "우분투"의 개념은 교회의 디아코니아를 풍성하게 해 주는 더없이 좋은 말이다. "디아코니아 영성"을 "우분투 영성"이라는 말로 바꾸어도 좋을 것 같다. 우분투가 가리키는 삶은, 곧 예수의 삶 그 자체이다. 사람들 간의 연대성을 보여 주는 것이 우분투라는 말의 더 깊은 의미라고 한다. 예수의 삶은 연대 그 자체였다. 그렇다. 우리는 서로 뗄 수 없이 얽혀 있는 존재이다. 우리는 서로를 통해 존재하고, 서로를 통해 우리 자신을 알아 간다. 여기서 "서로"가 빠지는 순간 우리는 "아무것도

---

8   E. O. Marshall, 『광장에 선 그리스도인』, 53.

아님"이 될 것이다.

틱낫한은 베트남어 티엠과 히엔의 의미가 "현재를 공유하는 존재들 간의 깊은 연결성에 대한 감수성"이라고 말했다.[9] 나는 이것 또한 예수에게서 발견한다. 예수는 어느 누구보다도 민중과 피조물과 깊이 연대하는 각별한 영적 감수성을 가진 분이셨다. 예수의 이 영적 감수성은 존재하는 모든 것에 대한 긍휼과 자비로 나타났을 뿐 아니라, 이 예수의 긍휼과 자비가 세상을 변혁시킨 힘이었던 것이다. 무력이 아닌 긍휼과 자비의 힘을 당신은 믿는가? 존재하는 것과의 깊은 연결의 영적 감수성은 오늘의 교회가 결코 놓쳐서는 안 될 영성이라고 생각한다.

디아코니아를 실천하는 교회, 아니 디아코니아 벽(癖)을 가진 교회는 존재하는 모든 것과 함께하며 더불어 살아가는 교회이다. 그런 교회가 바로 세상을 조금씩이나마 변혁해 가는, 살아 있는 예수의 교회일 것이다.[10]

삼위일체 하나님의 코이노니아와 디아코니아의 연동과 추동은 아들 예수를 세상에 보내는 성육신적 아가페로 계시되었다. 디아코니아를 통한 함께하는 영적 감수성의 연대야말로 공의, 평화와 공생을 위해 오늘의 교회뿐 아니라 세계가 걸어가야 할 유일한 길이요, 대안이라고 나는 굳게 확신한다.[11]

삼위일체 하나님의 디아코니아는 그의 아들, 우리 주 예수에 대한 교

---

9 E. O. Marshall, 『광장에 선 그리스도인』, 51.
10 S. Mott, 『복음과 새로운 사회』, 대전: 도서출판 대장간, 2008 참조. 스티븐 모트는 이 책에서 우리 사회의 경제적. 사회적 불의를 바로잡고 정의를 세우라는 명령이 성경의 중심 사상임을 기독교 윤리학자로서 성경에 충실하게 전개한다.
11 권정생은 평화를 "적당히 고루고루 살아가는 모습을 일컫는 말"이라고 정의했다(그의 책, 『빌뱅이 언덕』, 파주: ㈜창비, 2012, 218.).

회의 바른 고백과 증언을 통해 세상에 드러난다. 그런 의미에서 삼위일체 하나님의 디아코니아가 무엇이고 어떻게 신학과 목회 현장에서 가르치고 실행되어야 하는가에 대해 교회는 알아야 할 것이다. 필자는 전문적으로 디아코니아학을 공부한 학자는 아니지만 디아코니아학이 생겨난 독일에서 공부했고, 독일 디아코니아 현장에서 직접 일하고 목회했던 목회자이자 신학자이다. 2010년 귀국한 이래 필자의 목회와 신학 교수의 경험에서 나온 아이디어로 본서의 목차와 같이 디아코니아에 대한 서투른 글을 세상에 내놓게 되었다.

이 책은 나를 비롯하여 우리 모두가 다시 한번 이 시대의 문제를 고민해 보고, 그 문제의 해결책이 어디에 있는지 성찰해 보며, 길이 보일 때는 과감히 그 길을 걷는 용단을 내리는 데 조그마한 보탬이 되기를 바라는 마음으로 썼다. 이 땅의 교회가 다른 마음을 품지 않고 예수의 마음을 품고 삼위일체 하나님의 디아코니아에 온전히 동참하는 하나님의 자녀가 되었으면 좋겠다. 이 길만이 어두운 세상에 빛을 비출 수 있다. 신영복도 "여럿이 함께 가면 길은 뒤에 생겨난다."라고 말하지 않았던가?[12] 많은 사람과 피조물이 어둠으로 인해 길을 잃고 헤매고 지쳐 쓰러져 죽어가고 있다. 이제 남은 것은 교회의 결단, 교회의 선택뿐이다. 당신은 교회로서 어떠한 선택을 하고, 어떠한 길을 걸어가겠는가? 이제 오늘의 교회는 오래 내버려 두어 거칠어진 우리 자신의 마음을 갈아 뒤엎는 혼신의 노력을 해야 할 것이다(호 10:12).

아무쪼록 부족한 이 책을 통해 신학생과 목회자들이 디아코니아에 대해 잘 이해하고 실행하여 삼위일체 하나님의 디아코니아를 가정, 교

---

12 신영복, 『여럿이 함께 숲으로 가는 길』, 서울: 서울대학교 출판문화원, 2010 참조.

회와 세상에서 공의롭게 펼쳐 나가기를 간절히 기원한다.

이러한 교회의 부단한 헌신과 노력을 통해 디아코노스 예수로 말미암아 이 땅에 도래한 하나님 나라가 건강하게 세워지기를 바라고, 이 책이 이 일에 조금이라도 보탬이 되기를 소망한다.

프롤레고메나

1. 왜 디아코니아를 말하는가? - 디아코니아 교회론 정립을 위해[1]

우리는 왜 디아코니아를 말하는가? 그 이유는 디아코니아가 삼위일체 하나님의 본질이기 때문이다.[2] 이것은 삼위일체 하나님의 근본 속성이 디아코니아적이며 그의 사역이 또한 디아코니아적이라는 것을 암시한다. 그런데 우리는 삼위일체 하나님의 어떠한 면을 보고 '디아코니아적'이라고 말할 수 있는 것인가?

일반적으로 헬라어 디아코니아는 '섬김', '봉사' 그리고 '나눔' 등으로 번역되며, 용어의 의미가 갖고 있는 특성상 복수적인 의미를 지닌다. 홀로 존재하는 상태, 이를테면 아무도 살지 않는 무인도에 홀로 있을 때 우리는 디아코니아를 말하지 않는다.[3] 아니 말할 수 없다. 그러므로 삼

---

1 디아코니아의 기본적인 신학적 논의를 위해서는 Gerhard K, Schäfer / T. Strohm, *Diakonie-biblische Grundlagen und Orientierungen*, Heidelberg: Heidelberger Verlagsanstalt, 1994를 참조.

2 홍주민, "야훼의 섬김", 「기독교사상 593 (2008년 5월호)」, 182-191, 188-189 참조.

3 필자가 나중에 디아코니아의 온전한 의미를 말할 때 디아코니아의 대상, 즉 섬김의 대상을 하

위일체 하나님의 본질을 '디아코니아적'이라고 할 때는 복수적인 의미가 내재하고 있다. 이 때 '복수적'이라는 말에는 두 가지 의미가 함축되어 있다고 할 것이다.[4]

첫째, '삼위일체 하나님'이라는 말 자체가 보여 주듯이, '삼위'라는 의미에서의 복수다. 이것은 삼위일체 하나님 안에서의 내적인 통일성을 전제로 한 관계성과 사귐을 의미한다.[5] 예수는 성자 하나님으로서 스스로를 "디아코노스", 즉 종이라 칭했고(누가복음 22장 27절 참조), 자신의 사역 또한 종으로서 섬기러 오셨다고 말했다(마가복음 10장 45절 참조). 이러한 예수의 정체성과 사역을 전제로 우리는 삼위일체 하나님의 디아코니아 사역에 대해 말할 수 있다.

둘째, 삼위일체 하나님과 피조물과의 관계라는 의미에서의 복수다. 삼위일체 하나님은 당신이 창조한 피조물과 관계를 맺으면서 일하시기

나님, 인간 그리고 자연으로까지 확장하는데, 물론 이 경우에 무인도에 홀로 있으면서 자연을 잘 가꾸고 돌볼 수는 있을 것이다. 하지만 이 개념 역시 "사람들"을 전제로 한 자연을 섬기는 디아코니아를 말하는 것으로 이해하는 것이 더 타당할 것이다.

4 필자가 이 책을 마무리하면서 검토하는 과정 중에 루마니아 출신의 신학자 두미트루 스테니로에(Dumitru Staniloae, 1903-1993)의 삼위일체론에 대해 쓴 이형기의 논문을 읽었다. 필자의 주장은 스테니로에의 입장과 유사한 것 같다. 이형기는 그의 논문에서 스테로니에의 삼위일체론을 다음과 같이 간략하게 정리했다. "그에게 있어 삼위가 공유하는 '본질' 역시 관계에 있다. 이에 관련하여 그는 '통일성 속에서의 관계성' 그리고 '관계성 속에 통일성'을 말했다(이형기, "스테니로에 신학에 있어서 계시론과 삼위일체론의 관계에 대하여", 『삼위일체론의 역사』, 역사신학 연구회 지음, 서울: 대한기독교서회, 2008, 589-626, 623)". 필자는 스테니로에가 말하고 있는 삼위일체 신학 안에서의 "통일성"과 "관계성"의 문제를 "코이노니아"와 "디아코니아"로 풀어 간 것이다. 필자는 구속사와의 관계 속에서 삼위일체 하나님의 디아코니아를 본 글에서 전개했다. 이형기는 스테로니에가 구속사적인 삼위일체론을 전개했다고 본다(이형기, "스테니로에", 625).

5 몰트만은 이와 관련하여 삼위일체론적인 하나님의 단일성에 대해서 말한다. J. Moltmann, 『삼위일체와 하나님의 역사. 삼위일체 신학을 위한 기여』, 이신건 옮김, 서울: 대한기독교서회, 2017, 135.

원하며, 우리는 이것을 '사랑의 관계 맺음'이라고 부를 수 있을 것이다. 그런데 이 부분에서 우리는 사도 바울이 로마서 8장 37-39절에서 선포하고 있는 강력한 하나님의 사랑을 떠올리게 된다.[6]

"그러나 이 모든 일에 우리를 사랑하시는 이로 말미암아 우리가 넉넉히 이기느니라 내가 확신하노니 사망이나 생명이나 천사들이나 권세자들이나 현재 일이나 장래 일이나 능력이나 높음이나 깊음이나 다른 어떤 피조물이라도 우리를 우리 주 그리스도 예수 안에 있는 하나님의 사랑에서 끊을 수 없으리라."

피조물에 대한 하나님의 사랑의 관계는 이처럼 강력하면서도 완벽하다. 근본적으로 삼위일체 하나님의 디아코니아적인 본질은 위에서 언급한 것처럼 '관계적'이다. 피조물을 만드시고 구속하신 하나님은 우리를 그냥 내버려 두지 않으시고 책임 있게 간섭하시고 함께 일하신다. 이것을 생태신학자 샐리 맥페이그(Sallie McFague)는 다음과 같이 기술하고 있다.

"'기초적인 필요의 하나님', 지구라는 집안의 살림에 온 마음을 쓰는 하나님은 그 집의 창조자(creator), 해방자(liberator) 그리고 양육자(sustainer)다. 철저하게 초월적이고 동시에 철저하게 내재적인 하나님은 존재하는 모든 것들의 원천이며, 파괴의 힘으로부터 창조 세계를 자유롭게 하는 능력이며, 또한 매 순간마다 창조의 세계를 양육하는 사랑이다."[7]

---

6   로마서 5장 5절 참조.
7   S. McFague, 『풍성한 생명』, 장윤재/장양미 옮김, 서울: 이화여자대학교출판부, 2008, 217.

맥페이그는 삼위일체를 '세계와 관련된 하나님의 초월성과 내재성에 관해 이야기하는 한 가지 방법'[8]이라고 말한다. 삼위일체가 교리로서 혹은 세계와 세계 속에서 관계하시는 하나님을 말하는 한 가지 방법일 수 있으나, 필자는 성경에서 언급되고 있는 하나님은 분명 삼위일체 하나님이시며, 이 하나님은 세상을 사랑하시고 세상을 통해 영광을 받기 원하신다고 확신한다. 이 사랑에 근거해 세상을 창조하시고 섭리해 가시는 하나님의 구속 행위를 총체적으로 필자는 '하나님의 디아코니아'라고 부른다. 이 하나님의 디아코니아는 삼위일체 안에서의 코이노니아와 성육신 사건을 전제한다. 이처럼 삼위 안에서의 완벽한 코이노니아는, 다소 단순화했지만 세상을 향한 창조, 구속 그리고 종말이라는 삼위일체 하나님의 디아코니아를 통해 이 세상에서 작동하게 된다.[9]

우리는 이러한 삼위일체 하나님의 디아코니아가 어떠한 방향으로 갈지에 대해서 자세히 알 수 없다. 하지만 분명한 것은 하나님이 세상을 사랑하고 계시다는 것과 이 사랑에 근거해서 세상에 대해 계획을 갖고 계시다는 사실을 우리는 성경을 통해 확인할 수 있다. 즉 하나님의 디아코니아의 시작, 진행 그리고 마침도 하나님의 사랑 밖에서는 존재할 수 없다는 것을 의미한다. 이것이 바로 "하나님의 자기 비움(케노시스, kenosis)에 의한 디아코니아(diakonia)"[10]이자, 신구약성경이 일관성 있게 지속적으로 우리에게 선포하고 있는 진리이다. 이러한 성경의 뿌리

---

8   S. McFague, 『풍성한 생명』, 217.
9   이러한 구원과 관련된 삼위일체론의 현대적 이해에 대해, 박만, 『현대 삼위일체론 연구』, 서울: 대한기독교서회, 2003, 13-44 참조.
10 이형기, 동방정교회와 세계개혁교회연맹의 신학적인 대화: "성삼위일체에 대한 일치된 진술", 『삼위일체론의 역사』, 역사신학 연구회 지음, 서울: 대한기독교서회, 2008, 627-655, 654.

를 놓칠 때 삼위일체론은 공허한 사변에 불과하게 되고 신학에서의 그 위치도 잃게 될 것이다.[11]

그러므로 우리가 삼위일체 하나님의 디아코니아를 이야기할 때, 하나님의 코이노니아와 세상을 향한 하나님의 사랑을 놓쳐서는 안 된다. 왜냐하면 이것이 교회의 디아코니아의 시작이자 모델이 됨과 동시에 우리의 신학적 담론의 근거와 내용이 되기 때문이다. 삼위일체 하나님에 대해 묻고 말하고 아는 것은 곧 세상과 인간에 대해 묻고, 말하고, 알아가고 그리고 행동하는 것이다.

세상을 향한 하나님의 디아코니아는 개인적이면서 공동체 지향적이다. 그것은 파편적이지 않고, 포괄적이면서 통전적이다. 그러므로 하나님의 백성이요 자녀 된 이 땅의 교회는 이러한 삼위일체 하나님의 디아코니아를 겸손히 본받아야 할 것이다.[12] 우리의 디아코니아는 사적인 관계뿐만이 아니라 모든 공적인 영역에서도 그대로 실천되어야 한다. 하나님이 인간의 몸으로 이 땅에 오셔서 우리와 소통하셨듯이 디아코노스(종) 예수가 교회의 머리로서 디아코니아를 몸으로 실천하심으로 세상과 철저히 소통하셨다. 디아코노스 예수 그리스도의 몸인 교회 역시 몸으로 철저하게 세상과 소통해야만 하는 것이다.

코이노니아라는 개념 속에는 교제, 친교, 사귐의 의미도 있지만, 디

---

11 조직신학자 밀리오레는 삼위일체론이 성서에 뿌리를 두지 않을 때 자칫 사변적 존재론으로 바뀔 수 있는 위험성에 대해 경고한다. D. L. Migliore, 『기독교 조직신학 개론 - 이해를 추구하는 신앙』, 서울: 한국장로교출판사, 2002, 100-103 참조. 이러한 바른 성경적 구원론에 근거를 둔 세계관에 대해 P. Hiebert, 『21세기 선교와 세계관의 변화』, 홍병룡 옮김, 서울: 복있는 사람, 2010, 501-582 참조.
12 P. Hiebert, 『21세기 선교와 세계관의 변화』, 569-570.

아코니아의 의미를 포함한 섬김과 봉사의 의미도 그 안에 있다.[13] 서로 간의 친밀한 교제와 사귐을 지속적으로 가지는 노력을 통해 교회는 이 땅의 갈등의 요소를 줄이는 데 기여할 것이다. 이런 측면에서 코이노니아는 교회론적인 특성을 갖고 있다고 볼 수 있다.[14] 온전한 사귐이 있는 그곳에서 효과적인 교회의 디아코니아가 이루어질 수 있다. 그러므로 디아코니아와 코이노니아는 서로 불가분의 관계를 이루면서 우리의 삶을 하나님이 원하시는 삶으로 직조하는 역할을 한다. 이런 의미에서 디아코니아는 하나님과의 바른 윤리를 가능하게 한다고 말할 수 있을 것이다.

이 하나님과의 바른 관계를 우리는 "생명"이라고 말할 수 있다. 모든 살아 있는 것에 생명이 있어 스스로 살아있는 것처럼 생각하기 쉽지만 성경은 분명히 이 생명이 하나님으로부터 왔다는 것을 말하고 있다. 하나님만이 생명을 있게 할 뿐 아니라 생명을 보호하시고[15] 생명을 거두어 가시는 분이다. 그분만이 생명의 주관자가 되신다. 이것은 곧 생명의 본질이 하나님께 있다는 말이다.[16]

---

13 이에 대해 임창복, "성경적 관점의 코이노니아 교육에 관한 연구", 「장신논단 35 (2009)」, 179-213, 특히 183, 205를 참조. 임창복은 코이노니아의 디아코니아적 의미를 잘 추적했다. "고린도후서 9장 10-14절에서 기부(koinwni,a)를 언급하는 말인 '섬김'과 '자금'이 모두 '디아코니아'로 쓰였다. 그러므로 코이노니아는 그리스도교적인 교제에서 타인들을 위해 수행된 섬김과 사역을 나타낸다(임창복, "코이노니아", 205)."

14 박영호, "기독교는 공적신앙이 될 수 있는가? - 바울 신학적 접근", 「신학사상 179 (2017/겨울)」, 9-39중 26-32 참조. 코이노니아에 대한 총체적인 성서적 분석에 대해서는 Hainz, J. *Koinonia. 'Kirche' als Gemeinschaft bei Paulus*, Regensburg: Verlag Friedrich Pustet, 1982를 참조.

15 구약학자 볼프(H. W. Wolff)는 하나님을 "모든 피조물의 보호자"라고 묘사한다(배재욱, 『생명. 신약성경에서 생명을 묻다』, 서울: 대한기독교서회, 2010, 35에서 재인용).

16 구약에 나타난 생명사상에 대해서는 배재욱, 『생명』, 34-44 참조.

우리의 디아코니아는 하나님이 우리에게 주신 이 생명의 풍성함과 밀접한 관계를 이룬다. 모든 피조물이 함께 하나님 안에서 풍성한 삶을 사는 것이 하나님이 생명을 주신 이유일 것이다. 생명의 풍성함은 언제 가능한가? 피조물이 창조주 하나님과 바른 관계에 있을 때 비로소 가능하다.[17]

이 바른 관계의 핵심은 "모든 것이 하나님으로부터 왔음"을 철저히 인정하는 것에서부터 시작된다. 이 모든 것을 있게 하신 이의 경륜과 섭리에 순종하여 그분의 일하심(디아코니아)에 겸손과 온유함으로 참여하는 것이 피조물인 우리가 마땅히 걸어가야 할 길이다.[18] 그러할 때만이

---

17 이 점은 요한복음에서 매우 구체화된다. 요한복음에서 생명은 예수 안에서 하나님과 바른 관계를 가질 때 누리게 된다. 예수는 양으로 더 풍성한 삶을 얻도록 하려고 참 목자로 세상에 왔음을 말하고 있다(요 10:7-10); 배재욱, 『생명』, 64-65 참조. 피조물의 풍성함을 생태 신학과의 관계 속에서 연구한 Sallie McFague, 『풍성한 생명』도 참조. McFague는 피조물과 함께 하는 "풍성한 생명"을 다음과 같이 설명한다. "하나님의 영광은 모든 피조물이 충만하게 생동하는 것이며 따라서 우리는 세계와 세계 안에 있는 모든 것을 사랑함으로써 하나님께 영광을 돌리기 위해 산다(『풍성한 생명』, 195)." S. McFague, 『어머니, 연인, 친구. 생태학적 핵 시대와 하나님의 세 모델』, 서울: 도서출판 뜰밖, 2006, 161-304. 특별히 동물권과 동물 복지에 대해서 A. Linzey, 『같은 하나님의 피조물: 동물신학의 탐구』, 장윤재 옮김, 대전: 도서출판 대장간, 2014을 참조.

18 이 점에 있어서 필자는 희년법적 정신과 삶을 강조하고 싶다. 희년의 복음에 대한 균형 잡힌 사회학적, 성경적 고찰에 대해서 D. B. Kraybill, 『예수가 바라본 하나님 나라』, 김기철 옮김, 서울: 복 있는 사람, 2012를 참조. 필자의 목회 철학이 희년과 하나님 나라인데, 이 땅의 교회가 희년을 살아낼 때만이 하나님의 디아코니아에 제대로 참여할 수 있다. 그러할 때 억울하게 억눌리고 신음하고 죽어가는 우리의 형제와 자매가 생기지 않을 것이다. 이 점에서 희년의 경제를 역설하는 안델슨(Robert V. Andelson)과 도오시(James M. Dawsey)의 말에 한국 교회와 사회는 귀 기울여야 할 것이다. "'땅이 여호와의 것'이라고 인정하는 것은 공동체를 만드신 바로 그 하나님이 그분의 섭리 안에서 공동체를 위한 정의로운 수입원(토지 가치를 말한다._역자 주)까지도 마련해두셨다는 사실을 인식하는 것이다. … 희생자가 없는 사회질서를 구축함으로써, 땅이 여호와의 것임을 믿는 우리의 신앙을 증거하자(『희년의 경제학. 땅 없는 사람들의 희망』, 서울: 대한기독교서회, 2009, 238-240)." 희년은 나의 욕망을 잠재우고 나를 비움과 동시에 만물을 있게 하신 하나님의 법에 순종하는 것이다. 그러하지 않을 때 우리의 탐욕으로 인해 끝없이 계속해서 무고한 희생자가 속출할 것이다. 이 점에 대한 최근 사례의 정점이 바로 세월호 사건이다. 교회와 그리스도인들의 뼈를 깎는 자성이 반드시

우리는 욕망을 비우고 서로를 희생시키면서 독식하는 폭력과 악의 고리를 끊게 될 것이다. 기억해야 할 것은 더불어 교제하고, 섬기고, 누리는 풍성한 사귐에서 피조물은 그야말로 생명을 향유한다는 사실이다(신 30:15-20).

여기에는 특별히 낯선 자, 즉 나그네 또한 예외가 될 수 없다. 과거에 우리는 하나님을 만나기 전에는 모두 나그네였기 때문이다. 나그네를 진심으로 환영하고 교제하는 환대는 이러한 의미에서 사랑과 섬김 그 자체인 것이다.[19] 이러한 참된 코이노니아(교제, 친교)의 삶은 생명과 밀접한 관계에 있다. 서로를 섬기는 디아코니아로 말미암아 피조물은 좀 더 풍성한 코이노니아에 들어갈 수 있다. 이것이 진정 사람이 사는 모습일 것이다.[20]

삼위일체 하나님의 본질이 바로 코이노니아다. 이것은 삼위일체 하나님의 본질이 생명이라는 말과도 같다. 삼위일체 하나님이 생명의 원천, 곧 생명 샘이라는 말이다(시 36:9). 생명에는 생동하는 교제가 있다.

수반되고 신학적 성찰에 그쳐서는 안 되고 하나님의 디아코니아에 지식인들이 적극적으로 참여해야 할 것이다. 세월호 사고 이후 신학적인 반성에 대해 「한국여성신학」 79호(2014년 여름)와 80호(겨울)에 실린 글들과 한국문화신학회 엮음, 『세월호 이후 신학. 우는 자들과 함께 울라』, 서울: 도서출판 모시는 사람들, 2015를 참조.

19 존 코에닉(John Koenig)은 환대에 대한 성서신학적인 연구를 통해 우리가 환대하는 나그네는 우리가 하나님의 사랑을 나타내기 위한 기회를 제공해 주는 자들이라고 본다. 따라서 그 나그네는 우리에게 "은혜를 전달하는 사자"라고 강조한다(J. Koenig, 『환대의 신학』, 김기영 옮김, 서울: 한국장로교출판사, 2002, 21-27 참조). 크리스틴 폴(C. Pohl), 『공동체로 산다는 것』, 권영주/박지은 옮김, 서울: 죠이선교회, 2014, 231-239도 참조. 폴은 우리가 손 대접을 할 수 있다는 것이 곧 은혜라고 본다. 또한 환대가 삼위일체 하나님의 서로 간의 환대와 사랑에 참여할 수 있는 기회라고 강조한다(Pohl, 『공동체로 산다는 것』, 239).

20 배재욱은 구약의 생명 사상이 윤리적인 차원으로 연결됨을 말하고 있다(배재욱, 『생명』, 37. 46 이하 참조). 초대교회는 진정 예수의 삶의 내러티브를 기초로 하여 낯선 자에 대한 환대의 윤리를 계승했다. 이에 대해서 차정식, 『기독교 공동체의 성서적 기원과 실천적 대안』, 서울: SFC출판부, 2015, 246-262 참조.

즉 성부, 성자 그리고 성령 하나님 안에는 온전한 섬김으로서의 친교가 있다.[21] 이 삼위 하나님이 곧 생명 그 자체이기 때문이다. 그 안에는 그 어떠한 갈등이나 벽이 존재하지 않는다.[22] 그러므로 우리는 "삼위일체 하나님 안에서 코이노니아와 디아코니아는 하나"라고 말할 수 있다.

삼위일체 하나님의 속성은 본질상 디아코니아적인 동시에 코이노니아적이다.[23] 삼위일체 하나님 안에서는 이 둘이 일치되어 앞뒤를 생각할 수 없지만, 하나님과 세상과의 관계적인 측면에서 굳이 이 디아코니아와 코이노니아의 전후 관계를 생각해 볼 때는 디아코니아가 코이노니아보다 선행한다고 볼 수 있다. 왜냐하면 하나님이 세상을 사랑하셔서 세상을 위해 당신의 독생자 예수를 십자가에 내어 주셨기 때문이다.

---

21 이문균, "삼위일체 신관에서 본 기독교의 인간 이해", 『한국기독교신학논총 20 (2000)』, 109-134, 114-115 참조. 특히 114, "하나님은 사귐 가운데 있는 인격들의 신비로서 존재한다. 사귐(koinonia)은 삶을 공유하고 나누는 것을 의미한다. 참된 사귐 가운데 있는 인격체들은 행복, 희망, 고통, 책임을 함께하고 나눈다." 이와 관련된 대표적인 성경구절로는 요한복음 4장 34절, 6장 38-39절, 8장 28-29, 49절, 12장 49-50절 등을 들 수 있다. 아버지와 아들은 상호 밀접하게 서로를 섬기면서 서로를 영화롭게 한다(요한복음 17장 참조).

22 이러한 삼위일체 하나님의 특징을 "페리코레시스"라고 부를 수 있다. 이 용어는 삼위일체 하나님의 내적인 사귐, 상호 관통과 순환 그리고 상호 참여의 의미를 담고 있다. 이에 대한 자세한 것은 J. Moltmann, 『삼위일체와 하나님 나라, 서울: 대한기독교서회, 1982; 임홍빈, 『현대의 삼위일체론』, 서울: 생명의 씨앗, 2006, 187-190; 『삼위일체론의 역사』, 역사신학 연구회 지음, 서울: 대한기독교서회, 2008에 실린 여러 유용한 논문들; 정성욱, 『삶 속에 적용하는 삼위일체신학』, 서울: 홍성사, 2007, 특히 60-64; 이문균, 『신앙과 삶 속에서 삼위일체 알아보기』, 서울: 한국장로교출판사, 2005, 특히 208-231을 참조하라. 필자의 소견으로는 몰트만의 삼위일체론이 우리의 코이노니아와 디아코니아의 조화를 통한 하나님의 섭리와 이에 대한 교회의 응답을 살피는데 매우 유용하다. 몰트만은 전통적인 삼위일체 신학을 탈피하여 자신의 새로운 삼위일체론인 사회적 삼위일체론을 전개한다. 그의 사회적 삼위일체론의 핵심에 "페리코레시스"가 위치해 있다. 몰트만의 사회적 삼위일체론의 특징은 "삼위일체 하나님은 아버지와 아들, 그리고 성령의 교제 안에 있는 관계적인 공동체이며, 이는 인간 공동체의 원형이다(신옥수, 『몰트만의 사회적 삼위일체론』, 205에서 인용)."라는 것이다. 이에 대한 자세한 논의로 신옥수, "몰트만의 사회적 삼위일체론 - 비판적 대화를 중심으로", 「장신논단 30 (2007)」, 203-236을 참조.

23 정성욱, 『삼위일체신학』, 64-89에서 이 점을 자세히 설명하고 있다.

그러므로 하나님의 디아코니아, 즉 '하나님의 내어줌'을 통해서 하나님과 세상과의 교통, 즉 코이노니아가 가능하게 된 것이다(요한일서 1장 3절 참조).

이러한 근거로 세상을 향한 하나님의 디아코니아와 코이노니아는 세상을 향한 '하나님의 사랑이 드러남'이라고 할 수 있다. 요한일서의 말씀처럼[24] 하나님이 세상을 먼저 사랑하셨기에 우리도 하나님을 마땅히 사랑해야 할 뿐만 아니라 하나님이 사랑하시는 그 세상을, 자연까지 포함하여 사랑해야만 한다. 이 점에서 디아코니아의 하나님은 "사회적 하나님"[25]이다.

우리는 왜 디아코니아를 말하려고 하는가? 앞에서 말한 대로 이것이 하나님의 본질이기 때문이고, 동시에 그분의 속성 가운데 하나인 사랑과 연결되기 때문이다.[26] 하나님의 사랑은 생명을 살리는 사랑이다. 따라서 하나님의 디아코니아는 '생명 살림'과 밀접한 관계에 있다.

교회의 디아코니아는 세상에 대한 하나님의 사랑에 대한 인간의 응

---

24 요한일서 3장 9-10절, "하나님의 사랑이 우리에게 이렇게 나타난 바 되었으니 하나님이 자기의 독생자를 세상에 보내심은 그로 말미암아 우리를 살리려 하심이라 사랑은 여기 있으니 우리가 하나님을 사랑한 것이 아니요 하나님이 우리를 사랑하사 우리 죄를 속하기 위하여 화목제물로 그 아들을 보내셨음이라."

25 필자는 이 표현을 케네스 리치(Kenneth Leech)의 책 제목에서 가져 왔다. 리치는 『사회적 하나님(The social God)』이라는 책에서 "교회는 왜 사회에 관심을 둘 수밖에 없는가?"라고 물으면서 다음과 같이 답한다. "우리 시대에 가장 절실한 것은 단지 케리그마(kerygma), 즉 복음 선포만도 아니고, 디아코니아(diakonia), 즉 정의를 위한 봉사도 아니며, 카리스마(charisma), 즉 성령의 은사를 경험하는 것만도 아니다. 심지어 프로페테이아(propheteia), 즉 권력에 대한 도전도 아니다. 우리 시대에 가장 절실한 것은 코이노니아(koinonia), 즉 서로 사랑하고 세상을 위해 생명을 바치라는 부르심이다. 지역 교회 차원에서 함께 살고 호흡하며 사랑하는 신앙 공동체들을 만들어 내는 것이 다른 모든 것의 기초다(K. Leech, 『사회적 하나님』, 신현기 옮김, 서울: 청림출판, 2009, 21)."

26 김옥순은 "전체 창조물과 생명을 나누는 신의 공동체적인 섬김"을 말한다(김옥순, "교회와 섬김: 교회의 본질로서 섬김", 「기독교사상 489 (1999년 9월호)」, 16-32, 32.

답이자 순종이다.[27] 다시 말해, 삼위일체 하나님의 속성이 본질상 디아코니아적임과 동시에 코이노니아적이기에 하나님의 형상대로 지음 받은 그분의 자녀 된 우리 또한 마땅히 그렇게 살아가야 한다는 말이다.[28]

하나님은 무엇을 기뻐하시는가? 예레미야서 9장 24절에 의하면, 하나님은 우리가 당신을 알고 여호와 하나님이 사랑과 정의와 공의를 이 땅에 행하는 분이심을 깨닫는 것을 기뻐하신다고 말씀하신다. 하나님이 이 땅에서 사랑, 정의 그리고 공의를 행하시는 것이 바로 하나님의 디아코니아이다. 미가서 6장 8절을 통해 보면, 하나님의 백성 된 교회가 공의를 행하고 인자를 사랑하고 겸손히 하나님과 동행하는 것이 곧 교회가 행하는 하나님의 디아코니아이다.

예레미야의 말대로 여호와를 아는 것은 미가가 간파한 하나님이 이스라엘 백성에게 요구하시는 선과 연동되어 있다.[29] 헤셸(A. J. Heschel)

---

27 이점을 강조한 것이 디아코니아운동의 창시자인 비허른(J. H. Wichern)의 관점이다. 그는 기독교 사회봉사를 하나님의 옛 언약과 새 언약인 전체 계시와 연관시킨다. 이에 대해 자세한 것은 김옥순, 『디아코니아학 입문』, 서울: 한들출판사, 2010, 46-48과 홍주민, "개신교 디아코니아 전통을 찾아서", 「복음과 상황 326 (2018년 1월)」, 32-42 참조.

28 삼위일체 분야의 탁월한 여성신학자인 라쿠나는 다음과 같이 말한다. "삼위일체의 삶은 우리의 삶이기도 하다(C. M. LaCugna, 『GOD FOR US』, 228)." 그녀는 "삼위일체 신학은 모든 피조물과 관계하시는 하나님의 삶, 그리고 하나님 및 모든 피조물에 대하여 인간이 겪는 삶의 경험에 대하여 성찰하는 것."라고 보는 것이다(이문균, "삼위일체", 123). 이 부분에 대한 더 자세한 내용은 이문균, "삼위일체", 126-128 참조. 이문균은 결론적으로 이렇게 쓰고 있다. "삼위일체론적 관점은 결코 인간중심주의를 허용하지 않는다. 삼위일체 하나님의 형상을 따라 사는 것은 곧 하나님의 페리코레시스(perochoresis)에 참여하는 것이며, 하나님이 초대하신 사랑으로 충일한 춤에 참여하여 하나님의 사귐의 신비를 함께 나누는 것이다. 삼위일체 하나님의 인격적 특성, 그리고 인간의 관계성과 사랑에 대한 이해는 기독교 신앙과 신앙의 실천은 물론 사회 문제와 깊은 관련성을 갖는다." 여기서 삼위일체 하나님의 디아코니아적인 본질을 디아코니아와 연결시켜 생각해 볼 수 있다. 필자의 소견으로 이문균은 하나님의 내적 코이노니아와 디아코니아의 관계를 내재적 삼위일체와 경륜적 삼위일체의 사회적 실천의 관점에서 풀어간다(이문균, "삼위일체 하나님과 사회적 비전", 『한국기독교신학논총 38집 (2005)』, 43-64, 56-60참조.

29 예레미야에 대해서 김근주, 『특강 예레미야』, 서울: IVP, 2014 참조.

은 그의 책 『예언자들』에서 이 점과 관련하여 다음과 같이 썼다.

"하느님을 안다는 것은 인간을 향하여 행동을 취하는 것, 그분의 정의에 대한 관심을 더불어 나누는 것, 그분과 함께 동정어린 행동을 하는 것이다."[30]

이것이 당시 예언자가 했던 일이고, 또한 하나님의 디아코니아이다. 이런 측면에서 예언은 곧 디아코니아이다.[31]

그러므로 교회가 감당하는 디아코니아는 21세기 예언 운동이라 할 수 있을 것이다. 헤셸은 예언을 다음과 같이 정의한다.

"인간 상황을 하늘의 눈으로 이해하는 것이다. 그러므로 예언은 하늘의 눈으로 인간 실존을 주석하는 것이라고 설명할 수 있다."[32]

내가 내 생각과 관점으로 디아코니아를 행하는 것이 아니라, 이미 행하셨고 행하고 계시고 앞으로도 행하실 하나님의 디아코니아에 이끌려 그 속으로 들어가는 것이다. 흔히 하는 말로 이것을 은혜라고 말할 수 있다. 은혜가 임해야 내 일이 아닌 하나님의 디아코니아를 온전히 수행할 수 있다.

하나님의 사랑을 입은 공동체가 곧 하나님의 백성이요 교회다. 이것은 하나님의 백성 된 이 땅의 교회 본질 또한 디아코니아적이어야만 한

---

30 A. J. Heschel, 『예언자들』, 이현주 옮김, 서울: ㈜도서출판 삼인, 2015, 336-337.
31 김근주, 『특강 이사야. 예언자가 본 평화의 나라. 새 하늘과 새 땅』, 서울: IVP, 2017, 248. "정의와 공의를 행하는 삶은 여호와가 이 땅을 다스리시는 왕권의 본질이며, 하나님을 닮아 가는 삶의 본질이다."
32 A. J. Heschel, 『예언자들』, 26.

다는 말이다.[33] 후에 자세하게 신구약성경을 통해서 살펴보겠지만 하나님의 디아코니아, 즉 '하나님 사랑의 내어줌'에 대한 교회의 가장 본질적인 디아코니아는 하나님께 대한 예배와 사랑이다.

오늘 우리 시대에 우리가 디아코니아에 대해 말하려는 것은 하나님의 사랑에 대해 바르게 응답하기 위해서이고, 동시에 하나님과 인간, 인간과 인간 그리고 인간과 자연의 관계 등 이 모든 관계에 이상이 생겼다는 징후를 발견했기 때문이다. 이 지점에서 교회에 필요한 것은 하나님에 대한 철저한 회개에 근거한 대전환과 새로운 결단을 통한 삶의 변화이다.[34]

---

33 홍주민, "사회적 문제에 대한 응답으로서의 디아코니아 운동-여성적 디아코니아 운동을 중심으로", 「신학사상 129 (2005)」, 67-90 중 68: "교회는 디아코니아적으로 존재하여야 한다." 지지울라스(John D. Zizioulas)는 교회를 특별한 존재 방식으로 이해한다. 그는 말하기를 "교회는 단순한 하나의 제도가 아니다. 교회는 무엇보다도 하나의 존재 방식(a mode of existence, a way of being)이다."라고 말한다(이문균, "삼위일체 신관에서 본 교회 이해", 『한국기독교신학논총 30 (2003)』, 270에서 재인용). 이문균은 교회와 하나님과의 관계를 다음과 같이 말한다. "교회라고 하는 존재는 하나님의 존재와 밀접히 관련되어 있다. 교회의 존재방식은 이 세계, 이웃, 하나님과의 관계 방식이며, 사귐의 사건이다. 이것이 교회를 바로 이해하기 위한 신학적 전제다 (이문균, "삼위일체 신관에서 본 교회 이해", 271)." 그는 이 "존재 방식을 이 세상에서 구현하기 위하여 교회의 구조와 목회 사역이 어떻게 변해야 하는지 관심을 기울여야 한다."고 강조한다. 필자의 소견으로는 이문균의 이러한 관점은 곧 하나님의 디아코니아적인 본질을 잘 설명해 주고 있다고 본다. 위에서도 필자가 언급한 것처럼 삼위일체 하나님의 이러한 존재 방식을 우리는 디아코니아적이라고 말할 수 있다. 곽미숙은 삼위일체 하나님과 교회의 실천과의 상관성을 잘 정리해냈다 (곽미숙, 『삼위일체론. 전통과 실천적 삶』, 서울: 대한기독교서회, 2009, 171-219 참조). 이재서, 『사회봉사의 성서신학적 이해』, 서울: 도서출판 세계밀알, 2008, 17: "기독교가 봉사를 행해야 하는 이유는 하나님의 창조 질서에 관련된 보다 근본적인 부분에 연계되어 있으며, 그 목표도 인류가 존재해야 할 이유인 '하나님의 영광'에 닿아 있고, 교회가 존재해야 할 목적인 '하나님 나라의 건설'과 맥을 같이한다. 즉 기독교의 본질적 목표가 그대로 사회봉사의 목표가 되는 것이다." 또한 기독교 사회봉사에 대한 개론적 이해를 위해서 D. R. Watkins, 『기독교 사회봉사 입문』, 노영상 옮김, 서울: 쿰란출판사, 2003 참조.

34 1917년, 월터 라우셴부쉬는 그의 책 『사회 복음을 위한 신학(A Theology for the Social Gospel)』에서 다음과 같이 썼다. "오늘날에도 많은 목회자는 한쪽 끝에는 사회 복음을, 다른 쪽 끝에는 개인 구원을 두어서 이 양자 사이의 연관성을 약화시키고 있기 때문에 양쪽으로 기

교회가 삼위일체 하나님의 창조와 구속의 원리에 근거하여 디아코니아를 실천에 옮길 때 교회도 유익이 되고 세상도 교회를 통해 진정 이로움을 얻게 될 것이다.[35] 예수가 하신 섬김의 말씀은 결코 인류에게 해가 되는 말씀이 아니라 영육 간에 득이 되는 참 말씀이다. 교회가 만약 이것을 확신한다면, 나누고 또 나누어야 할 것이다. 왜 그러한가? 나눔이 결국 교회와 사회 그리고 생태계에 유익이 되기 때문이다.

필자의 소견으로 이런 의미에서 디아코니아는 '삶을 단순화하는 사랑의 영성 운동'이라고 보아도 무방할 것이다.[36] 만일 우리가 자신에게 꼭 필요한 것만 갖고 불필요한 것을 끊임없이 나누면, 전체적으로 전기나 기계를 덜 사용하게 될 것이다. 이러한 절제와 나눔은 자연스럽게 생태계를 덜 오염시키고 환경을 보호하는 방향으로 나아갈 것이다. 절제에 근거를 둔 사랑의 나눔을 통해 인간은 사랑의 풍요를 누리게 될 것

울어진 일종의 아령과도 같은 사고를 갖고 있다. 우리 믿음의 강점은 연합에 있다. 종교는 총체적인 삶을 요구한다. 우리의 모든 영적 관심들을 담기에 넉넉할 만큼 세련된 교리 체계가 우리에게 필요하다. 결론적으로, 우리는 사회 복음을 담을 정도로 크고, 그것을 제한하지 않을 정도로 활동적이고 생산적인 신학이 필요하다(W. Rauschenbusch, 『사회 복음을 위한 신학』, 남병훈 역, 용인: 명동출판사, 2012, 27)." 나는 그가 제안한 신학이 바로 "디아코니아 신학"이라고 믿는다.

35 C. Bronfman / J. Solomon은 그들의 공저 『나눔의 기술』 곳곳에서 분명한 목적을 가지고 나눌 때 그 효과는 배가 됨을 역설한다. 그리고 나눔은 단순히 그 수혜자만을 위한 나눔이 결코 아니라 나누는 사람에게도 그 기쁨과 혜택이 돌아온다는 것을 강조한다. 특히 25-114 참조. 또한 나눔은 정부, 경제, 가족 그리고 종교 등 이 네 힘을 아우르면서 그 사이의 간격을 메우는 유일한 요소라고 이들은 역설한다. 이에 대해 『나눔의 기술』, 38이하 참조.

36 어쩌면 이것은 독일의 목회자이자 디아코니아 신학자였던 울혼(G. Uhlhorn)이 말한 사랑의 활동(Liebestätigkeit)으로서의 디아코니아와 통한다고 볼 수 있다. 그는 그의 책 『기독교의 사랑의 활동』 초판 서문에서 다음과 같이 썼다. "기독교의 사랑의 활동에 대한 역사는 기독교의 하나의 변호이며 동시에 과거의 일에 대한 하나의 고찰로서 이보다 강력하게 현재에 행하도록 독려하는 것은 없으며 이보다 좌절과 낙망으로부터 우리를 지킬 수 있는 더 나은 것은 없다(G. Uhlhorn, Die christliche Liebestätigkeit, Stuttgart, 1895, S. 4)." (K. F. Daiber, "미래의 국민교회-디아코니아를 실천하는 교회?", P. Philippi의 공저, 『디아코니아』, 220-247, 222에서 재인용).

이다. 이렇게 끊임없이 절제하며 나누는 단순한 사랑의 행위가 가장 인간적이면서 하나님이 원하셨던 바로 그 모습이 아닐까 깊이 생각한다.[37] 신약성서에서 사랑은 명사보다 동사로 사용되었다는 점을 염두에 두는 것도 필요할 것이다.[38]

그러므로 이 땅의 교회는 무엇보다 먼저 본질로 돌아가 세상에 대한 "하나님의 디아코니아"에 바르게 응답함으로 교회의 본질을 회복해야 할 것이다.[39] 이를 위해 우리는 세상에 대한 "하나님의 디아코니아"가 기록되어 있는 성경으로 들어가 오늘 우리 시대에 말씀하시는 그 하나

---

37 농부 철학자 피에르 라비는 이렇게 말한 바 있다. "거름(humus)과 인류(humanite) 그리고 겸손함(humilite)이 언어학적으로 같은 기원을 갖고 있음을 상기시키면서 그렇게 인간은 자신이 농사짓던 땅의 거름으로 되돌아간다는 것입니다." 그리고 이어 말하기를 "그것이 상징하는 것은 생명이 죽음을 일으키고, 죽음은 생명을 일으킨다는 것입니다. 그러니까 생명이 처음부터 거름 위에서 이루어졌다는 것입니다(J. P. Cartier / R. Cartier, 『농부 철학자 피에르 라비』, 조화로운 삶, 2007, 97-98)." 피에르 라비는 행동하는 영성에 대해 이렇게 말한다. "우리가 잊지 말아야 할 것은, 바로 영성이 행동을 하게 한다는 것입니다. 내 몸과 손은 내 영혼이 하고자 하는 일에 쓸모가 있어야 합니다(『농부 철학자 피에르 라비』, 172)." 교회의 디아코니아는 이러한 피에르 라비의 말에 가장 부합되는 사랑의 영성 운동이라고 확신한다.

38 "사랑한다는 것은 무엇인가를 행하는 것이다(R. H. Crook, 『기독교 윤리학 개론』, 최봉기 옮김, 서울: 요단출판사, 1997, 169)." 결국 바울은 고린도전서 12장에서 은사를 디아코니아의 관점에서 말하면서 이 은사의 핵심은 사랑임을 역설하고 이 사랑이 곧 교회가 가야 할 길임(고린도전서 13장)을 제시한다. 그러므로 교회의 디아코니아는 철저히 사랑에 근거해야 한다. 디아코니아와 사랑 그리고 사회적 영성과의 관계에 대해 박명림, "지금 우리는 어디에 서 있는가 - 실천하는 정치학자, '사회적 영성'을 말하다", 「복음과 상황 315 (2017년 2월호)」, 22-32 참조.

39 양세진은 하나님이 주신 은혜에 대한 응답과 은사를 통한 섬김의 한 통로로서 재능 기부에 대해 말한다. 그는 재능기부의 성경적 의미를 다음과 같이 설명하고 있다. "재능 기부의 첫 번째 성경적 의미는 우리가 존재론적으로 세상을 섬기도록 창조되었다는 것이며, 두 번째 의미는 세상을 섬기는 과정을 통해서 하나님께 영광을 돌릴 수 있다는 것이다. 세 번째 의미는 하나님이 주신 은사와 재능을 통한 사회적 섬김은 그리스도인들의 삶에 형식적인 자유가 아니라 진정한 자유를 가져다준다는 것이다. 마지막으로 은사와 재능을 통한 사회적 섬김과 봉사는 예수님이 우리에게 주신 새로운 계명에 대한 충실한 응답이다(마 22:37-40). 〔양세진, "교회가 품은 재능을 흐르게 하라. 은혜에 대한 응답, 은사를 통한 섬김", 「크리스채너티 투데이 한국판 31 (2010년 12월)」, 14-16, 15)."

님의 음성을 들어야 할 것이다. 특히 이 시대 마지막에 아들 안에서 말씀하셨던 하나님의 음성을 귀담아 들어야 할 것이다.[40] 왜냐하면 아들 예수야말로 이 마지막 때에 우리에게 내어 주신 참 "하나님의 디아코노스", 즉 '하나님의 종'이고, 참 사람인 동시에 하나님이시기 때문이다.

예수는 자신을 '디아코노스', 즉 '섬기는 자'로 규정하셨다.[41] 예수는 이 땅에 오셔서 섬기는 자로 섬김의 본질적 사명과 과제를 다 이루고 가셨기에 하나님의 뜻 안에서 오늘의 교회가 이 땅에 세워지게 된 것이다. 예수의 섬김은 곧 교회 태동의 근원이다. 다시 한번 강조하지만 이런 의미에서 예수의 삶은 철저히 타자를 위한 삶 그 자체였다고 해도 과언이 아닐 것이다. 그러므로 그리스도 예수의 몸인 교회 역시 본질적으로 타자를 위해 잉태되었다고 볼 수 있을 것이다.[42] 따라서 예수의 디아코니아(섬김) 없는 교회의 모습을 우리는 도저히 상상할 수 없다. 디아코니아 없는 교회는 교회로서의 존재를 망각할 뿐만 아니라 교회됨을 포기하는 것이라고 볼 수 있다. 왜냐하면 교회의 가장 근원적인 본질이 디아코니아이기 때문이다.[43] 이런 의미에서 오늘의 교회가 성경에 기초한

---

40 히브리서 1장 1-2절 참조.

41 누가복음 22장 27절 참조.

42 본회퍼는 "교회는 타자를 위해서 현존할 때 교회가 된다. 그런 교회가 되기 위해 교회는 모든 재산을 팔아 가난한 사람들에게 주어야 한다."라고 강조한다(D. Bonhoeffer, 『저항과 복종. 옥중서간』, 손규태/정지련 옮김, 서울: 대한기독교서회, 2010, 713).'

43 임희모는 이렇게 쓰고 있다. "사회봉사는 교회의 본질 회복과 깊은 연관을 갖는다. 사회봉사(Diakonie)는 교회 본질의 표현이며 교회생활의 표현이라는 것이다(임희모, "교회 본질 회복에 있어서 사회봉사의 역할 ", 『한국기독교신학논총 20 (2000)』, 263-283, 263에서 인용)." 임희모 역시 디아코니아를 삼위일체 하나님의 존재 양식과의 연관 속에서 언급하고 있다 (임희모, "사회봉사의 역할", 265)." 구약학자 강성열은 구약성서의 교회인 이스라엘이 부름 받은 이유를 다음과 같이 쓰고 있다. "하나님의 교회로 선택된 이스라엘은 사회적인 약자들을 적극적으로 보호함으로써 공동체 구성원 모두가 하나님의 자녀로서 동등한 대우를 받도록 해야 한다." 그러면서 그는 하나님의 교회가 해야 할 일 중의 하나를 "약하고 힘없는 자

든든한 복음주의적인 부흥을 새롭게 일으키기 위해서는 교회론에 더 철저해야 할 것이다.[44]

필자는 우리 시대와 미래에 필요한 교회론을 '디아코니아 교회론'으로 부르기를 제안한다.[45] 이 '디아코니아 교회론'은 하나님과의 관계에서는 바른 예배와 사랑으로, 이웃과의 관계에서는 섬김, 환대, 공의, 나눔과 봉사로, 자연과의 관계에서는 돌봄으로 나타난다.[46] '디아코니아 교회론'은 예수에게 배우는 교회론이고(마 11:28-30), 또한 예수로 말미암은 교회론이다.[47] 이것은 힘, 폭력, 권위주의나 강제가 아닌 예수의

들을 위한 사랑의 실천과 봉사(*diakonia*) 및 나눔의 삶(*koinonia*)"으로 본다 (강성열, "구약성서의 교회론", 109-133, 115, in: 강성열, 『구약성서의 신앙과 세계』, 서울: 한들출판사, 2001).

44 이 점을 강조한 디아코니아 신학자가 필리피(P. Philippi)이다. 그는 '교회의 디아코니아'는 그리스도를 중심으로 뿌리를 내려야 함을 강조하고 그리스도에 대한 신앙을 고백하는 교회 공동체는 본질적으로 디아코니아의 실존임을 언급한다(김옥순, 『디아코니아학 입문』, 50-52).

45 J. Stott는 그의 저서 『살아 있는 교회』에서 성경적이고 새로운 교회론에 주목한다. J. Stott, 『살아 있는 교회』, 신현기 옮김, 서울: IVP, 2009 참조.

46 러셀(L. M. Russel)은 환대의 신학을 정의, 평화 그리고 자연계의 본래 모습을 가져와서 창조물들을 개선하려는 하나님의 의도를 증언하는 교회의 소명으로 정의한다. 자세한 것은 그녀의 책, L. M. Russel, J. S. Clarkson S / K. M. Ott(편집), 『공정한 환대』, 여금현 옮김, 서울: 대한기독교서회, 2012. 47이하 참조. 히브리서는 이러한 예배를 하나님이 기뻐하시는 참된 예배로 설명하고 있다(히 13, 16 참조). 이에 대한 자세한 것은 O. Michel, *Der Brief an die Hebräer*, Göttingen: Vandenhoeck & Ruprecht, 1975, 524-6; H. - F. Weiss; *Der Brief an die Hebräer*, Göttingen: Vandenhoeck & Ruprecht, 1990, 742-43; Lane, William L. *Hebrews 9-13 (WBC)*, Dallas: Word, 1991, 552; Ellingworth, P. *The Epistle to the Hebrews. A Commentary on the Greek Text (NIGTC)*, Grand Rapids: Eerdmans, 1993, 721; Victor C. Pfitzner, *Hebrews*, Nashville: Abingdon Press, 1997, 201; Alan C. Mitchell, *Hebrews*, Collegeville: Liturgical Press, 2007, 301; K. Backhaus, *Der Hebräerbrief*, Regensburg: Verlag Friedrich Pustet, 2009, 476-477; 이필찬, 『이보다 더 좋을 수 없다』, 고양: 엔크리스토, 2004, 552-554; 양용의, 『히브리서 어떻게 읽을 것인가』, 서울: (사)한국성서유니온선교회, 2014, 445-446 참조. 참된 예배와 경건에 대해서 또한 야고보서 1장 27절 참조.

47 김옥순은 디아코니아학 입문에서 예수의 디아코니아에 대해 상세하게 논의하고 있다. 예수

성품처럼 부드러움, 온유와 겸손으로 세상을 섬기고 변화시키는 교회론이다.[48]

2. 전이해: 디아코니아와 말씀하시는 하나님

하나님은 본질적으로 디아코니아적이다. 삼위일체 하나님이 서로 섬김으로 화평한 가운데 당신의 사역을 이루어 가신다. 하나님이 본질적으로 디아코니아적이라는 것은 그분의 디아코니아적 동선이 곧 사랑을 지향하고 있다는 것을 의미한다. 이것은 하나님의 본질이 행동하며 주는 것임을 의미한다. 하나님은 인간을 사랑하기에 주시고도 또한 넘치게 주신다.[49] 하나님이 말씀하시는 음성을 들을 때 우리는 디아코니아적인 삶을 살아갈 수 있다.

'들음'은 디아코니아적인 삶의 중요한 특징이고, '듣지 않음'은 반디아코니아적인 삶을 사는 것이라고 말할 수 있다. 교회의 바른 디아코니

의 디아코니아적인 삶의 총체적인 이해를 위해서 김옥순, 『디아코니아학 입문』, 250-288 참조. 예수, 환경과 창조보존의 신학적 연관성에 대한 논의를 위해서 장도곤, 『예수 중심의 생태신학』, 서울: 대한기독교서회, 2002을 참조.

48 이러한 분명한 신학적 관점은 교회가 교회의 디아코니아와 단순한 사회봉사와의 차이를 확연히 구분하도록 돕는다. 독일의 개신교 사회봉사에 있어서 복음 선포와 교회봉사 사이에서 어느 정도의 혼선이 있었다. 이에 대한 자세한 논의는 Karl Fritz Daiber, 『교회의 정체성과 교회봉사』, 황금봉 옮김, 서울: 한국장로교출판사, 1998, 23-60 참조. 예수의 참된 돌봄의 영성에 대해 헨리 나우웬, 『돌봄의 영성』, 윤종석 옮김, 서울: 사단법인 두란노서원, 2014 참조.

49 이 점을 조직신학자 밀리오리는 다음과 같이 잘 설명해 주고 있다. "삼위일체론은 하나님을 지배하는 힘으로서 묘사하는 것이 아니라 서로 나누어지는 삶과 사랑으로 묘사한다. 하나님은 자유 가운데서 사랑하시며, 공동체 안에서 사는 가운데 피조물도 또한 공동체 안에서 살기를 원하신다. 하나님은 자신을 나누어 주며, 타자를 돌아보고, 공동체를 형성해 가는 사랑이다(D. L. Migliore, 『기독교 조직신학 개론 - 이해를 추구하는 신앙』, 106)."

아는 하나님의 디아코니아에 참여하는 영성이다. 이러한 영성은 곧 생명을 살리는, 함께 가는 영성이고, 동시에 예수로 말미암은 축제를 향유하는 삶의 기초를 정하는 영성이다.[50]

그러므로 하나님의 백성이 된 교회가 디아코니아적인 삶을 가능한 지속적으로 살아내기 위해서는 하나님이 말씀하시는 음성을 귀 기울여 들어야 한다. 하나님의 말씀을 떠난 디아코니아는 있을 수 없기 때문이다.[51] 여기서 간단히 히브리서 1장 1-2절 상반절의 말씀을 디아코니아와 말씀하시는 하나님과 관련하여 서론적으로 생각해 보려고 한다.

"옛적에 선지자들을 통하여 여러 부분과 여러 모양으로 우리 조상들에게 말씀하신 하나님이 이 모든 날 마지막에는 아들을 통하여 우리에게 말씀하셨으니."

이스라엘 백성을 선택하신 하나님의 사랑은 예언자들을 통해서 지속적으로 하시는 말씀 속에 분명하게 드러난다. 1절에 의하면 하나님은 여러 가지 방법으로 이스라엘에게 말씀하신다. 이것은 이스라엘 백성을 위한 하나님의 구원 행동인데, 곧 이스라엘 백성을 위한 하나님의 디아

---

50 백용기는 한국디아코니아자매회의 역사와 영성을 말하면서 "섬김의 영성, 살림의 영성"으로 요약한다. (자세한 것은 백용기, "한국디아코니아자매회의 역사와 영성신학",「신학사상 129 (2005)」, 29-66에서 47-63 참조). 디아코니아와 영성에 대해 김옥순,『디아코니아학 입문』, 83-109 참조.

51 이것은 적어도 차정식이 누가복음 10장 38-42절의 마르다와 마리아 이야기에서 지적하고자 했던 디아코니아 사역이 자칫 만들어 낼 수 있는 "내적 균열과 염려'를 미연에 막을 수 있는 그 "한 가지 필요"이기도 하다. 차정식, "실패한 디아코니아와 '한 가지 필요'. 마리아와 마르다, 예수의 디아코니아 구조", 차정식,『하나님 나라의 향연-신약성서의 사회복지론』, 서울: 새물결플러스, 2009, 257-276 참조.

코니아이다.

구약 신학자 볼프(H. W. Wolff)는 아모스에 대해 쓰면서 그는 야훼가 압도적으로 그를 사로잡았기에 거역할 수 없는 하나님의 말씀을 듣고 전했다고 한다. 그는 오늘의 교회가 "아모스의 진술 속에 보이는 야훼의 습격과 또한 아모스가 저항할 수 없었던 야훼의 말씀을 들어야 하는 것이다."[52]라고 말했다. 그렇다. "야훼의 분명한 말씀은 그의 삶을 분명한 삶으로 각인하였다. 따라서 하나님의 백성도 예언을 통하여 인도된 변화 속에서, 저항할 수 없는 분명한 말씀 위에 세워져야 한다."[53]

필자의 견해로는 바로 이것이 목회자이자 신학자였던 히브리서 기자가 자신의 공동체 구성원들에게 끊임없이 강조했던 권면의 말씀의 핵이다. 왜냐하면 하나님의 말씀은 어떤 검보다도 예리하게 살아 있는 가장 강력한 힘을 지니고 있기 때문이다.[54]

히브리서 1장 1-2절에 나타난 하나님의 말씀하심은 바로 이 모든 것을 포함하는 "말씀하심"이다. 이 '하나님의 말씀하심' 속에는 사건, 곧 구원 행동이 포함되어 있다. 다시 말하자면 하나님의 궁극적인 구원 행동이 바로 그의 아들 예수 안에서 사건으로 드러난 것이다. 여기서 궁극적이라는 것은 '이 만물의 마지막 때', 즉 종말론적이면서 동시에 '마지막 한 번'이라는 의미를 내포하고 있다. 그러므로 우리는 아들 안에서 마지막으로 말씀하시는 하나님의 음성을 귀담아 들을 수 있어야만 한다. 듣는 것은 아들 예수야말로 우리의 참된 구원자가 되심을 믿는 것을 의미한다(히브리서 2장 3절, 10절 참조). 들은 바 된 복음이 믿음과 일치되

---

52 H. W. Wolff, 『예언과의 만남』, 차준희 옮김, 서울: 대한기독교서회, 1999, 15.
53 H. W. Wolff, 『예언과의 만남』, 16.
54 히브리서 4장 12절 참조.

어야 한다(히브리서 4장 2절 참조). 그러할 때만이 교회는 예배와 섬김, 나눔과 봉사 그리고 돌봄의 사명을 제대로 감당할 수 있는 것이다.

우리 시대에 교회가 디아코니아적인 삶을 살아내기 위해 우리는 먼저 하나님의 아들 우리 주 예수님을 바라보아야 하고, 그분의 말과 삶으로 말씀하시는 음성을 통해 부단히 우리의 모습을 돌아보아야 할 것이다. 만약 교회가 듣는 일을 중단하거나 게을리하면 그 결과로 교회의 본질은 희석되어 가고, 결국 교회의 디아코니아는 유명무실한 것이 되어버릴 것이다. 듣지 못하면 하나님의 구원에 참여하지 못한다고 히브리서는 우리에게 권면하고 있다.[55]

그러므로 바른 들음에서 바른 행함, 즉 바른 디아코니아가 나오는 것이다. 디아코니학을 가르치는 이나 배우는 이나 행하는 이 모두가 끊임없이 하나님의 말씀을 들어야 하는 이유가 여기에 있는 것이다.

"오늘 너희가 그의 음성을 듣거든 광야에서 시험하던 날에 거역하던 것 같이 너희 마음을 완고하게 하지 말라."[56]는 말씀은 오늘의 교회에도

---

55 히브리서에서는 "들음(아코에)"이 절대적으로 중요하다. 히브리서의 수신자 공동체는 이 날들의 마지막 때에 아들 안에서 마지막으로 말씀하시는 하나님의 음성을 듣는 공동체이다(히브리서 1장 1-2절 참조). 하나님은 아들 안에서 당신을 마지막으로 계시하셨다. "들음"의 중요성에 대해 2장 1-4절, 3장 7절-4장 11절 참조. 히브리서 저자는 히브리서 책에 대해 수신자에게 "권면의 말(13장 22절)"이라고 썼다. 이 역시 들음을 강조하는 의미가 내재해 있다고 하겠다. Scott D. Mackie, *Eschatology and Exortation in the Epistle to the Hebrews*, Tübingen: Mohr Siebeck, 2007, 39-42, 53-54; Peter T. O'Brien, *The Letter to the Hebrews*, Grand Rapids: Eerdmans, 2010, 44-51, 81-91; Thomas. R. Schreiner, 『히브리서 주석』, 장호준 옮김, 서울: 도서출판 복 있는 사람, 2016, 134-142, 698-714; Donald Guthrie, 『히브리서』, 김병모 옮김, 서울: 사)기독교문서선교회, 2015, 89-94, 117-122; 조재천, 『히브리서』, 서울: 홍성사, 2016, 37-41, 61-65 참조.

56 시편 95편 7절, 히브리서 3장 15절 참조. 여기 "오늘"은 종말론적인 의미에서 "영원한 오늘(das ewige heute)"을 의미한다. 하나님의 은혜를 잊지 않고 기억하는 것만이 살길이다. 박동현은 신명기 8장 11-20절을 주석하면서 이 점을 강조한다(박동현, "삼가 하나님을 잊지 말라. 신명기 8장 11-20절", 「교회와 신학 33 (1998년 여름)」, 108-119 참조).

여전히 유효한 말씀이다. 이런 의미에서 교회의 본질은 말씀하시는 하나님의 음성을 듣는 데에 있다 하겠다.

디아코니아의
구약성경적
이해

강사문의 연구에 의하면, 헬라어 "섬김"에 해당되는 히브리어 단어가 구약의 초기작품에는 등장하지 않고 후기작품인 칠십인 역 에스더서에서만 4번 나타난다.[1] 강사문에 의하면, "'디아코니아'란 말은 구약성경 후기 생활권에서 사용된 것으로 주로 개인적인 섬김을 뜻하는 경우에 사용되었음을 알 수 있다.[2] 이는 남을 위해 일하고 섬기고 받들고 수고하고 시중드는 일을 뜻하는 신약성경적인 의미와 일치한다.[3] 즉 '디아코노스'란 남의 종이나, 일꾼, 하인이 되어 남을 섬기는 것을 말한다."[4]

하지만 강사문은 섬김이라는 말에 준하는 의미를 가진 구약성경의 어휘를 '아바드'로 보고 이와 관련된 본문을 집중적으로 분석한다. 그는

---

1   강사문, "구약성경에 나타난 섬김의 의미", 「그 말씀 (2010년 11월호)」, 6-22. 네 곳은 에스더서 1장 10절("내시"), 2장 2절("신하"), 6장 3절("내시"), 5절("신하")이다. 또한 강사문, "구약에 나타난 섬김의 의미(디아코니아), 「장신논단 15 (1999)」, 8-33 참조.
2   디아코니아는 본래 헬라 문화권에서 "식탁에서 시중드는 것", "집에 방문한 손님의 발을 씻는 일" 등 천한 노예나 종이 했던 일을 의미했다.
3   박창환, "신약성경에 나타난 디아코니아(Diakonia)", 「디아코니아 심포지엄 자료집 (1995/11/2)」, 17.
4   강사문, "구약성경에 나타난 섬김의 의미", 7.

"구약성경에서 시간과 공간을 넘어서 사용되었고, 섬김의 의미를 가졌으나 '디아코니아'로 번역되지 않은 어휘는 '아바드'란 용어이다."라고 말한다.[5] 섬김에 해당되는 단어 '아바드'에 대한 그의 연구 결과는 디아코니아의 성경적 의미를 논구(論究)하는 데 있어서 매우 중요한 실마리를 제공해 주고 있다. 강사문은 이를 여섯 가지로 정리하고 있다.[6]

1. 섬김의 일반적인 의미는 개인 또는 단체로 보수 또는 무보수를 위해 일하는 것을 의미한다.

2. 섬김이란 사랑의 실천 행위이다. 우리가 하나님을 사랑하고 이웃을 사랑하게 되는 이유는 하나님이 먼저 우리를 사랑했기 때문이다. 우리는 우리를 향한 하나님의 사랑에 대한 응답으로 우선 하나님을 사랑하고 이웃과 자연까지 사랑하고 돌보게 된다.

3. 하나님 나라의 구현을 위해 하나님의 명령을 준행하는 것이 섬기는 일이다. 하여 섬김이란 하나님의 뜻을 이루기 위한 하나님 백성의 책임이고 의무다.

4. 섬김이란 하나님께 예배를 드리고 그에게 복종하는 행위이다.

5. '하나님의 종으로서 하나님을 섬기는 자'라는 말은 하나님의 뜻을 전파하는 자라는 뜻이다. 그러므로 '하나님을 섬긴다.'라는 말은 하나님의 뜻을 전파하는 일이다.

6. 섬긴다는 의미는 인간관계 속에서 인간만을 섬기는 것이 아니라 자연, 피조물까지 돌보고 섬기는 일이다.

---

5 강사문, "구약성경에 나타난 섬김의 의미", 7.
6 강사문, "구약성경에 나타난 섬김의 의미", 10-14.

이러한 강사문의 연구 결과는 신구약성경에 나타난 디아코니아의 의미를 이해하는 데 많은 도움을 준다. 이를 바탕으로 이제 구체적으로 구약성경에 나타난 섬김의 의미를 살펴보고자 한다.[7]

1. 예배로서의 섬김

우리가 교회의 디아코니아를 말할 때 놓치기 쉬운 것이 바로 하나님과의 관계이다. 이런 이유로 필자는 위에서 디아코니아와 삼위일체 하나님과의 관계의 중요성에 대해 강조했다. 섬김으로서의 디아코니아를 말할 때 가장 중요한 것이 바로 예배의 의미이다.

하나님은 영원무궁토록 예배 받으시기에 합당한 분이시다. 그러므로 우리의 디아코니아의 가장 기본적이면서도 중요한 것이 바로 살아 계신 하나님에 대한 경배와 찬양, 곧 예배이다. 섬김이란, 곧 예배를 의미하기 때문이다.[8]

하지만 예배로서의 섬김의 의미가 단순히 하나님만 예배하는 것을 의미하는 것은 아니다. 예배의 자리는 하나님 사랑과 이웃 사랑이 함께 하는 자리라는 의미로도 해석할 수 있다. 이 점에 대해 강사문은 다음과

---

7 아래에 논하고 있는 구약성경에 나타난 섬김의 의미는 강사문의 연구에 많은 빚을 졌음을 밝힌다. 구약과 신약에 대한 사회봉사적 관점에서의 포괄적 논의를 위해서 김한옥, 『기독교 사회봉사의 역사와 신학』, 부천: 실천 신학 연구소, 2004, 99-206을 참조.

8 '섬김'이란 말과 '예배를 드리다'는 말은 같은 어원이다. 영어의 service란 말이 히브리어의 '아바드', 즉 '예배드리다'라는 말에서 유래된다(강사문, "구약성경에 나타난 섬김의 의미", 13과 강사문, "구약 예배의 의미와 기능", 『구약의 역사 이해』, 서울: 한국 성서학 연구소, 2002, 144-149 참조).

같이 쓰고 있다.

"약한 자를 돕고 섬길 때 더 겸손한 자세가 필요하고, 없는 자를 도울 때 보
다 더 공손하게 대해야 한다는 것은 우리가 하나님을 섬기듯이 겸허한 자
세로 이웃을 섬겨야 한다는 말이다. 하나님이 기뻐하시는 예배를 드리는 것
(롬 12:1)이, 곧 우리가 이웃을 섬긴다는 말과 어휘가 같기 때문이다."[9]

그러므로 섬김의 예배적인 의미는 이웃, 특히 가난하고 힘없고 소외
된 사람들을 사랑하고 섬기는 것으로 나타난다고도 볼 수 있다.[10] 이것
이 하나님에 대한 교회의 바른 경건이요, 예배이다. 이런 의미에서 다음
에 살펴볼 사랑으로서의 섬김과 통한다고 볼 수 있다. 구약성경에서 강
조하고 있는 가장 큰 계명인 하나님 사랑과 이웃 사랑도 결국 하나님을
온전히 예배하라는 명령으로 해석할 수 있다.

하나님이 애굽에서 종살이하며 고통 가운데 있는 이스라엘 백성을
구원하신 것도 당신을 섬기기 위해, 곧 예배하기 위함인 것을 출애굽기
의 말씀을 통해 확인할 수 있다.[11]

---

9   강사문, "구약성경에 나타난 섬김의 의미", 13. 예배의 의미가 이러하기에 초대교회의 중요한
    신학적 전승을 새롭게 재해석한 야고보서 안에는 예배를 다음과 같이 소개하고 있다. "하나
    님 아버지 앞에서 정결하고 더러움이 없는 경건은(원문 "트레스케이아"는 예배 또는 경건으
    로 번역할 수 있다.) 곧 고아와 과부를 그 환난 중에 돌아보고 또 자기를 지켜 세속에 물들지
    아니하는 그것이니라(약 1:27)."
10 차준희는 미가서 6장 6-8절을 중심으로 예언서의 윤리사상을 연구하면서 다음과 같이 결론
    을 맺고 있다. "예언서의 윤리는 윤리(삶)와 제의(예배)가 하나임을 보여 준다. '미쉬파트'를 행
    하고 헤세드를 사랑하는 것'은 제의적인 어떤 것과 분리되지 않는다. 또한 '신중하게 네 하나
    님과 함께 걸어가는 것'은 앞의 두 가지 요소와 분리된, 제3의 것을 요구하는 것이 아니다. 이
    세 가지는 하나이다(차준희, "예언서의 윤리사상 - 미가 6:6-8을 중심으로", 『한국기독교신학
    논총 55 (2008)』, 55-78, 72)."
11 예를 들면 3:12; 4:23상; 7:16; 8:1, 20; 9:1, 13; 10:3, 7, 8, 11; 12:31 등을 들 수 있다. 박준

마찬가지로 하나님께 선택받은, 그의 거룩한 백성이 된 교회는 반드시 하나님을 온전히 기쁨의 예배로 섬겨야 한다. 신명기 28장 47-48절 말씀은 우리가 하나님을 기쁨으로 섬겨야 함과 동시에 그렇지 않을 경우에 닥치는 화에 대해서 말해 준다.

"네가 모든 것이 풍족하여도 기쁨과 즐거운 마음으로 네 하나님 여호와를 섬기지 아니함으로 말미암아 네가 주리고 목마르고 헐벗고 모든 것이 부족한 중에서 여호와께서 보내사 너를 치게 하실 적군을 섬기게 될 것이니 그가 철 멍에를 네 목에 메워 마침내 너를 멸할 것이라."

하나님에 대한 예배가 없는 기독교는 있을 수 없듯이 "섬김이 없는 기독교는 기독교가 될 수 없는 것이다.[12] 왜냐하면 섬김은 하나님의 기본 가치관이기 때문이다. 따라서 섬김은 하나님 나라를 위한 교회의 지상 과제다."[13] 하나님을 바르게 섬기지 못하는 것은 곧 우상숭배와 불순종으로 이어지고, 그 결과 이스라엘은 하나님의 분노하심을 입고 이방 민족의 지배를 받아 종살이하게 된다.[14]

오늘 우리에게도 맘몬과 이 세상 권력을 섬기는 것 같은 유사한 결과

서는 그의 논문에서 이 점을 강조한다. "출애굽이 속박과 압제로부터의 해방이었을 뿐만 아니라, 한 걸음 더 나아가 하나님을 섬기고 예배하는 데 그 궁극적인 목적이 있었다는 점이다(박준서, "구약에 있어서 예배의 의미", 『구약세계의 이해』, 서울: 한들출판사, 2001, 286-297, 287). "오늘 우리는 하나님을 예배하고 있는가 아니면 바알을 예배하고 있는가?"의 문제는 교회의 디아코니아와의 관계 속에서 중요하게 다루어야 할 주제이다. 이를 위해 홍주민, 『야훼의 섬김』, 189-191 참조.

12 강사문, "구약성경에 나타난 섬김의 의미", 14.
13 강사문, "구약성경에 나타난 섬김의 의미", 14.
14 예레미야서 5장 19절, 17장 4절 말씀과 사사기에 있는 사건들을 생각해 볼 수 있다. 이방민족은 이스라엘을 심판하시기 위해 하나님께서 보낸 자들이다(신 28:48).

가 나타난다. 구약성경의 말씀을 볼 때 하나님을 예배한다는 것은 결국 날마다의 우리 삶, 그 자체이다. 이것은 곧 구체적이면서도 실천적인 행함을 우리에게 요구한다고 볼 수 있다.[15]

이러한 의미에서 디아코니아는 예배와 삶의 일치를 지향하며 디아코니아학은 예배학은 아니지만 예배의 관점에서 예배와 삶의 일치를 위한 여러 방법과 과제를 모색하고 연구하는 학문의 영역이라고 규정해 볼 수 있을 것이다.[16]

2. 사랑으로서의 섬김

'아바드(섬김)'의 또 다른 중요한 의미로 사랑의 실천 행위를 들 수 있다.[17] 하나님의 사랑은 매우 구체적인 사랑이다.[18] 하나님은 단지 말

---

15 여기에서 구약의 대표적인 예언 전승 가운데 하나인 미가서 6장 8절 말씀을 생각해 볼 수 있다. "사람아 주께서 선한 것이 무엇임을 네게 보이셨나니 여호와께서 네게 구하시는 것은 오직 정의를 행하며 인자를 사랑하며 겸손하게 네 하나님과 함께 행하는 것이 아니냐." 또한 신명기 10장 12-13절을 함께 상고할 수 있다. "이스라엘아 네 하나님 여호와께서 네게 요구하시는 것이 무엇이냐 곧 네 하나님 여호와를 경외하며 그의 모든 도를 행하고 그를 사랑하며 마음을 다하고 뜻을 다하여 네 하나님 여호와를 섬기고 내가 오늘 네 행복을 위하여 네게 명하는 여호와의 명령과 규례를 지킬 것이 아니냐." 이에 대한 자세한 논의에 대해서 차준희, "예언서의 윤리사상-미가 6:6-8을 중심으로", 『한국기독교신학논총 55(2008)』, 55-78 참조. 김옥순, 『디아코니아학 입문』, 40. "우리는 구약성서에 나타난 사회봉사와 섬김을 하나님을 예배하는 관련성 속에서 찾아볼 수 있다."

16 디아코니아학의 자리매김에 대한 논의를 위해서는 김옥순, 『디아코니아학 입문』, 147-178 참조.

17 강사문, "구약성경에 나타난 섬김의 의미", 9.

18 "하나님 자신이 사랑의 행위에 있어서 본이다(U. Luz, "Biblische Grundlage der Diakonie", G. Ruddat / G, K, Schaefer (Hg.), *Diakonisches Kompendium*, Goettingen: Vandenhoeck & Ruprecht, 2005, 17-35중 18).

로만 우리를 사랑한다고 하지 않았다. 그분의 사랑은 역사의 현장 속에서 매우 구체적으로 나타났다. 그 대표적인 사건이 출애굽과 우리를 위해 당신의 아들을 세상에 보내신 것이다. 아들 안에서 세상을 향한 하나님의 사랑이 정점에 이르렀고 완성되었다. 예수의 삶을 한마디로 요약하자면 '사랑'으로 말할 수 있을 것이다. 예수는 제자들에게 '하나님 사랑(막 12:30)'과 '이웃 사랑(마 22:39, 막 12:31, 눅 10:27)'을 말씀하셨고, '서로 사랑하라(요 13:34)'는 새 계명을 주셨다.[19]

예수님은 섬김을 받기 위해 섬기신 것이 아니지만, "섬김을 받기 위해서는 먼저 섬기는 자가 되어야 한다."는 주님의 말씀은 무엇보다도 예수님 안에서 온전히 이루어졌다. 예수님은 세상을 끝까지 사랑하셨다. 하나님의 본질이 그러하듯이 그의 아들 예수님의 본질 또한 철저히 섬기는 것이었다. 그의 삶은 처음부터 끝까지 디아코니아적이었다.

강사문에 의하면, 구약성경에서 '섬김', 곧 사랑의 대상은 사람으로부터 하나님까지 포함되어 있고, 또한 땅도 섬김의 대상이 된다.[20] 우리가 보이지 아니하는 하나님을 섬긴다는 것은 하나님을 예배하고 사랑하는 것과 동시에 하나님이 사랑하시는 사람과 자연을 또한 사랑하는 것을 의미한다. 우리를 향한 하나님의 사랑이 구체적이듯이 하나님을 향한 교회의 사랑도 구체적으로 나타나야 한다. 이 구체성이 바로 이웃과 자연을 섬기고 사랑하는 것이다.

---

19 복음서에는 나오지 않지만 도마복음 25절에는 다음과 같은 말씀이 나온다. "예수께서 이르시되, 네 동무들을 네 목숨처럼 사랑하고 네 눈동자처럼 지키라(오강남, 『또 다른 예수. 비교종교학자 오강남 교수의 도마복음 풀이』, 서울: 위즈덤하우스 2009, 143)."

20 땅이 섬김의 대상이 된다는 대표적인 구절로 창세기 2장 5절, 3장 23절, 4장 2절, 12절, 사무엘상 9장 10절, 잠언 12장 11절, 28장 19절, 스가랴서 13장 5절 등을 들 수 있다(이에 대해 강사문, "구약성경의 섬김의 의미", 8. 14 참조).

교회의 디아코니아는 하나님이 먼저 우리를 사랑하셨다는 하나님의 말씀에 대한 올바른 응답이어야 한다. 무엇이 섬김인가? 이에 대해 강사문은 이렇게 말한다.

"우리가 하나님을 사랑하고 이웃을 사랑하게 되는 이유는 하나님이 먼저 우리를 사랑하셨기 때문이다. 하나님이 열조를 사랑하시고(신 4:37), 다윗을 사랑하시고(삼하 12:24), 의인을 사랑하신 것(시 146:8)에 대한 인간의 응답으로서 사랑의 실천 행위를 섬김이라고 한다."[21]

출애굽의 하나님은 잘 먹고 잘 살고 있는 사람들에게 관심을 가지신 것이 아니다. 오히려 애굽에서 종살이하며 고통 가운데 울부짖는 이스라엘에 먼저 관심을 가지셨다. 이것을 이 땅의 교회는 항상 기억해야 한다. 성경의 하나님은 멀리 계시는 분이 아니라 이 땅에서 고통받는 사람들과 피조물의 애끓는 탄식의 소리를 가장 먼저 귀 기울여 들으시는 분임을 교회는 명심해야 한다.[22] 구약의 하나님은 가난한 자, 과부, 고아와 객(客)을 먼저 돌보시고 그들의 소리에 관심을 가지시는 분이다.[23] 사회적으로 소외된 주변부의 사람들이 하나님의 자비와 관심의 최우선적인 대상이다.[24]

---

21 강사문, "구약성경에 나타난 섬김의 의미", 9.

22 김옥순, 『디아코니아학 입문』, 42.

23 강사문, "구약성경에 나타난 섬김의 의미", 10-11. 또한 이 부분에 대해 김윤희의 "레 19:18에 관한 주석적 연구"를 보라. 김윤희, "네 이웃을 네 몸과 같이 사랑하라", 『성경과 신학 25 (1999)』, 38-67. 특별히 김윤희는 이 연구에서 레위기 19장 18절의 이웃이 모든 인류를 의미한다고 보고 이웃 사랑에 대한 강한 실천적인 행동과 공평을 강조한다.

24 여기서 우리가 또 한 가지 생각해야 할 것은 장애인이다. 장애인 역시 분명 사회적으로 소외된 자이다. 장애인도 두말할 것 없이 우리의 이웃이다. 우리 주님도 장애인과 함께하셨고 그

신명기 15장 11절에서 하나님은 이렇게 말씀하신다.

"땅에는 언제든지 가난한 자가 그치지 아니하겠으므로 내가 네게 명령하여 이르노니 너는 반드시 네 땅 안에 네 형제 중 곤란한 자와 궁핍한 자에게 네 손을 펼지니라."

구약성경에서 하나님은 고아를 도우시는 분으로 나타나고(시 10:4), 가난한 자를 건지시는 분이기도 하다(시 35:10). 시인은 시편 40편 17절에서 하나님이 저의 도움이요 건지시는 이로 고백하고 있기도 하다. 특별히 구약성경에는 가난한 자에 대한 진술이 많이 나타나는데,[25] 그만큼 하나님은 가난을 원치 않으실 뿐만 아니라[26] 가난한 자를 일차적으로 돌보신다는 사실을 말해 주고 있는 것이다. 이것은 "가난한 자들이 섬김의 대상이기 때문이다."[27]

가난한 자를 없애는 것이 곧 하나님의 샬롬이고, 희년의 성취이며 예

들을 섬기셨다. 이에 대한 자세한 논의는 이만식, "장애인 복지와 교회의 사명", 「장신논단 30 (2007)」, 479-508 중 특히 496-498을 참조. 류장현은 이미 다문화 사회가 되어 버린 한국 사회 속에서 이주민들을 "떠돌이 민중"으로 규정하면서 이들이 하나님의 형상으로 창조된 하나님의 자녀들로서 성령의 능력 안에서 자기초월성과 종말성을 가지고 억압과 착취와 차별이 없는 새로운 사회를 건설하는 역사의 주체로 보면서 떠돌이 민중과 공생할 수 있는 다문화 교회와 다문화 사회의 구체적 형태를 신학적으로 논의하는 것이 오늘의 한국 교회가 감당해야 할 신학적 과제로 본다. 이에 대해서 류장현, "다문화 사회의 떠돌이 민중에 대한 신학적 이해", 「신학사상 148 (2010년 봄)」, 41-66.

25 대표적으로 출애굽기 23장 11절, 신명기 15장 4절-5장 11절, 사무엘상 2장 8절, 시편 40편 17절, 예레미야 20장 13절, 22장 16절 등을 들 수 있겠다. 자세한 것은 강사문, "구약성경에 나타난 섬김의 의미", 9-11을 참조. 또한 시편 72편은 하나님이 왕에게 주의 판단력을 주시면 왕이 가난한 자의 억울함을 풀어줄 뿐만 아니라 가난한 자와 궁핍한 자를 건지시고 생명을 구원한다고 기도한다. 그만큼 한 나라의 지도자가 중요하다.

26 신명기 15장 4-5절은 말하기를 이스라엘 백성 가운데 "가난한 자를 없게 하라."고 하신다.

27 강사문, "구약성경에 나타난 섬김의 의미", 10.

수의 하나님 나라의 이상이기도 하다.[28] 구약의 전승을 이어받은 야고보서에도 가난한 자로 대변되는 고아와 과부를 돌보는 것이 하나님 앞에서 바른 경건이자 예배임을 강조하고 있을 뿐만 아니라[29] 가난한 자에 대한 구체적인 구제와 행함에 대해 역설하고 있다.[30]

교회의 디아코니아는 이러한 하나님의 디아코니아를 바로 알고 하나님의 디아코니아적인 삶에 영적으로 예민하게 움직여야 한다. 세상을 향한 하나님의 구원 행동은 사랑의 섬김에서 비롯된 것이다. 이 섬김의 주 대상이 바로 가난한 자인데 이 가난한 자에게로 향하는 하나님의 마음의 움직임이 곧 성령이다. 삼위일체 하나님 안에서의 이러한 코이노니아와 역동적인 디아코니아에서 맨 처음 생기는 그 사랑의 힘을 교회는 공급받아야 한다.[31] 그러기 위해서 교회는 성령으로 충만해야 한다. 성령으로 충만하지 않고는 삼위일체 하나님의 사귐 속에 온전히 들어갈 수 없다.[32] 이 삼위일체 하나님의 사귐 속에 있을 때만이 교회는 우리가

---

28 이것은 곧 평등을 의미한다. 이것이 예수의 하나님 나라 선포에 나타난 핵심이기도 하고 이후 초대교회에 나타난 바람직한 사회상이기도 하다. 사도행전 4장 34절, "그중에 가난한 사람이 없으니"라는 말씀을 오늘의 교회는 명심하면서 철저한 사랑에 근거한 사회봉사를 감당해 나가야 할 것이다.

29 박동현은 성경에 나타난 경건에 대한 연구에서 야고보서에 나타난 경건을 다음과 같이 정리한다. "참 경건은 하나님을 공경하는 내적인 태도와 구약성경의 전통을 따라 특별히 사회적인 약자를 잘 돌보는 윤리적인 삶과 하나님을 섬기는 의식과 한데 어우러지는 것이라고 생각할 만하다(박동현, "성경에서 말하는 경건", 『하나님 나라와 선교』, 서정운 명예총장 은퇴기념 출판위원회, 서울: 대한기독교서회, 2001, 361-383, 382. 또한 김옥순, 『디아코니아학 입문』, 334-338 참조)."

30 야고보서 2장 14-17절 참조.

31 현요한은 성령을 다음과 같이 이해한다. "성령은 단순히 하나님 안에 머물러 있거나, 어떤 특정인에게 머물러 있는 영이 아니라, 성령이 임한 자가 영적, 정신적, 물질적, 사회적인 의미에서 타자와 교류하고 교통하게 하는 역동적인 영이다(현요한, "하나님의 능력과 마음의 코이노니아-성령에 대한 하나의 개념적 이해", 「장신논단 38 (2010)」, 191-214, 211).

32 이런 의미에서 성령 충만에 대한 현요한의 설명은 디아코니아와 연결해서 매우 설득력이 있다. "성령의 충만함은 어떤 사람이 하나님의 마음, 즉 하나님의 생각, 하나님의 뜻, 하나님

아닌 하나님의 디아코니아를 이 땅 위에서 양적으로만이 아닌 질적으로 실현시켜 갈 수 있는 추동력(推動力)을 발휘할 수 있다.[33]

교회는 이 세상의 통치를 실현하는 것이 아니라, 하나님의 통치, 즉 하나님의 다스림 가운데 있어야 하며, 그 다스림 속에서 디아코니아적인 삶을 실행해 나가야 한다. 교회는 하나님과의 바른 사귐을 위해 부르심을 받은 존재이기 때문이다.[34] 이러한 디아코니아에 대한 바른 신앙교육이 앞으로 교회 교육의 중요한 과제가 되어야 한다.

단순히 지역 교회나 교단의 성장을 위한 교육이 아닌 이 땅에서의 진정한 하나님 나라의 모습(삼위일체 하나님의 코이노니아와 디아코니아의 일치)을 구현하고자 하는 그러한 참된 하나님 나라의 교육이어야 할 것이다.[35] 이것이 바로 세상을 위한 하나님의 구원 행동으로서의 디아코니

의 느낌, 하나님의 능력으로 가득하여, 그것을 다른 이들과 함께 나누며 섬기는 상황으로 볼 수 있다(현요한, 『하나님의 능력과 마음의 코이노니아』, 211 각주 42).

33 교회 본질의 질적인 변화와 성장에 대해 김옥순, 『교회의 섬김』, 16-32; 황필규, "한국 교회와 사회봉사, '인식에서 행동으로'", 「기독교사상 489 (2009년 9월호)」, 33-44를 참조. 김순옥은 이 논문에서 섬김 속에서의 질적인 성장을 말하면서 더불어 사는 공동체의 평등구조에 대해 그리고 황필규는 한국 교회의 사회봉사는 신학적인 측면에서 한 단계 도약되어야 함을 강조한다. 또한 김명용, 『열린신학 바른 교회론』, 서울: 장로회신학대학교출판부, 1997, 13-130 참조.

34 고린도전서 1장 9절, 요한일서 1장 3절 참조.

35 고용수는 "21세기 한국 교회의 교육목회"에서 하나님 나라의 비전을 교육목회의 비전으로 제시하면서 다음과 같이 정리하고 있다. "하나님과의 관계(worship), 자신을 포함한 인간과의 관계(partnership), 사물과의 관계(stewardship)에 이르기까지 폭넓은 관계의 영역들을 복음의 빛 안에서 성찰하면서, 하나님 나라의 구현을 위한 다양한 사역의 차원(케리그마, 레이투르기아, 디다케, 코이노니아, 디아코니아)을 통한 복음의 실천을 구조화하는 일이 오늘의 한국 교회가 수립해야 할 교육목회의 과제이다(고용수, "21세기 한국 교회의 교육목회", 「장신논단 30 (2007)」, 415-443, 440-441)." 또한 박근원은 기장 총회교육원이 주최한 "총회정책협의회"에서 기장의 희년을 맞이하여 "희년 신앙과 교회 교육과제"라는 주제 강연을 하면서 희년 교육의 내용을 "은총 교육"으로 규정하고 이 은총 교육을 다음과 같이 설명한다. "희년 교육은 삼위일체 하나님 신앙을 내용으로 한다. 은총 신앙을 통하여 교회 교육은 하나님과의 바른 관계를 맺게 한다. 은총의 힘을 바탕으로 세상을 섬기러 오신 예수 그리스도의 부

아이기 때문이다.

3. 복음 전파로서의 섬김

구약에서 섬김의 또 다른 의미로 복음 전파를 들 수 있다. 강사문에 의하면 구약에서 하나님의 종으로 하나님을 섬기는 자라는 것은 곧 하나님의 뜻을 전파하는 자임을 뜻한다.[36] 그것은 곧 복음 전파와 구원 사역도 섬기는 일과 일치하기 때문이다.[37] 이사야서 52장 7절에 나타난 복음을 공포하는 자는 다름 아닌 하나님의 종으로 하나님을 섬기는 자로 묘사되고, 이사야서 61장 1-2절에서는 "여호와께서 내게 기름을 부으사 가난한 자에게 아름다운 소식을 전하게 하려 하심이라 나를 보내사 마음이 상한 자를 고치며 포로 된 자에게 자유를, 갇힌 자에게 놓임을 선포하는 자"로 묘사된다.[38]

최만수는 한 논문에서 "기름 부음"과 종의 의식에 대해 다음과 같이

르심에 따라, 하나님과 이웃을 섬기며, 세상을 변화시키는 삶을 기른다. 아울러 진리를 구체적으로 깨우쳐 주시고 생명을 주시는 성령 안에서, 공동체를 이루고, 나아가 만물과도 친교를 이룬다. 희년 교육은 단순히 선교 일꾼을 기르는 것만이 아니다. 하나님을 예배하며, 하나님이 내신 이 세상 안에서 생명들을 돌보고 이웃을 섬기는 친교와 봉사의 삶을 그 내용으로 한다. 예배와 선교가 분리되지 않는 통전적인 신앙교육이다(박근원, 『말씀과 교회 47 (2009)』, 346-361, 358)."

36 강사문, "구약성경에 나타난 섬김의 의미", 14.

37 강사문, "구약성경에 나타난 섬김의 의미", 14.

38 이 말씀은 신약에 와서 예수가 누가복음 4장 18-19절에서 희년의 해를 선포하심으로 다시 나타난다. 예수는 분명 메시아로서 왕인 동시에 섬기는 자로서 하나님의 말씀을 선포하는 자이다. 김정우, "이사야서에 나타난 성령의 모습과 사역", 『이사야 2. 어떻게 설교할 것인가?』, 서울: 두란노 아카데미, 2008, 11-32, 31 참조.

설명한다.

"여호와의 종은 자신에게 '주 여호와의 신(성령)'이 기름 부음을 받았음을 알린다. 기름 부음은 소명을 위하여 구별되는 것과 또한 그 소명을 위하여 섬기는 자가 되어야 함을 알리는 의식이다. 그래서 종은 기름 부음을 통해서 가난한 자에게 아름다운 소식을 전하는 소명이 있음을 보여 준다 (1절)."[39]

신약성경에 나타난 섬김의 의미를 연구할 때도 구체적으로 밝히겠지만 하나님의 아들 예수는 참 구원자이며 선지자로서 그는 진정한 섬김의 종이요, 자신의 말처럼 '섬기는 자'로 이스라엘 가운데에서 그렇게 사셨다. 그의 섬김은 분명 이사야서 52장 7절과 61장 1-2절의 선포 그 자체이셨다.

이런 의미에서 종의 섬김은 곧 종의 선포요 기쁜 소식을 널리 전하는 것을 의미한다.

"장차 올 메시아 시대의 축복은 기름 부음 받은 여호와의 종의 사역을 통해 희년이 회복되는 것으로 예언된다."[40]

예수가 곧 이 희년을 선포한 진정 섬기는 자이셨다(눅 22:27). 즉 예수의 삶 속에서는 선포와 실천이 분리되지 않고 하나가 된다. 예수의 섬

---

39 최만수, "사 60-66장: 예루살렘의 영광된 미래", 『이사야 2. 어떻게 설교할 것인가?』, 서울: 두란노 아카데미, 2008, 361-399, 371.

40 김정우, "이사야서에 나타난 성령의 모습과 사역", 31.

김을 통해 공동체가 회복되고 나아가 경제 정의가 바로 서게 된다. 이것은 하나님 나라의 진보라는 관점에서 볼 때, 초대교회 안에서 보다 구체적으로 나타나게 된다.[41]

구약에서 "선지자로서의 주의 종은 '하나님의 신'을 받을 뿐만 아니라 '하나님의 말씀'을 계속 받는다. 즉 선지자의 말씀과 하나님의 말씀이 동일시된다(렘 1:9; 5:14)."[42] 여호와의 신이 엄습하여 그것에 사로잡힌 선지자는 이제 그분의 말을 받아 전하는 여호와의 입이 되어 전하지 않을 수 없는 것이다. "하나님의 영은 주의 종을 감동시키며, 그로 하여금 자신의 사명을 효과적으로 수행하게 하셔서 공의를 베풀게 하신다."[43] 그는 여호와의 말씀을 전하는 종으로 부름 받았기에 종으로서 그가 할 일은 바로 주인 되신 여호와의 말을 전하는 일[44]이며, 이것이 종으로서 주인을 섬기는 것이다.[45]

삼위일체 하나님은 말씀하신대로 그대로 이루어 가셨다. 이것이 아

---

41 김철영은 희년을 이스라엘 공동체의 회복을 위한 정의의 요구와 경제적 평등을 통한 분배 정의가 이스라엘 공동체 안에 회복되도록 하려는 하나님의 장치라고 본다(김철영, 『기독교 관점에서 본 정의와 공동체 생활』, 서울: 장로회신학대학교출판부, 2000, 48-53 참조). 이러한 관점에서 희년과 디아코니아는 공동체의 회복과 하나님의 디아코니아의 실현이라는 관점에서 볼 때 매우 밀접한 관계에 있다. 교회의 디아코니아를 통해 희년은 보다 구체화될 수 있다.

42 김정우, "이사야서에 나타난 성령의 모습과 사역", 27.

43 김정우, "이사야서에 나타난 성령의 모습과 사역", 30. 여기서 " '베풀다(야차의 히필형)'라는 동사는 '(입에서) 나오다, 즉 말하다'는 뜻이므로(욥 8:10; 잠 10:8; 렘 15:19) 판결을 내리는 것보다 설교하는 것을 가리킨다고 해석되기도 한다(김정우, "이사야서에 나타난 성령의 모습과 사역", 30)."

44 이것은 사도행전에서 사도 바울에게 또한 적용된다. 하나님의 종으로서 바울의 사역 또한 복음을 전하는 것 외에는 없기 때문이다. 이것이 섬기는 자로 부르심을 받은 그의 지상 대과업이었다. 그의 삶에서도 예수의 삶처럼 섬김과 복음 전파가 전혀 분리될 수 없었다.

45 이희성, "하나님의 대행자, 그 기능과 사명", 『이사야 2. 어떻게 설교할 것인가?』, 서울: 두란노아카데미, 2008, 105-118, 107. "하나님이 종을 선택하신 근본 목적은 열방으로 하나님의 비교할 수 없는 주권적 능력을 경험하게 하는 것이며 그의 영광이 종을 통하여 열방 가운데 선포되는 것이다."

들을 세상에 보내심으로 나타났고, 아들은 구약 예언의 성취로서 특별히 희년의 말씀(사 61:1-2)을 그의 나사렛 회당에서의 설교 본문으로 채택하여 선포하였다. 위에서도 언급한 대로 예수가 자신이 선포한대로 사셨다는 것이 무엇보다 중요하다. 그의 삶 속에 희년 정신이 그대로 농축되어 있다는 것이다.

이 점을 이경숙은 다음과 같이 매우 분명히 강조한다.

"희년의 기쁜 소식을 전하는 자가 곧 동시에 상한 마음을 위로하고, 자유를 선사하고, 갇힌 사람을 풀어 주는 구원 행위의 실천자인 것이다. 예수도 희년 성취를 선포하셨고, 동시에 고통 받는 사람들을 위하여 갈릴리에서 구원 행위를 시작하지 않았는가? 여기서 우리가 분명히 지적해야 하는 것은 희년 선포는 단순한 선포로는 무의미하다는 점이다. 희년 선포에는 반드시 구체적인 구원 행위의 실천이 뒤따른다. 야훼께서 예언자 예수를 통해 우리를 속량하시고 무르신 것, 그것은 곧 우리를 구원을 위한 행위와 실천으로 부르셨다는 것을 의미한다. 우리가 진정으로 하느님의 속량 행위, 즉 예수의 보내심을 믿고 따른다면, 우리는 이러한 하느님의 요구, 즉 예수를 따르는 일에 주저함이 없어야 할 것이다. 이것이 바로 이사야서 61장 1-2절에서 말하는 '기쁨의 해' 선포의 의미이며, 예수를 통한 하느님 나라 선포의 의미일 것이다."[46]

---

46 이경숙, "'기쁨과 은총의 해'로서의 희년의 구약성서적 의의", 『구약성서의 하나님. 역사. 여성』, 426-451, 448-449. 최근 이은경은 '희년법을 디아코니아에 적용하는 것이 가능한가?'에 대한 연구를 했다. 이은경, "희년법과 디아코니아", 『신학과 선교 36 (2010)』, 59-82. 이은경은 다음과 같이 결론을 맺고 있다. "현실적으로 희년의 가장 큰 개념은 경제적 약자에 대한 보호이다. 희년의 실천은 한 개인에 의해 열매를 맺기 어렵다. 이것은 공동체성을 띠고 있으며 사랑의 기초를 갖고 있어야 한다. 이런 점에서 희년은 디아코니아를 통해서 구현되어야 하며, 교회의 사회에 대한 봉사를 통하여 하나님과 죄악으로 물든 사회의 화해를 이끌어가는 구

이것이 삼위일체 하나님의 멋들어진 디아코니아이다. 하나님은 교회가 이 일을 감당하기를 원하시기에 교회를 당신의 멋진 작품으로 만들었던 것이다(엡 2:10 참조).

4. 준행으로서의 섬김

다음에 제시하는 의미는 '아바드'의 용례 중에 아마도 가장 드물게 쓰인, 하나의 경우일 것이다. 크게 "절기를 지키다(출 13:5)", "(하나님이 당신의 일을) 수행해 나가시다(사 28:21)" 그리고 "맡은 바 임무를 수행함 혹은 그것의 결과(겔 29:20)" 등으로 나타난다. 가장 드물게 사용되는 용례이지만 어떤 의미에서 '지키다', '수행하다'의 의미는 오늘의 교회가 디아코니아의 성경적 의미를 되새겨 보는데 있어서 매우 적합한 의미라고 생각한다. 왜냐하면 교회 안에는 섬김과 이웃 사랑과 관련해서 무수한 말과 말씀 선포와 연구가 있어 왔고 이에 따른 결단과 결심이 있었지만, 정작 이것들에 대한 구체적인 실천은 상대적으로 매우 열악하기 그지없기 때문이다. 그런 의미에서 실천 혹은 준행의 의미로 쓰인 '아바드'에 대해 상고해 보는 것은 디아코니아와 연관하여 볼 때 매우 의미가 깊다.

이 세 가지 용례 중에 하나는 모세오경에, 다른 두 개는 예언서에 등장한다. 그리고 출애굽기는 하나님이 선택하신 그의 백성이 하나님의 명령을 지킬 것을 말씀하신 반면에, 에스겔서의 말씀은 이방 왕인 동시

체적인 도구가 되어야 한다(78)."

에 이스라엘의 적대국 왕인 바벨론 느부갓네살왕의 명령을 준수하는 것과 관련이 있다.[47] 출애굽기와 에스겔서의 본문은 인간이 주체가 되어 행하고 지키는 것에 아바드가 쓰인 반면, 이사야서 말씀은 백성들이 예측하지 못할 정도로 하나님이 당신의 일을 수행해 나가시는 경우에 해당된다.

이 세 가지 용례를 통해서 우리는 두 가지 중요한 것에 주목할 필요가 있다.

첫째, '섬기다'라는 의미의 아바드가 인간 편에서 볼 때 하나님의 말씀을 구체적으로 "실천해 나가다"의 의미를 내포하고 있다는 것이다. 섬김은 곧 하나님의 뜻을 이루기 위한 하나님 백성들의 책임이고 의무이다. 하나님이 바벨론 왕에게 부과한 임무를 그가 충실히 수행했으므로(*아바드*) 하나님은 그 대가로 그에게 이집트 땅을 주었고, 그래서 하나님은 그를 '나의 종'이라고 부른 것이다(렘 25:9; 27:6).[48] 즉 구체적인 행함이 없는 섬김이나 나눔 혹은 사회봉사라는 것은 있을 수 없다는 것이다. 아니 있더라도 그것은 공허한 말의 잔치요, 결코 섬김으로서의 디아코니아가 아니라는 사실이다.

둘째, 하나님이 수행해 나가시는 일이 백성들에게는 경악스러운 일로 본문에 나타나고 있다는 점에 유의할 필요가 있다. 왜냐하면 하나님

---

47 느부갓네살왕이 하나님의 명령에 순종하여 하나님은 그를 "나의 종"이라고 불렀다(렘 25:9; 27:6). 하나님은 당신의 섭리를 이루어 가시기 위해 이방 왕을 들어 사용하기까지 한다. 이는 이스라엘을 향한 하나님의 언약을 이루어 가시기 위한 당신의 통치권으로 이해할 수 있다. Leslie C. Allen, *Ezekiel 20-48 (WBC Vol. 29)*, Texas: Word Books, 1990, 111.
48 강사문, "구약에 나타난 섬김의 의미(디아코니아)", 15.

이 친히 그의 백성과 싸우시기 때문이다.[49] 백성이 하나님의 뜻을 제대로 깨닫지도 못하고, 행하지도 못하고 있기 때문에 저들에게 하나님의 구원 행동이 기이하게 비치게 되는 것이다.[50]

이 점은 오늘의 한국 교회에 시사하는 바가 크다. 왜냐하면 한국 교회가 디아코니아적인 본질을 가진 하나님의 뜻을 제대로 알지 못하고 엉뚱한 곳에서 서성이고 있을 때 이스라엘에게 하신 것처럼 하나님은 언제라도 한국 교회를 대적하여 싸우실 수도 있기 때문이다. 그때 한국 교회는 하나님에 대해 이스라엘이 했던 것처럼 '이상하다'거나 '기이하다'고 생각할 지도 모르겠다. 한국 교회가 이스라엘의 전철을 밟지 않기 위해서는 철저히 깨어 있어 하나님의 말씀을 바르게 분별하여 지켜 행하는 일에 열심을 내야 한다.[51] 무엇보다도 우리의 무지와 어리석음에 대한 철저한 회개가 있어야 할 것이다.[52]

우리는 모세오경에 기록된 것처럼 "절기를 지키라."는 하나님의 말씀에 귀를 기울여야 할 것이며, 예언자들을 통해 주시는 말씀에 집중해야 한다. 이것은 단순히 절기만 지키라는 것이 아니라 하나님의 법을 지

---

49 김회권, 『이사야 I (대한기독교서회 창립 100주년 기념 성서주석)』, 서울: 대한 기독교서회, 2006, 540; John D. W. Watts, *Isaiah 1-33 (WBC Vol. 24)*, Texas: Word Books, 1985, 371.

50 이 점을 김회권은 그의 이사야 주석에서 정확히 주석해 나가고 있다(김회권, 『이사야 I』, 540 이하를 참조하라).

51 이사야서 28장 21절이 위치해 있는 단락 28장 14-22절은 "이스라엘의 지도자들"에 대한 실제적인 심판이 명시되어 있다는 점을 기억해야 한다(Christopher R. Seitz, 『이사야 1-39 (현대성서주석)』, 이인세 옮김, 서울: 한국장로교출판사 2003, 306).

52 J. N. Oswalt, *The Book of Isaiah. Chapters 1-38*, Grand Rapids: Wm. B. Eerdmans, 1986, 520 참조.

키라는 율법과 예언의 말씀으로 보아야 할 것이다.[53] 왜냐하면 이스라엘은 하나님이 택하신 거룩한 백성이고, 하나님은 그 이스라엘과 계약을 맺으셨기 때문이다.[54]

이 계약은 그저 있는 계약이 아닌 반드시 지켜야 하는 성격을 띠고 있다. "너희는 거룩하라 이는 나 여호와 너희 하나님이 거룩함이니라(레 19:2)"는 레위기의 말씀은 단순히 "여호와가 거룩하다"는 것을 알리고자 하는 말씀이 아니라, 계약 백성으로 구원 받은 백성이 여호와 하나님처럼 마땅히 거룩한 삶을 살아야 한다는, 마치 법을 준수해야만 하는 것과 같은 성격을 띠었다고 보아야 할 것이다.[55] 거룩한 삶으로의 부르심은 하나님이 이 땅의 교회에 요구하시는 교회의 본질적인 삶임을 명심해야 한다.[56] 이런 의미에서 강사문이 코이노니아의 구약성서적 의미를 교제(하베르), 선택(바하르) 그리고 계약(브리트)이라고 설명하면서 다음과 같이 강조한 말은 매우 합리적이고 옳다.

---

53 김근주, "레위기와 구제", 「그 말씀 (2010년 10월호)」, 6-33, 27-32.

54 이런 맥락에서 오늘날의 교회 실정에 맞게 십계명의 현대적 의미를 신학적으로 잘 풀어 해설한 강영안의 십계명 강의는 말씀의 준행으로서의 섬김을 이해하는 데 매우 유익한 책이라 생각한다. 강영안, 『강연안 교수의 십계명 강의』, 서울: IVP, 2009. 강영안은 십계명 강의를 마무리 하면서 "우리에게 생명을 주고 삶의 길을 보여 주는 것, 이것이 하나님의 말씀, 곧 계명의 궁극적 의도입니다."라고 결론을 맺는다(강영안, 『십계명 강의』, 391)."

55 레위기 20장 26절, 베드로전서 1장 15-16절, 2장 9절 참조. 이 점에 대한 구약신학적인 논의를 위해 김근주, "레위기와 구제", 6-33을 참조하라. 김근주는 레위기와 구약성경이 이웃을 사랑하는 삶을 구체적인 법령으로 제정하고 있다는 것을 강조한다. 선교복지학 관점에서 쓴 책으로 김선태, 『선교복지학개론-하나님의 형상으로의 회복』, 서울: 카이로스, 2005, 특히 47-75를 참조.

56 강사문, "코이노니아의 구약성서적 의미", 12. "섬김이란 하나님의 뜻을 이루기 위한 하나님 백성의 책임이고 의무다." 이런 의미에서 교회는 예수가 가르쳐 주신 주기도문을 드리면서 이 기도의 내용 즉 "뜻이 하늘에서 이루어진 것 같이 땅에서도 이루어지이다."를 위해 해야 할 일의 핵심이 바로 섬김이다.

"계약에 의하지 않고는 이스라엘 백성이 하나님의 백성, 즉 거룩한 백성이 될 수 없다(출 19:6). 따라서 계약에 의해 하나님의 성민이 된 이스라엘 백성은, 곧 계약에 의한 규칙과 법도를 지켜 행하여야만 한다(신 7:10). 이 하나님의 규례와 명령은 곧 나눔과 섬김의 삶이다. 세계 만민에게 공의와 사랑을 베풀고 평화를 유지하는 데 기여함이 하나님의 명령을 지키는 것이다. 갈등과 부조리가 해소되고 가난하고 억울한 자와 소외된 자가 없는 행복한 사회를 만드는 것이 하나님 백성의 삶에 대한 자세이다. 함께 나눔과 섬김의 신앙 원리를 지키지 않을 때는 자동적으로 계약이 파기되는 것이므로 하나님 백성의 자격을 잃고 심판을 받게 되는 것이다. 사랑과 공의의 사회를 구현하는 것이 우리 기독교인들의 사명이고, 더욱이 만물과도 평화롭게 공존하는 길이 우리의 지상 과제이다."[57]

위에서 강사문이 이스라엘이 지켜야만 하는 하나님의 규례와 명령을 나눔과 섬김이라고 본 것은 매우 통찰력 있는 진술이라 하겠다.[58] 그는 구약성경에 나타난 섬김의 의미를 연구하고 섬김의 방법과 태도에 대해 설명하면서 이 점을 역시 강조하였다. 그에 의하면 율법서, 예언서 그리고 성문서는 결국 사회적 약자를 섬김으로 이루어지는 성화의 삶을 강조했다고 볼 수 있다.[59]

---

57 강사문, "코이노니아의 구약성서적 의미", 『구약의 역사 이해』, 서울: 한국 성서학 연구소, 2002, 314-337, 337.

58 우리가 법을 지켜야만 하듯이 가난한 사람에 대한 구제와 나눔과 섬김은 해도 되고 안 해도 되는 것이 아니다. 구원을 받은 하나님의 백성이 여호와를 경외하며 하나님을 온전히 예배하듯이 이웃을 사랑하는 것 또한 예배와 같은 것임을 교회가 기억하는 것은 매우 중요하다. 하나님은 이미 하나님의 백성을 위해 레위기에서 이점을 분명히 하였다. 이 점에 대해 레위기 19장을 참조하라. 그리고 김근주, "레위기와 구제", 16-27 참조.

59 이에 대한 자세한 것은 강사문, "구약성경에 나타난 섬김의 의미", 19-22 참조.

결국 구약성경의 말씀은 사실 하나님의 말씀하심에 대한 바른 들음과 행함을 강조하고 있다고 해도 무리는 아닐 것이다. 이것을 지키는 것이 곧 아바드이고, 디아코니아인 것이다.

이사야가 선포한대로 하나님도 또한 역사 속에서 당신의 기이한 일을 수행해 나가시는 것이다. 하나님이 수행해 나가시는 비상한 일은 무엇인가? 그것이 바로 하나님이 택한 당신의 백성을 섬기시는 디아코니아인데, 하나님 나라를 이루어 가시는 하나님의 구원 행동인 것이다. 하나님은 이것을 당신의 백성과 함께해 나가기를 원하시는 것이다.[60] 이런 맥락에서 강사문은 "하나님 나라의 구현을 위해 하나님의 명령을 준행하는 것이 섬기는 일이다."라고 강조한다.[61] 구원, 나눔과 섬김을 두 축으로 하는 이웃 사랑은 결코 분리해서 생각할 수 있는 것이 아니다. 이것은 이미 말한 대로 하나님의 본질인 동시에 레위기가 강하게 강조하고 있는 거룩 그 자체이다.[62]

율법서가 성결 법전을 통해 섬김으로 이루어지는 성화의 삶을 강조했다면,[63] 예언자들은 말씀을 통하여 약자들과 소외된 자들을 돌보며 섬겼고, 지혜문학 속에 나타난 현자들은 윤리-신앙적 교훈들을 통해서 약자들을 섬기고 돌보라고 권면했던 것이다.[64]

---

60 섬김이란 이처럼 하나님이 우리에게 요구하시는 그 일, 즉 "하나님으로부터 부과된 일을 책임성 있게 수행하는 것이다(강사문, "구약성경에 나타난 섬김의 의미", 12)."

61 강사문, "구약성경에 나타난 섬김의 의미", 11.

62 김근주, "레위기와 구제", 8. "가난한 이웃에 대한 구제는 신앙의 '사회적 차원' 따위가 아니다. 구제는 거룩한 삶이며, 여호와 하나님을 고백하는 신앙의 본질에 속한다는 것이다."

63 율법과 관련하여 오늘의 교회가 더욱 생각해 볼 점은 율법에 약자나 가난한 자를 보호하는 법이나 제도적 장치가 있었다는 것이다. 강사문에 의하면 이러한 사회제도와 법을 통해 소외된 자들을 보살피고 돌보는 사회봉사는 이스라엘 민족 공동체를 보다 건전하게 발전시키는 데 크게 기여했음을 알 수 있다(강사문, "구약에 나타난 섬김의 의미", 27).

64 강사문, "구약성경에 나타난 섬김의 의미", 22-24 참조.

오늘의 교회는 율법에서 말하는 거룩한 백성으로서 예언자적인 삶과 지혜자의 삶을 살아야 할 하나님의 거룩한 공동체이고 백성이다. 하나님의 백성으로서의 교회는 율법서, 예언서 그리고 성문서의 가르침을 결코 잊어서는 안 될 것이다.[65]

5. 자연을 돌봄으로서의 섬김

강사문에 따르면 땅도 섬김의 대상이 된다.[66] 이때의 섬김은 당연히 예배의 대상이 아닌 돌봄과 다스림의 의미이다. 하나님이 택한 당신의 백성에게 주신 하나님의 말씀인 성경은 하나님과 그의 백성의 이야기만 기록한 것이 아니라 땅의 이야기도 중요하게 함께 기록하였다.[67] 즉 하나님은 자기 백성뿐만 아니라 복과 선물로 주신 땅에도 관심을 갖고 계신다. 땅과 관련하여 '섬기다'라는 의미의 '아바드'는 '땅을 돌보고 경작하다.'라는 의미로도 사용된다.

히브리어 "아바드"의 이런 의미를 담고 있는 구절은 구약성경 여러 곳에 나온다. 먼저 창세기에 나오는 몇 구절을 들 수 있다.

---

65 이것을 위해서 박동현의 다음 논문을 참조하라. 박동현, "삼가 하나님을 잊지 말라. 신명기 8장 11-20절",「교회와 신학 33 (1998년 여름호)」, 108-119. 박동현은 이스라엘이 하나님을 잊지 않는다는 의미를 하나님의 명령들과 법도들과 규례들을 지키는 것으로 본다. 그리고 이것만이 살 길임을 강조한다(박동현, "삼가 하나님을 잊지 말라", 118 참조).

66 강사문, "구약성경에 나타난 섬김의 의미", 8. 그는 이와 관련된 구절로 창세기 2장 5절, 3장 23절, 4장 2, 12절, 사무엘하 9장 10절, 잠언 12장 11절, 28장 19절, 에스라 13장 5절 등을 든다.

67 W. Brueggemann, *The Land*, Philadelphia: Fortress, 1977, 2-3. 또한 Howard A. Snyder,『하나님 나라, 교회 그리고 세상』, 박민희 옮김, 의정부: 드림북, 2007, 36 이하 참조.

첫째, 창세기 2장 5절은 "여호와 하나님이 땅에 비를 내리지 아니하셨고 땅을 갈 사람도 없으므로 들에는 초목이 아직 없었고 밭에는 채소가 나지 않았으며"라고 되어 있는데, 이 구절에서 "땅을 갈(*아바드*, 경작할) 사람이 없으므로"라고 했다. 바로 여기에 "섬기다"라는 "라아보드"가 사용되었다.

둘째, 창세기 3장 23절 하반절 말씀에 "여호와 하나님이 … 그의 근원이 된 땅을 갈게 하시니라(*라아보드*)"로 되어 있는데, 이 본문에서도 "아바드"라는 동사가 "땅을 돌보다, 경작하다"의 의미로 사용되었다.

셋째, 창세기 4장 2절 하반절 말씀 "가인은 농사하는 자였더라."를 들 수 있는데, 여기서 "농사하는 자"로 번역된 히브리어 단어는 "아바드"의 남성분사 "오베드"로 "경작하는 자"의 뜻이다.

넷째, 창세기 4장 12절 상반절 말씀 "네가 밭을 갈아도 땅이 다시는 그 효력을 네게 주지 아니할 것이요."이다. 여기서도 "갈아도"에 해당되는 단어가 "아바드"의 미완료형 "타아보드"이다.

다섯째, 사무엘하 9장 10절 상반절을 들 수 있다. 이것은 다윗왕이 친구 요나단의 아들 므비보셋에게 자비를 베풀고 있는 말씀이다. 다윗은 사울의 시종 시바를 불러 말한다. "너와 네 아들들과 네 종들은 그를 위하여 땅을 갈고 거두어." 이 구절에 '땅을 가는' 역시 "아바드"의 번역어이다.

여섯째, 잠언 12장 11절과 28장 19절을 들 수 있다. 이 두 군데의 말씀에서도 "땅을 경작하다."로 "아바드"가 사용되었다.

마지막으로 스가랴서 13장 5절을 들 수 있는데, 여기서도 "농부"의 의미로 사용되었다. 이 말을 직역하면 "땅의 종(*에베드 아다마*)"으로 역

시 땅과 관련하여 "아바드"가 사용되었다.[68]

직접 땅과 관련하여 쓰이지는 않았지만 에덴동산과 관련하여 우리의 논의와 중요한 연관이 되는 다른 한 구절로 창세기 2장 15절을 들 수 있겠다.[69]

"여호와 하나님이 그 사람을 이끌어 에덴동산에 두어 그것을 경작하며 지키게 하시고."

이 구절에서 "경작하며"라고 번역된 히브리어 단어가 "섬긴다"라는 의미의 "아바드(레오브다흐)"이다. 결국 하나님이 인간에게 산과 땅을 주신 목적은 자연과 땅을 마구 파손하고 황폐하게 만드는 것이 아니라 이 땅을 잘 가꾸고 경작하여 사람을 이롭게 하고 환경과 더불어 인간이 평화롭게 살라는 것이다. 인간은 땅을 잘 관리. 경작하여 땅으로 하여금 인간을 위한 좋은 먹을거리를 만들어 내도록 하는 데에도 그 목적이 있는 것이다.[70]

---

68 이 구절은 본문 비평 상 이견이 있다. 이에 대한 논의로 R. L. Smith, *Micah-Malachi (WBC)*, Texas: Word Books, 1984, 280 참조.

69 구약학자 카이저(Walter C. Kaiser, Jr.)는 이 구절에서 하나님이 인간에게 주신 "문화명령"을 읽고 있다. 이에 대해 그의 책, 『구약난제해설』, 김지찬 역, 서울: 생명의 말씀사, 1991, 17 참조.

70 강사문, "구약성경에 나타난 섬김의 의미", 14-15; R. J. Sider, 『복음주의 정치 스캔들』, 서울: 홍성사, 2010, 267-268. 265-276 참조. 여기서 우리는 '땅을 잘 돌보고 경작하다.'라는 의미를 땅도 쉬게 하라는 안식년과 희년의 말씀까지도 생각해 볼 수 있다(레위기 25장 참조). 이에 대해 특별히 N. C. Habel, 『땅의 신학. 땅에 관한 여섯 가지 이념』, 정진원 옮김, 서울: 한국신학연구소, 2001, 124-144을 참조. 하벨은 땅의 주인이 여호와라는 관점에서 땅의 신학을 전개하고 있다. 그는 말한다. "땅은 여호와의 확대된 성소이다(N. C. Habel, 『땅의 신학』, 144)."

스나이더는 우리가 땅을 돌보아야 할 이유를 다음과 같이 말한다.

"어떤 의미에서, 우리는 이미 약속의 땅에 산다. 하나님은 이 지구를 우리에게 돌보라고 주셨다. 하나님 나라의 백성은 지구를 보살펴야 한다. 첫째로 하나님은 그것을 창조하셨기 때문이고, 둘째로 그것은 우리의 환경이자 하나님 나라 활동의 현재적 장소이며, 마지막으로 이 지구는 새 지구, 즉 하나님 나라의 무대로 변형될 것이기 때문이다. 이것이 하나님 나라를 위한 땅의 현재적인 의미이다."[71]

마튼즈(E. A. Martens)에 의하면 "땅"이라는 단어가 구약성경에 2,504번 나온다. 이 땅은 본래 하나님의 계획 가운데 있었고, 약속과 성취로서의 의미, 선물 그리고 축복의 의미를 갖고 있다. 따라서 땅은 특별한 삶의 스타일을 요구하게 되는데, 바로 땅에 거하는 백성들이 마땅히 지켜야 할 규정이다.[72]

이 땅이 요구하는 특별한 삶의 스타일은 또한 하나님이 하나님 나라의 백성들에게 요구하시는 삶의 모습이다. 땅을 더럽히는 것이 하나님

---

[71] H. A. Snyder, 『하나님 나라, 교회 그리고 세상』, 44. 지난 2010년 10월, 남아프리카공화국 케이프타운에서 열린 제3차 로잔 세계선교대회를 마친 후 있었던 "믿음과 행동의 요청에 대한 선언"이라는 부제가 달린 선언문인 "케이프타운 서약(The Capetown Commitment)"에서도 피조 세계에 대한 책임에 대해 제1부 7항에서 다음과 같이 언급하고 있다. "이 땅은 그리스도에 의해 창조되었고 지탱되고 구속된다. … '예수는 주님이시다.'라는 복음 선포는, 그리스도의 주 되심이 모든 피조물을 포함하는 것이기에 이 땅을 포함하는 복음을 선포하는 것이다. 따라서 피조물을 돌보는 것은 그리스도의 주되심 안에서 복음의 이슈이다." 허호익, 『신앙, 성서, 교회를 위한 기독교신학』, 서울: 동연, 2009, 97-102; 김회권, "하나님 나라와 생태계 보전 운동", 「복음과 상황 242 (2010년 12월호)」, 32-44, 특히 37-42 참조. 또한 박철수, 『하나님나라 - 기독교란 무엇인가』, 대전: 도서출판 대장간, 2015 (전면개정판), 305-330.

[72] E. A. Martens, 『구약에 나타난 하나님의 계획과 목적』, 김지찬 옮김, 서울: 생명의 말씀사, 1990, 127-152 참조.

의 말씀을 어기는 것을 의미하듯이, 천국 백성의 삶을 살지 않는 것 또한 하나님의 뜻에 부합하지 못한 삶이다.[73] 결국 "땅은 이스라엘의 야훼와의 관계를 강력하게 상징적으로 보여 주는 것이다."[74] 이러한 땅 혹은 만물과 이스라엘 야훼와의 강력한 관계는 계약 관계에서 더욱 두드러지게 나타난다. 바로 호세아서 2장 18-20절에서 이점은 매우 분명하게 드러난다.

"그 날에는 내가 그들을 위하여 들짐승과 공중의 새와 땅의 곤충과 더불어 언약을 맺으며 또 이 땅에서 활과 칼을 꺾어 전쟁을 없이하고 그들로 평안히 눕게 하리라 내가 네게 장가 들어 영원히 살되 공의와 정의와 은총과 긍휼히 여김으로 네게 장가들며 진실함으로 네게 장가들리니 네가 여호와를 알리라."[75]

호세아서 말씀을 통해 알 수 있는 것은 하나님이 이스라엘과 맺은 계약을 통해 만물과도 언약을 맺었다는 사실이다.[76] 이것은 그리스도 사건이 만물에게도 적용되는 것과 같다.[77] 이스라엘이 하나님을 사랑하고

---

73 여기서 우리는 천국 백성의 윤리를 생각한다. 우리는 복음서와 바울의 윤리적인 권고를 통해 천국 백성의 윤리적인 삶이 어떠해야 하는지를 이미 알고 있다. 천국 백성의 윤리적인 삶은 땅을 소유하고 잘 보존하고 가꾸는 삶과 무관하지 않다(로마서 8장 19절 이하 참조).

74 E. A. Martens, 『구약에 나타난 하나님의 계획과 목적』, 143.

75 여기서 우리는 구약 외경 지혜서 11장 24절 말씀을 또한 생각해 볼 수 있다. "주님은 세상 모든 것을 사랑하시며 주님이 만드신 그 어느 것도 싫어하시지 않는다. 주님이 미워하시는 것을 만드셨을 리가 없다(공동번역)."

76 R. J. Sider, 『복음주의 정치 스캔들』, 269-270.

77 이정배, "역사와 자연을 넘어 생명으로-기독교 자연관의 생명신학적 의미", 이정배, 『신학의 생명화, 신학의 영성화』, 서울: 대한기독교서회, 1999, 11-38에서 31-36; K. Gnanakan, 『환경신학. 생태 위기와 교회의 대응』, 이상복 옮김, 서울: 기독교연합신문사, 2005; 노영상, 『기

그의 언약을 지킨다는 것은 하나님께 대한 그 사랑을 동일하게 만물에게도 베풀어야 한다는 것을 알 수 있다. 이스라엘과 하나님과의 관계가 어긋날 경우 그것은 인간과 인간 그리고 인간과 자연과의 관계의 파괴로 나타난다(렘 12:1-4, 7-13; 호 4:1-3).[78] 보이지 않는 하나님을 사랑한다고 말하는 교회가 보이는 형제와 만물을 사랑하지 않는다면, 이것은 어불성설이다. 교회는 하나님이 청지기 직분을 주셨다는 믿음을 갖고 창조 세계의 가치와 존엄을 인정해야 한다.[79]

하나님은 왜 이스라엘 백성에게 땅을 주겠다고 약속했는가? 그것은 곧 복과 관련이 있다(신 26:9; 30:5-6, 15-16; 렘 2:7). "하나님이 이스라엘 백성을 약속의 땅으로 인도하신 목적은 새로운 질을 갖춘 삶을 살 수 있도록 하는 데 있었다는 점을 잊어서는 안 된다."[80] 땅은 삶, 곧 풍성한 생명 그 자체라고 말해도 지나친 말이 아닐 것이다.[81]

우리가 하나님 나라에서 제 멋대로 불법을 행하며 살 수 없듯이 하나님으로부터 주어진 복의 상징인 땅을 훼파하거나 분별없이 무책임하게 내팽개칠 수 없다.[82] 마음과 뜻과 정성을 다해 하나님과 사람을 섬기며

독교와 생태학』, 서울: 성광문화사, 2008; 참조.

78 조현철은 계약의 생태적 함의에 대해서 강조한다. 이에 대해서는 조현철, "그리스도교 생태영성을 찾아서 - 성서의 생태적 이해, 「신학사상 149 (2010년 여름)」, 93-125, 특히 106-118 참조.

79 욥기와의 연관 속에서 Craig G. Bartholomew, 『하나님께 소리치고 싶을 때: 욥기』, 송동민 옮김, 고양: 도서출판 이레서원, 2017, 63-73 참조.

80 E. A. Martens, 『구약에 나타난 하나님의 계획과 목적』, 235.

81 이에 대한 자세한 신학적 논의를 위해서 E. A. Martens, 『구약에 나타난 하나님의 계획과 목적』, 233-253 참조.

82 이에 대한 신학적인 고찰에 대해서 채수일, "창조의 보전과 한국신학: 선교신학적 시각에서", 『21세기의 도전과 선교』, 서울: 대한기독교서회, 1998, 54-73; 김은혜, "기후변화와 생태위기에 대한 신학적 성찰: 새로운 인간주의를 향하여", 「장신논단 36 (2009)」, 179-205.

사랑하듯이 자연과 땅에 대해서도 정성을 다해 대화하며 사랑하며 마음
과 사랑을 나누어야 할 것이다.[83]

다석 유영모는 '거룩'을 '깨끗'으로 이해했다.[84] 그게 있어서 더러움
은 '덜 없음'이다. 인간의 욕심으로 인해 덜 치웠기에 덜 없게 되어 우리
자신도 세상도 그리고 교회도 더러워진 것이다. 이것이 결국 생태계를
망가트렸던 것이다. 하루 빨리 우리는 우리의 덜 없는 존재됨을 자각하
고 깨끗한 삶을 살아야 할 것이다.

"몸, 나를 깨치고, 얼, 나로 솟구친 참 생명만이 하느님의 동역자요 피조물
이 고대하는 희망을 만들 수 있다. 나눌 수, 버릴 수, 아낄 수 있고 기도할
수 있기 때문이다."[85]

이것이 바로 세상에 대한 창조주 하나님의 디아코니아에 참여하는,
그의 형상대로 지음 받은 인간이 마땅히 걸어가야 할 그 길이고, 여호와
를 경외하는 진정한 지혜자의 길이다.[86] 이 길이 교회의 디아코니아적

---

83 내쉬(James A. Nash)는 강조한다. "사랑을 받아야 할 우리의 이웃은 하나님이 사랑하는 모
든 피조물이다(J. A. Nash, 『기독교 생태윤리』, 227)." 제라드 휴스(Gerard W. Hughes) 예
수회 신부는 하나님의 말씀과 삶이 일치하지 않는 혹은 말씀에 무지한 삶에 대해 "영성의 분
열"이라는 말로 표현한다. 어쩌면 현대 교회가 이러한 심각한 영성의 분열 가운데서 자신도
모르게 살아가고 있는지도 모르겠다(그의 책, 『벽장에 갇힌 하나님』, 최요한 옮김, 서울: 죠이
선교회, 2009을 참조.)"

84 이정배, "개신교적 생태신학의 특성과 다석 신학 속의 생명의식", 이정배, 『없이 계신 하느
님』, 255-287에서 286 참조.

85 이정배, "개신교적 생태신학의 특성과 다석신학 속의 생명의식", 이정배, 『없이 계신 하느님』,
287. 다석의 연구서를 낸 박재순은 그의 책에서 다석을 동서 사상을 아우른 상생과 평화의
영성을 탐구한 창조적 생명 철학자로 말한다(박재순, 『다석 유영모』, 서울: 현암사, 2009, 24-
38 참조).

86 이경숙은 시편 8편의 연구를 통해 다음과 같이 주장한다. "시편 8편에 나타난 인간은 영광과

인 본질에 부합한다.[87]

6. 요약: 구약성경에 나타난 섬김의 의미를 마무리하면서

지금까지 구약성경에 나타난 섬김의 의미에 대해 다섯 가지로 생각
해 보았다. 정리하면서 다시 한번 강조하고 싶은 것은 각각의 의미를 단
지 아는 데서 그치지 말고 오늘의 교회가 그 의미를 구체적으로 교회 현
장에 적용하고 실천해 나갔으면 하는 것이다.

존귀함을 지닌, 그러나 동시에 자연 보존의 과제와 관리의 책임을 맡은 존재이다. 인간은 독
자적인 존재가 아니라 자연과의 관계를 통한 하나님과의 관계에서만 존재할 수 있음을 시편
8편은 명백히 보여 준다(이경숙, "구약성서에 나타난 자연-인간-지혜 ",『구약성서의 하나님.
역사. 여성』, 서울: 대한기독교서회, 2000, 401-425, 408. 또한 424-425도 참조; 이 점에 대
해 김이곤, "시편 8편에 나타난 신학적 인간학",『구약성서의 고난신학』, 서울: 한국신학연구
소, 1989, 207-224, 208-210 참조.

87 J. A. Nash,『기독교 생태윤리』, 208-209. "그리스도인의 생태학적 책임은 교회 자체의 본
질에 근거하고 있다. 최근의 주요한 교회론의 논리는 생태계 보전이라는 목표가 교회 선교의
영속적이고 중요한 부분이 되기를 요구하는 것 같다. 신학적으로 이해할 때 교회는 특별한
종류의 돌보는 공동체이다. 그 구성원은 사랑의 확장을 통해서 서로 섬기며, 모든 다른 공동
체(교회는 본질적으로 그 일부분으로 존재한다.)를 섬긴다. 교회는 섬기는 자의 공동체이며,
섬기는 사역으로 인해 성립되는 공동체이다. 교회의 본질(esse, 하나님으로부터 위임받은
사명)은 섬기는 사역 안에서 발견된다." 이런 의미에서 몽골의 사막화 방지를 위해 기독교환
경연대가 벌이고 있는 "은총의 숲" 프로젝트가 갖는 의미와 선교에 대한 그 기여도는 크다. 이
에 대해 임희모는 "생태선교의 관점"에서 이 은총의 숲 프로젝트를 한 논문에서 분석. 조명하
면서 기독교환경운동연대의 은총의 숲 생태선교가 한국 교회의 타문화권 선교에 있어서 새로운
분야를 개척하고 확장하는 선교적 기여를 한다고 평가한다. 필자의 소견으로도 이 운동은 결
국 환경과 몽골을 섬기고 나누는 일석이조의 디아코니아라고 생각한다. 자세한 것은 임희모,
"몽골의 사막화방지 생태선교 - 기독교환경운동연대의 '은총의 숲' 프로젝트를 중심으로",『한
국기독교신학논총 71집 (2010년)』, 295-319 참조. 또한 S. McFague,『기후 변화와 신학의
재구성』, 김준우 옮김, 고양: 한국기독교연구소, 2008과 W. Bindemann, *Die Hoffnung
der Schöpfung. Römer 8:18-27 und die Frage einer Theologie der Befreiung von
Mensch und Natur*, Neukirchen - Vluyn, Neukirchener Verlag, 1983. 참조.

지금까지 교회는 사회봉사와 나눔을 실천해 왔다. 하지만 이것이 복음 전파와 연결되어 지역 교회 성장이라는 다소 이기적인 목적을 가지고 해 왔던 부분도 무시할 수 없다.

필자가 강조하고 싶은 것은 교회의 디아코니아는 개 교회 성장을 위해 하는 것도 아니고, '교회가 이런 일을 하고 있다.'고 사회에 알리려는 것도 아니라는 것이다. 교회의 디아코니아는 하나님의 영광을 위해서 해야 하는 것일 뿐만 아니라, 교회의 존재됨의 근거, 즉 본질 그 자체이다. 이것은 하나님의 말씀하심에 대한 교회의 전적인 순종과 헌신의 문제이기도 하다.

특별히 하나님은 모세를 통해 약자, 가난한 자와 사회적으로 소외된 자들을 위한 사회적 보호 장치를 만드심으로 백성들이 저들의 삶을 보호하고 섬기기를 원하셨다. 하나님이 선택한 백성으로서 교회는 하나님이 성경을 통해 주신 명령에 따라 순종하는 삶을 살아야 한다. 왜냐하면 "그리스도인은 자기를 위한 삶과 타인을 위한 삶을 분리하는 자가 아니라 타인을 위한 삶을 통해 자신의 삶을 가꾸어 가는 사람들이기 때문이다."[88]

이 점은 오늘의 교회가 특별히 기억해야 할 부분이며, 구약 윤리의 핵심인 동시에 교회가 책임 있게 감당해야 할 사회 윤리이기도 하다.[89]

---

[88] 강영안, "급변하는 흐름 속의 문화와 그리스도인의 문화적 책임", 『현대 문화의 한계를 넘어서』, 임성빈 엮음, 서울: 예영커뮤니케이션, 2002, 11-31, 31.

[89] 구약윤리에 대해서 박동현, 『구약학개관』, 159-165 참조. Hauerwas, S. / Willimon, William H. 『하나님의 나그네 된 백성』, 김기철 옮김, 서울: 복 있는 사람, 2011, 122-123. "모든 기독교 윤리가 사회적이고 공동체적인 특성을 지니며 정치적인 출발점, 곧 교회를 전제로 한다는 점에서 볼 때, 우리의 윤리는 곧 사회 윤리다. 우리의 모든 윤리적 응답은 바로 여기, 교회에서 시작된다."

물론 이 일은 오늘날로 말하자면 많은 부분에 있어서 정치가 해야 할 몫이다. 하지만 오늘날처럼 교회가 사회적으로 영향력을 행사하는 시점에 사회적 약자와 빈곤층을 위한 법제정이나 복지 분야에서 지금보다 좀 더 적극적으로 선한 영향력을 발휘했으면 하는 바람이 있다.

강사문은 그의 연구에서 하나님의 디아코니아에 귀하게 쓰임 받은 개인들, 즉 믿음으로 섬긴 아브라함, 섬김의 법을 만든 모세, 나라와 백성을 섬긴 하나님의 종 다윗, 약자의 대변인이 된 아모스, 약자들에게 기쁨과 용기를 주고 섬기는 현자들에 대해 자세히 언급하면서 섬기는 종으로서 이스라엘 백성 즉 공동체에 대해서도 논했다(사 41:8, 9; 44:21; 49:3; 시 136:22). 즉 "이스라엘의 섬김의 기능은 이스라엘은 하나님의 뜻과 계획을 실천하는 하나님의 역사 파트너"라는 의미를 갖고 있는 것이다.[90] 어느 특정 개인뿐만 아니라 단체도 하나님, 이웃 그리고 자연까지도 섬기는 섬김의 종의 사명이 주어져 있음을 성경은 말하고 있다.[91]

이 땅의 교회가 특별히 섬김과 사회봉사와 복지 분야에서 더욱 어려움을 겪고 있는 주민들과 지역사회 그리고 국가와 피조물을 바르게 섬기는 사역을 잘 감당해야 하겠다.

이러한 교회의 디아코니아적인 삶의 노력을 통해 성경에 부합한 좋은 복지법이 많이 만들어져서 공의로운 물질의 생산과 분배를 통해 함께 기쁨을 누리며 사는 아름다운 세상이 하루 속히 앞당겨지기를 진심

---

[90] 강사문, "구약에 나타난 섬김의 의미", 31.

[91] 강사문, "구약에 나타난 섬김의 의미", 31 참조. 이것을 구약성경에 나타난 선교와 관련하여 밝힌 책으로 Christopher J. H. Wright, 『하나님 백성의 선교』, 한화룡 옮김, 서울: IVP, 2012과 Walter C. Kaiser, Jr., 『구약성경과 선교』, 임윤택 옮김, 서울: 기독교문서선교회, 2013 참조.

으로 소망한다.[92]

---

92 성경에 기초한 사랑의 법을 만드는 노력 역시 바른 윤리의 정착을 위해 시급한 과제가 될 것
이다. 이에 대해 Arther Rich, 『경제윤리 1. 신학적 관점에서 본 경제윤리의 원리』, 강원돈
옮김, 천안: 한국신학연구소, 1993, 270-280 참조.

디아코니아의
신약성경적
이해

신약성경에 헬라어 "디아코니아"는 34번 나온다.[1] 여기에 나타나는 디아콘-어군에는 "디아코니아"[2], "디아코네오"[3] 그리고 "디아코노스"[4] 가 있다.

명사 "디아코니아"는 사회 선교와 봉사, 예배, 사역, 섬김과 나눔, 도움, 디아콘의 직무 등의 의미를 갖고 있고, 동사 "디아코네오"는 식탁

---

1   신구약성경에서 봉사와 관련된 단어의 의미와 관련한 자세한 설명은 김옥순, 『디아코니아학 입문』, 13-43 참조.

2   명사 디아코니아는 신약성경에 34번 나타나는데, 사도행전에 8번, 바울 서신에 18번, 디모데 전후서에 3번 그리고 누가복음, 에베소서, 골로새서, 히브리서, 요한계시록 등에 각 1번 나타난다. 특이한 것은 공간복음서에는 유일하게 누가복음에 1번 나타나고, 요한복음서에는 전혀 사용되지 않는다. 이에 대한 자세한 것은 EWNT, ThWNT와 W. Bauer 사전의 항목을 참조.

3   동사 디아코네오는 신약성경에 총 37번 나타난다. 명사 디아코니아와는 다르게 복음서에 22번 나타나고 있는데, 마태복음에 6번, 마가복음에 5번, 누가복음에 8번 그리고 요한복음에 3번 나타난다. 그리고 바울 서신에 5번 쓰였고, 디모데전후서와 베드로전서에 각 3번 그리고 히브리서에 2번 나타난다.

4   명사 디아코노스는 총 29번 나타나는데, 공관복음서에서는 마태복음에 3번 그리고 마가복음서에 2번 나타난다. 바울 서신에는 12번 나타나고 에베소서 2번, 골로새서 4번, 디모데전후서에 3번 나타난다.

수종을 드는 본래적 의미에 더하여 예배하다, 섬기다, 보살피다, 제공하다 등의 뜻을 갖고 있고, 또 다른 명사 "디아코노스"는 종, 돕는 사람을 나타낸다. 이 단어군은 대표적으로 예배, 봉사와 섬김 그리고 이것을 행하는 직분의 의미를 포함하고 있다. 또한 복음을 전하는 사역조차도 디아코니아로 이해했다. 한마디로 초대교회는 모든 사역을 디아코니아로 이해했고, 바울 또한 자신의 사역을 디아코니아, 즉 섬김으로 이해하였으며 사역을 수행하는 모든 원칙도 철저하게 디아코니아의 원리에 바탕을 두고 행하였다.

예수님도 스스로를 "디아코노스", 즉 "섬기는 자(눅 22:27)"로 말씀하셨고, 자신이 이 세상에 오신 목적도 섬기는 것(막 10:45)이라고 말씀하셨다. 그러므로 디아코니아는 예수 사역의 핵심이고, 동시에 복음의 핵심 개념이며, 이 땅의 교회가 반드시 삶 속에서 감당해야 할 사명이자 지속적으로 실천해야 할 과제라고 할 수 있다.

예수의 디아코니아로 인해 하나님 나라가 이 땅에 임했고, 구원받은 천국 백성이 생겼고, 천국 백성의 디아코니아로 인해 하나님 나라가 확장되고 세워지는 것이다. 하나님 나라는 예수의 삶의 중심이다. 디아코니아는 복음서와 이후 바울 서신에 오랫동안 쌓인 예수 정신을 삶에 구현하는 하나님 나라의 실천 윤리이다.[5]

이런 의미에서 디아코니아의 신약성경적인 의미를 살펴보는 것은 성경신학적인 측면뿐만 아니라 실천신학적 그리고 선교신학적인 관점에

---

5   R. H. Crook, 『기독교윤리학 개론』, 157-174; 한기채, "하나님 나라와 예수의 윤리", 『성결과 하나님 나라(강근환 교수 은퇴기념 논문집)』, 강근환 교수 은퇴기념 논문집 출판위원회, 서울: 한들출판사, 2000, 444-462 ; 장흥길, 『신약성경윤리』, 서울: 장로회신학대학교출판부, 2002, 72-82 참조.

서도 매우 필요한 교회의 신학적 작업이라고 생각한다.

이제 이렇게 중요한 의미를 갖고 있는 디아코니아의 성경적 의미를 구체적으로 한 가지씩 추적해 보려고 한다.

1. 섬김으로서의 디아코니아

섬김으로서의 디아코니아의 의미는 특별히 예수님의 공생애 사역에 있어서 가장 두드러진 특징을 갖고 있다. 무엇보다 예수 자신이 스스로를 '섬기는 자'라 말씀하셨고, 자신이 세상에 오신 목적도 섬기는 것이라고 하셨기 때문이다.[6] 이미 앞에서 구약성경에 나타난 섬김의 의미로서의 디아코니아에 대해 구체적으로 쓴 것처럼 세상을 향한 삼위일체 하나님의 디아코니아의 핵심 또한 섬김이다. 왜냐하면 이 섬김은 단순한 자선, 봉사와 나눔의 차원에서의 섬김이 아니라 곧 세상을 구원하시려는 생명 사역 그 자체이기 때문이다. 그러므로 우리가 신약성경에서 섬김을 말할 때 놓쳐서는 안 될 것은 바로 사랑에 근거하여 세상을 구원하시려는 삼위일체 하나님의 구원 행동과 이 구원 행동이 예수의 선포와 사역의 중심을 이루었다는 것 그리고 이러한 예수의 정신이 초대교회와 사도들 특별히 바울 사도를 통해 이어졌다는 것이다.

무엇보다 우리는 예수의 선포와 삶 속에서 이 점을 보다 구체적으로

---

6   김선태, 『선교복지학개론』, 38-39. "디아코니아라는 말을 사용할 때는 그리스도의 말씀과 사역에 따라서 이웃과 사회를 위한 봉사를 말하며, 역사적으로 최초 기독교 봉사자는 예수 그리스도이시다. 또한 예수 그리스도가 신학적 근거와 토대를 이루어야 하며, 봉사의 이론과 실천 방법은 성서적이어야 한다." "예수의 섬김"에 대한 총체적 이해를 위해 홍주민, "예수의 섬김", 「기독교사상 594 (2008년 6월호)」, 208-218 참조.

생각해 볼 수 있다. 이 점은 예수의 자기 이해와 밀접한 관계를 이룬다. 예수는 자신을 분명히 "섬기는 자(디아코노스)로 말씀하셨다.[7]

"앉아서 먹는 자가 크냐 섬기는 자가 크냐 앉아서 먹는 자가 아니냐 그러나 나는 섬기는 자로 너희 중에 있노라(눅 22:27)."

이러한 예수의 분명한 자기 이해는 그가 왜 세상에 왔는가에 대한 예수의 선포와 일관되게 맞닿아 있다. 예수는 이 세상에 섬기러(디아코네사이) 왔다고 그 목적을 말했다.

"인자가 온 것은 섬김을 받으려 함이 아니라 도리어 섬기려 하고 자기 목숨을 많은 사람의 대속물로 주려 함이니라(막 10:45)."

예수는 자신의 삶과 관련하여 섬김에 대해 분명한 입장을 취하셨다.[8] 그리고 마가복음 10장 45절 말씀과 관련하여 생각해 볼 때 그는 자신이 말한 그대로 살다가 죽으셨다. 예수의 말 속에서 섬김은 바로 "자기 목숨을 많은 사람의 대속물로 주는 삶"이었고, 그의 말처럼 십자가에 달

---

7   이것은 예수의 메시아적 자의식과 연관되어 있다. 특히 마가복음 10장 45절에서 예수가 자신을 "인자"로 말하면서 그의 오심을 "섬김"과 "대속물"과의 연관으로 말씀하셨을 때 더욱 그렇다. 이에 대해서 성종현, "예수와 디아코니아", 『신약성서의 중심주제들』, 서울: 장로회신학대학교출판부, 1998, 259-279, 특히 261-263 참조.

8   유영모에 의하면 이것은 곧 그의 씨알 정신과 통한다. "아침저녁으로 반성할 것은 내가 남을 이용하려는가 남을 섬기려는가이다. 내가 집사람을 더 부리려 하는가 아니면 더 도우려 하는가 반성해 볼 필요가 있다. 집이거나 나라이거나 세계이거나, 남을 이용하려는 것은 잘못이다. 무조건하고 봉사하자는 것이 예수의 정신이다(박영호, 『다석 유영모』, 서울: 두레, 2009, 144. 자세한 것은 141-169; 박재순, 『씨알 사상』, 서울: 나눅, 2010, 35-45 참조)." 또한 박영호, 『깨달음 공부. 다석 사상으로 찾는 참삶의 길』, 서울: 교양인, 2014, 371-417 참조.

려 죽으심으로 그렇게 다 주셨다.

여기서 '섬김은 곧 예수의 삶'이라는 사실을 알 수 있고, 또한 섬김은 자기에게 있어서 가장 소중한 것, 즉 "자기 생명을 주는 것"이다.[9] 이러한 의미는 구약성경에서는 찾아볼 수 없는 개념이다. 하지만 예수의 다른 말 속에는 섬김과 관련된 삶의 또 다른 아이러니가 있다.

"누구든지 자기 목숨을 구원하고자 하면 잃을 것이요 누구든지 나와 복음을 위하여 자기 목숨을 잃으면 구원하리라(막 8:35)."

"너희 중에 큰 자는 너희를 섬기는 자가 되어야 하리라 누구든지 자기를 높이는 자는 낮아지고 누구든지 자기를 낮추는 자는 높아지리라(마 23:11-12)."

"너희 중에는 그렇지 않아야 하나니 너희 중에 누구든지 크고자 하는 자는

---

9 예수는 이를 위해 철저히 자기를 비움으로 십자가에 죽기까지 철저히 고난을 당하심으로 진정으로 인류가 따라가야 할 본이 되는 섬김의 지도자가 되셨다. 데즈먼드 투투 대주교는 넬슨 만델라에 대해 쓰면서 이렇게 말한다. "그 27년의 세월과 만델라가 겪은 온갖 고통은 용광로의 불길처럼 그의 강철 같은 의지를 담금질하고 불순물을 제거해 주었다. 그 고통이 없었다면 그는 그렇듯 자비롭고 관대한 사람이 되지 못했을지도 모른다. 다른 사람들을 위한 그 고통 덕분에 만델라는 다른 어디서도 얻을 수 없는 놀라운 권위와 신뢰를 얻게 되었다. 진정한 리더는 어느 시점에 이르러 자신의 활동이 자신의 명예나 권력을 위한 것이 아니라 다른 사람들을 위한 것이라는 확신을 추종자들에게 심어 줘야 한다. 그리고 그 고통만큼 이 사실을 설득력 있게 입증해 주는 것은 없다(D. Tutu, 『용서 없이 미래 없다』, 홍종락 옮김, 서울: 홍성사, 2009, 52)." 장홍길은 장기기부를 생명 나눔에 대한 성서신학적 관점에서 다음과 같이 조명하고 있다. "예수 그리스도가 자신의 '목숨'을 버리심으로 대속적 희생 제물이 되시고 섬김의 본을 보이셨다면, 하나님의 아들이신 예수를 믿음으로써 영생을 얻은 그리스도인 역시도 '생명(목숨)' 나눔으로써 이웃을 섬길 수 있다. 바로 이 점에서 신약성경에서 '장기 기증'이나 '헌혈'에 대한 성서신학적 근거를 찾을 수 있다(장홍길, "생명 나눔의 성서신학적 근거 대기의 관점에서 바라본 신약성경에 나타난 생명", 「장신논단 30(2007)」, 111-138, 135.)"

너희를 섬기는 자가 되고 너희 중에 누구든지 으뜸이 되고자 하는 자는 너희의 종이 되어야 하리라(마 20:26-27)."

이 말씀 속에는 당시 이 말씀대로 살지 못하고 있는 지배 계층과 종교인들 그리고 자신을 따르는 제자들을 향한 통렬한 고발과 가르침이 스며있다고 하겠다. 따라서 지도자들과 종교인들의 위치란 먼저 섬기고, 먼저 낮은 자리에 앉고, 먼저 자기의 소유를 내어 주는 삶을 살아야 함을 가르치고 있는 것이다. 이것은 곧 섬기는 자로 오신 예수의 삶이 어떠할 것인가에 대한 예언적이면서도 도발적인 선언이라고 해도 좋을 것이다. 제자들은 이러한 예수의 말 앞에서 그들의 생각과는 판이하게 다른 뭔가를 깨닫게 된다. 사실 예수는 지도자들과 자신을 따르는 제자들에 대해 하나님 나라의 법을 가르치신 것이다.

그의 공생애 첫 번째 사역에서의 외침을 우리는 생생하게 기억하고 있다.[10]

"때가 찼고 하나님의 나라가 가까이 왔으니 회개하고 복음을 믿으라(막 1:15)."

이것은 또한 나사렛 회당에서의 첫 번째 설교(눅 4:18-19)와도 통하는 말씀이다.

---

10 김지철, "신약성서에서의 사회봉사", 『교회사회봉사 총람』, 대한예수교장로회 총회 편, 서울: 한국장로교출판사, 1994, 123-130, 125 참조.

"주의 성령이 내게 임하셨으니 이는 가난한 자에게 복음을 전하게 하시려고 내게 기름을 부으시고 나를 보내사 포로 된 자에게 자유를, 눈 먼 자에게 다시 보게 함을 전파하며 눌린 자를 자유롭게 하고 주의 은혜의 해를 전파하게 하려 하심이라."

이 말씀은 예수로 말미암아 이 땅에 세워지는 하나님 나라에 대한 현존의 예기적인 징표이고, 구약 희년 정신의 구현이기도 하다.[11] 이러한 하나님 나라의 도래는 철저한 섬김이 없이는 불가능하다는 것을 예수는 직접 자신의 삶을 통해서 우리에게 보여 준다.[12]

마가복음 10장 45절 말씀 속에 섬김과 대속, 즉 화해의 모티브가 함께 나타나 있는 것 또한 이 점을 강하게 시사하고 있다.[13] 한 단계 더 나아가 예레미아스(J. Jeremias)는 10장 45절의 "자기 목숨을 주려 한다."에서 예수의 만찬 모티브를 읽어 낸다.[14] 따라서 예수로 말미암아 이 땅

---

11 김지철, "신약성서에서의 사회봉사", 127 참조.

12 예수로 말미암아 성취되는 희년 사건은 분명 하나님 나라의 진보로서 대역전의 드라마다. 이러한 "양극역전(필자는 이 용어와 이에 대한 착상을 아래에 소개한 박광일의 논문으로부터 가져왔다.)" 드라마는 누가의 관심 중의 하나다. 특히 누가는 부자와 가난한 자의 이러한 양극역전의 구조 틀을 사용한다. 그 이유 중의 하나는 누가가 부자와 가난한 자 사이를 번갈아 드는 그의 내러티브를 통해 그의 공동체에 사회적인 교훈들을 제공함과 동시에 예수가 왜 오셨는가를 갈무리하려는 의도가 있었던 것이다. 이에 대한 자세한 논의는 박광일, "누가복음에서 마리아 찬가(눅 1:46-55)와 양극역전 본문들과의 관련성에 대한 연구-부자와 가난한 자 간의 양극역전 본문들을 중심으로", 「성서마당 96 (2010년 겨울)」, 180-220 참조. 박광일은 그의 연구를 다음과 같이 쓰면서 마무리 한다. "양극역전이란 구조가, 양극단으로 나누어진 당시 누가 공동체의 빈부 간의 갈등을 잘 드러낼 수 있고, 각 대상들에게 그 같은 갈등들을 해결하도록, 경고와 촉구 그리고 위로와 용기를 줄 수 있기 때문이었을 것이다."

13 J. Roloff, *Anfänge der soteriologischen Deutung des Todes Jesu (Mk. X. 45 und Lk. XXII. 27), NTS 19* (1972), 38-64, 51; 김지철, "신약성서에서의 사회봉사", 129 참조.

14 J. Jeremias, *Abba: Studien zur neutestamentlichen Theologie und Zeitgeschichte*, Göttingen: Vandenhock & Ruprecht, 1966, 227f. 또한 J. Roloff, *Anfänge*, 51f.

에 도래한 하나님 나라의 모습은 신분과 자격을 넘어선 평등한 샬롬의 식탁공동체와 주의 만찬을 통해 계속 확장되는 나라라고 할 수 있다. 이는 식탁공동체가 곧 종말론적이고 메시아적인 축제의 삶을 함께 나누는 가장 평등하면서도 공의로운 자리라는 것을 또한 암시한다. 여기에서 우리는 디아코니아라는 헬라어 본래의 의미, 즉 식탁 시중을 들고 음식을 나르고 발을 씻어 주는 것이 얼마나 예수의 삶과 하나님 나라와 조화롭고도 완벽하게 맞닿아 있는지를 새삼 확인해 보게 된다.[15]

우리는 날마다 식탁을 대한다. 이 식탁 앞에서 섬기러 오신 주님을 만난다. 크리스틴 폴(Christine D. Pohl)은 손 대접(hospitality)을 역사적으로 고찰한 후 이것의 중요성을 강조하면서 우리 시대에 이 손 대접[16]을 회복하도록 제안한다. 그녀는 손 대접이 예수 그리스도에게 기인한다고 강조한다.

"예수님은 당신의 제자들이 손 대접을 받고 또 제공할 것을 요구하신다. 기독교적인 손 대접은 언제나 예수께서 자신에게 오는 모든 사람을 희생적으로 영접하셨던 것을 배경으로 하고 있다."[17]

---

15 여기에서 우리는 사도행전에 나타난 초대교회가 성령을 체험한 능력 아래 하나님 나라의 현존을 위해 어느 정도 힘썼는가를 알 수 있다. 나중에 구제와 구제 헌금의 의미로서의 디아코니아에서도 구체적으로 밝히겠지만 초대교회는 분명 자신의 소유를 팔고 나누고 가난한 자와 함께했던 이상적인 교회임을 우리는 짐작할 수 있다. 즉 사랑과 정의가 입을 맞추어 공동체가 공평과 평화를 체험했던 것이다. 이러한 모습은 신자본주의가 팽배한 오늘의 현실에서는 불가능한 모습이지만 적어도 성령을 체험한 교회 안에서는 가능해야 할 일이다. 힘들지만 가능하도록 하는 것이 곧 우리의 믿음이고, 하나님에 대한 사랑이다. 이런 점을 고민하며 쓴 책으로 Jim Wallis, 『그리스도인이 세상을 바꾸는 7가지 방법』, 배덕만 옮김, 파주: 살림, 2009, 특히 가난과 식탁의 문제와 관련해서 5장 "포용과 기회: 환영의 식탁", 163-207 참조.

16 "환대"라고도 번역할 수 있다.

17 C. D. Pohl, 『손 대접』, 정옥배 옮김, 서울: 복있는 사람, 2003, 33. 또한 그녀는 다른 책 『공동체로 산다는 것』에서 다음과 같이 손 대접을 강조한다. "손 대접은 그리스도인 삶의 핵심을

여기 우리 앞에 놓인 식탁의 자리는 우리가 섬기지 못했음을 회개하는 참회의 자리가 되고 동시에 회복과 치유의 자리가 된다. 이러한 과정을 통과하는 자에게만 하나님 나라의 일꾼이 될 자격이 있다. 그는 식탁 앞에서 디아코니아의 삶을 결단하고, 이 일에 헌신하게 된다. 그는 하나님과 예수와 새로운 관계를 맺게 될 뿐만 아니라 이 관계를 통해 그리스도인은 세상과 특별히 가난과 질병으로 고통당하는 이웃과 새로운 관계를 맺게 된다.[18] 이것이 곧 복음의 힘이다.

이제 예수의 외침대로 그의 삶 속에 놀라운 하나님 나라의 동력이 발동하게 된다. 이 섬기는 삶이 하나님 나라의 법칙이고 삶의 방식이다. 이것은 하나님 나라는 섬김을 통해서만 우리 안에 임하고 확장된다는 것을 엄중히 선언한다. 예수가 곧 섬기는 자로서 온전히 섬기셨기 때문이다. 그것은 예수로 말미암아 하나님 나라가 우리 안에 임한 것을 의미

이룬다. 그것은 하나님의 은혜로부터 나오며, 하나님의 관대함을 반영한다. 우리는 손 대접을 통해, 하나님이 보여 주신 환대에 반응하며 그 환대를 세상 가운데서 다시 나타낸다(크리스틴 폴, 『공동체로 산다는 것』, 권영주/박지은 옮김, 서울: 죠이선교회, 2014, 232)."

18 짐 월리스는 『환영의 식탁』에 대해 다음과 같이 기술한다. "하나님은 우리가 그들을(가난한 자들) 데려오길 원하신다. 하나님은 우리가 그들을 식탁으로 데려와서, 우리와 관계를 맺도록 초대하며, 그들이 누구이며 그들의 삶에 무슨 일이 벌어지고 있는지 알며(이것은 당신이 식탁에 초대한 사람들과 하는 일이다.), 그 결과 모든 사람이 변화될 수 있는 새로운 공동체의 토대를 놓길 원하신다(J. Wallis, 『그리스도인이 세상을 바꾸는 7가지 방법』, 165)." 그러면서 월리스는 가장 유명한 흑인 영가 중 하나인 "환영의 식탁(The Welcome Table)"의 가사를 소개한다. "우리는 환영의 식탁에 앉으리라 / 우리는 언젠가 환영의 식탁에 앉으리라 / 할렐루야! … / 식탁에 둘러앉은 하나님의 모든 자녀들은 / 식탁에서 더는 다투지 않으리 … / 나는 영광의 길을 걸으리라 … / 나의 시민권을 얻으리라 … / 우리는 언젠가 환영의 식탁에 앉으리라." 월리스는 "'그 환영의 식탁'은 빈곤의 극복을 위해 필요한 영적 변화와 정치적 전략을 위한 탁월한 이미지이자 비유다."라고 말했다(J. Wallis, 『그리스도인이 세상을 바꾸는 7가지 방법』, 2009, 165). 그는 누가복음 4장의 예수의 나사렛 취임 설교와 관련하여 다음과 같이 강력하게 말한다. "우리 삶에서 복음이 다른 어떤 일들을 한다고 해도 그 복음이 가난한 자에게 복음이 아니라면, 그것은 결코 예수 그리스도의 복음이 아니다(Jim Wallis, 『그리스도인이 세상을 바꾸는 7가지 방법』, 207)." 필자는 이 복음이 초대교회 때 예수 그리스도의 복음이 되었다고 확신한다. 문제는 "오늘 여기에서"이다.

하기도 한다.

성종현은 예수와 하나님 나라와의 관계를 다음과 같이 설명한다.

"예수께서 전파한 '하나님 나라(*바실레이아 투 테우*)'는 바로 사랑과 섬김의 나라이다. 큰 자가 작은 자를 섬기고, 강한 자가 약한 자를 섬기는 나라이다. 섬김(*디아코니아*)은 사랑(*아가페*)의 표현이고, 그 구체적 행동이다. 행동 없는 사랑이 공허한 것처럼 사랑에서 우러나오지 않은 섬김은 무의미하다. 사랑에서 우러나온 섬김만이 사람의 마음을 감동시키고 그 사랑에 감전시킨다. 예수의 삶이 바로 그러한 삶이었다. 예수의 섬김은 사랑에서 우러나온 것이다. 앞서가는 예수의 이 사랑이 뒤따르는 예수의 섬김의 원동력인 것이다."[19]

예수를 통해 우리 안에 임한 하나님 나라는 우리의 일상과 무관한 나라가 아닌, 우리가 몸으로 직접 체험할 수 있는 나라이다. 이것은 하나님 나라가 현재 우리가 직면하고 있는 현실, 즉 공공성과 밀접한 관계를 이루고 있다는 것을 의미한다.[20] 즉 하나님 나라는 결코 뜬구름 잡는 나라가 아니라는 것이다.

---

19 성종현, "신약성서와 디아코니아", 『신약성서의 중심주제들』, 235-258, 237; 또한 R. E. O. White, 『누가신학 연구-기독교에 대한 누가의 변증』, 김경진 옮김, 서울: 한국로고스연구원, 1995, 175-180; 이승민, "복음서와 사도행전에 나타난 봉사", 「그 말씀 257 (2010년 11월호)」, 23-42, 특히 24-30도 참조.

20 이러한 측면에서 엄기호가 우리 사회를 사회학적으로 분석하여 낸 "단속사회"가 시사하는 바가 크다 하겠다. 예수로 말미암아 이 땅에 도래한 하나님 나라를 예수의 제자 된 교회는 성령에 의해 경험하며 계승해 나가는 있다. 예수의 하나님 나라 운동은 철저히 공적 영역에서 이루어졌고, 초대교회는 이를 이어 받았다. 나는 엄기호가 분석한 진단에 동의하며 이 문제를 극복할 수 있는 대안이 예수의 하나님 나라 운동이라고 생각한다. 엄기호, 『단속사회』, 파주: ㈜창비, 2014 참조.

예수는 당시 고통 받는 백성을 찾아 위로했고, 저들의 필요를 채워주고 아픔을 치유하셨고, 새로운 인식의 전환을 가능하게 하셨다. 예수의 삶은 현실 인식을 떠나서는 생각할 수 없다. 이처럼 그를 통해 도래한 하나님 나라도 정치·사회·경제적인 지평을 생각하지 않고는 올바로 이해할 수 없는 것이다.[21] 이것이 전부는 아니지만 이것 또한 하나님 나라의 중심 주제인 것은 분명하다. 이런 의미에서 김경희와 김명수의 연구는 시사하는 바가 매우 크다고 하겠다.

김명수는 21세기 인류가 풀어야 할 최대 과제가 무엇인가 물으면서 다음과 같이 답하고 있다.

"온갖 탐욕을 내려놓고, 하나님의 것을 하나님께 돌리는 일이다. 사회 구조적 차원, 경제 윤리적 차원, 신앙 고백적 차원에서 특정 집단에 의해서 사유화된 공(公)을 다시 원래 자리인 공(公)으로 돌리는 일이다. 금융자본을 다시 공(公)으로 돌리는 것이다. 공(公)의 회복 운동이야말로 21세기 한국 교

---

21 교회의 디아코니아와 고난 받는 현장과 관련해서 『한국 교회의 사회사 (1885-1945)』를 쓴 민경배는 이렇게 기술하고 있다. "우리 교회의 사회운동은 언제나 민족의식과 병행하고 있었다. 한국 교회 사회사역의 시대의식은 이런 의미에서 민족 구원의 폭을 가지고 있었다는 특수성을 가진다. 1920-30년대 농촌 궁핍의 심각성과 전통사회 변화의 가속화, 총독 정치의 가시적인 물질적 산업사회 발전에 오히려 심리적으로나 실질적으로 궁핍을 더해가는 상황, 이런 것들 때문에 교회는 민족에 대한 시대적 사명을 정면 걸머지고 나서지 않을 수 없었다. 그것은 우선 목전의 궁핍과 병약, 의욕상실 때문에 쓰러지는 겨레에 대한 구제의 사업이었다. 제도나 조직의 개편, 이런 것이 있기 전에 당장 눈앞의 비참을 치유하고 동행하고 위로하는 일이었다. 원대한 사회적 개혁의 약속은 따로 있어도 이 현실은 시간적으로 미래를 담보로 미루어질 성질의 것이 아니었다. 미래는 그래도 여유 있는 사람들에게 있는, 좀 먼 날의 일이다. 기독교는 현장의 종교이다(민경배, 『한국 교회의 사회사 (1885-1945)』. 개정판, 서울: 연세대학교 출판부, 2008, 377-378)." "기독교는 현장의 종교이다."라는 민경배의 해석 속에서 "지금 여기에서" 오늘의 교회가 감당해야 할 디아코니아적인 사명의 긴급함과 현장성에 대해서 새롭게 눈뜨게 된다. 예수는 미루지 않고 찾아오는 병자들을 고치셨고 굶주린 자들을 돌려보내지 않고 먹이셨다. 즉 현장에서 저들의 필요를 채워 주신 것이다.

회가 지향해야 할 선교의 최대 과제가 아닐 수 없다."[22]

김경희는 최근의 논문에서 예수의 선포 속에 나타난 하나님 나라의 물질적, 사회적 차원에 관심을 두면서 예수의 선포 속에 나타난 하나님 나라 평등의 비전을 보았다. 그는 이를 위해 몇 가지 중요한 본문을 주석적으로 꼼꼼히 살폈고, 예수의 하나님 나라 비전은 곧 사회적인 평등의 비전과 경제적, 정치적 평등의 비전으로 요약할 수 있다고 정리한다.[23] 그는 "인간 평등의 비전이 예수의 하느님 나라 선포의 핵심적인 한 요소"[24]임을 강조한다.

이런 예수를 생명의 주로 고백한 하나님의 사람들은 사도 바울의 고백처럼 섬김의 삶을 실천한, 섬기는 종으로 오셔서 이 땅에 하나님 나라를 이루신 예수가 자신 안에 살아 역사하는 삶을 살게 된다. 사도 바울도 자신의 삶을 돌아보면서, 결국 자신의 선교적인 삶이 바로 이러한 예수의 말씀과 삶을 기억하고 소명을 감당하며 살았다는 것을 증언하는

---

22 김명수, "초기 기독교 예수 운동에 나타난 공경제윤리", 「신학사상 150 (2010년 가을)」, 83-115, 109.

23 김경희, "예수의 하느님 나라 선포를 통해 본 평등의 비전", 「신학사상 150 (2010년 가을)」, 37-81, 74. 김경희는 "가장 작은 자가 하나님의 나라에서는 세례자 요한보다 더 크다(마 11:11, 눅 7:28)."라는 말씀도 다음과 같이 주석한다. "이 말씀은 바로 가장 작은 자의 존엄성에 관한 말씀이며 모든 인간의 평등에 관한 말씀이다. 하나님의 통치가 이루어지는 그곳에서 모든 인간은 세례자 요한이 이 지상 위에서 받는 크나큰 존경에 못지않은 인간적 존엄성을 보장받는다(김경희, "평등의 비전", 49)." 그녀는 사도행전 2장에 나타난 성령 체험을 연구한 한 논문에서 초대교회는 성령 체험을 통해 새로운 평등 공동체의 비전을 가지게 되었고, 이것은 재산의 공유와 필요에 따른 분배, 상하 구별이 없는 형제자매 공동체의 실천을 비롯하여 가난한 사람과 사회적 약자의 인권과 존엄성의 회복 등의 구체적인 실천으로 이어졌음을 밝힌다. 이에 대한 자세한 것은 김경희, "우주적 소통의 경험 및 새로운 평등 공동체의 비전으로서의 초창기 기독교인들의 성령체험과 평등 공동체의 실현을 위한 그들의 구체적인 실천들", 「신학사상 138 (2007년 가을)」, 55-87 참조.

24 김경희, "예수의 하느님 나라 선포를 통해 본 평등의 비전", 74.

것으로 보았다.[25]

2. 대접으로서의 디아코니아

예수의 공생애를 살펴보면 그의 주변에는 그를 섬기는, 특히 물질로 섬기는 여인들이 있었다. 아마도 이 여인들은 음식을 준비하기도 하고 예수와 그의 제자들이 여행하면서 복음 사역을 감당하기에 어려움이 없도록 그야말로 헌신적으로 예수 일행을 섬겼던 것이다. 분명 예수의 사역에 있어서 이러한 여인들의 섬김이 두드러짐에도 불구하고 교회는 그다지 많은 관심을 두지 않은 것이 사실이다. 하지만 이미 앞에서 지적한 대로 예수께서 섬기러 오셨고 예수의 삶 자체가 섬김이고 또한 그의 섬김은 자신의 생명을 내어 주어 구체적으로 나타난 것을 생각해 볼 때, 예수 주변에 있던 갈릴리 여인들의 섬김의 의미는 매우 중요하다고 말할 수 있다.

이 점에서 최영실의 해석은 매우 의미 있을 뿐만 아니라 오늘 한국 교회의 봉사와 섬김을 말함에 있어서 교회가 반추해야 할 많은 것들을 시사해 주고 있다고 해도 지나친 말이 아닐 것이다. 최영실은 갈릴리 여인의 섬김에 대해 다음과 같이 주장한다.

---

25 유승원은 예수의 섬김의 가르침을 바울이 받아 적용한 원리가 은사라고 보고 있다(유승원, "바울 서신에 나타난 섬김", 「그 말씀 (2010년 11월호)」, 43-64, 48 이하 참조. 조경철은 바울의 사도적 리더십을 연구하면서 그의 사도적 리더십은 디아코니아적인 성격을 띤 섬김의 리더십임과 동시에 복음 선포를 위한 파트너십이라고 규정한다(조경철, "바울의 사도적인 리더십에 관한 연구-사도적인 권위와 그 실천", 『한국기독교신학논총 37 (2005)』, 89-116, 103-112 참조.

"오늘날 남성 주석가들과 설교자들 대부분은 이 '갈릴리 여인들'이 '복음을 전파하는 예수와 동행하고, 자기들의 재산으로 그 일행을 섬겼다(눅 8:1-3).'는 본문을 주석하면서, 이 여인들은 그저 복음을 전하는 예수와 그 제자들을 따라다니며 식사 시중을 들거나 '허드렛일'이나 했을 것이라고 폄하하여 말하기도 한다. 그러나 누가복음에서 '자신의 재산을 내어놓은 일'은 가장 중요한 제자 됨의 한 표지이다. 누가는 희년 사상에 입각하여 다른 사람의 것을 착취한 자들이 돌이켜 그 소유와 재물을 내어놓고 모든 사람이 함께 먹을 것을 나누며 희년 공동체를 이루는 일이야말로 예수의 부름에 응답하는 제자들의 모습으로 말하고 있기 때문이다."[26]

최영실은 계속해서 다음과 같이 말한다.

"갈릴리 여인들의 '섬김'의 행위는 언제나 모든 사람에게, 혹은 당시 남자들과 가정과 규율에 무조건 순종하며 복종하는 그런 것이 아니다. 도리어그 '섬김'은 불의한 체제와 법과 권력에 맞서며 하나님 나라 평화의 새 역사를 만드는 것이다."[27]

그러므로 대접을 통하여 다른 사람들을 섬긴다는 것은 신학적으로 예수의 삶을 본받는 것이고, 자신의 생명을 내어 주는 것이다.[28] 오늘날 가정에서든 교회 안에서든 여러 모양으로 식탁 공동체가 이루어지고 있다. 어떤 이유에서든 한 식탁을 이루어 공동체가 함께 밥을 먹는다는 것

---

26 최영실, " '섬김'으로 '참 평화' 를!", 『한국기독교신학논총 37 (2005)』, 271-299, 287.
27 최영실, " '섬김'으로 '참 평화' 를!", 287.
28 이성민, "복음서와 사도행전에 나타난 봉사", 30-31.

은 매우 의미가 있다. 그리고 이러한 식탁을 준비하는 일에는 현실적으로 여성 중심이 될 수밖에 없다. 이런 의미에서 한국 교회가 부엌 혹은 식당에서 여성이 음식을 준비하고 섬기는 것에 좀 더 의미를 부여하여, 이것이 예수의 뒤를 따라가는 하나님의 디아코니아에 참여하는 것임을 알려야 할 것이다.[29]

한 단계 더 나아가 이러한 일을 하는 여성들의 인권을 존중하여 여성들이 하나님의 교회 안에서 남성들과 모든 면에서 동등하게 일할 수 있도록 배려해야 할 것이다. 또한 식탁 봉사에도 모든 남성들 역시 가능한 한 여성들과 동등하게 참여하여 일을 해야 할 것이다. 이것 또한 참여와 교제, 동무 관계의 의미로서의 코이노니아이면서 동시에 디아코니아의 성격을 띤 것이라 말할 수 있다. 교회 안에서 인격적으로 평등한 관계를 이루지 못한다면 하나님 나라는 요원할 것이다.[30]

철저한 이웃 사랑과 성별, 부자와 가난한 자, 지위, 남녀노소 등의 장벽을 뛰어넘는 사랑의 연대야말로 자유와 해방의 구원을 안겨 주는 복음의 본질이다. 이러한 평등한 연대 안에 참 평화와 기쁨이 깃들도록 하

---

29 이 점에서 마가복음서에 나타난 여인들에 대해 꼼꼼하게 주석적으로 연구한 장상의 연구는 매우 의미가 있다. 장상은 초기 기독교 공동체에서 "말씀 사역"과 "식탁 사역"이 분리되지 않은 것으로 강조한다(장상, "성서신학에서 본 여성신학", 『한국기독교신학논총 3 (1988)』, 155-230, 207). 그녀는 "섬기다"와 "따르다"를 함께 분석하면서 예수의 고난과 죽음의 자리에 끝까지 남았던 여성들을 예수의 선교에 함께했던 예수의 참 제자라고 강조한다. "여기서 마가는 진정한 제자 직이 전혀 기대치 않던 여자들에 의해 마지막 순간에 수행되는 것을 과시한다. 예수의 정체성은 가장 기대되지 않는 이방인에 의해 고백되고, 예수를 따르는 진정한 제자 직은 가장 기대되지 않는 여자들에 의해 수행되었다. 동시에 성전 휘장이 갈라진 대로 제자 직은 인종적 차별이나 성차별을 넘어서서 누구에게나 개방되는 것을 발견한다(장상, "성서신학에서 본 여성신학", 216)."

30 이 점에서 객관적인 통계에 근거하여 한국 교회 여성과 여성의 인식에 대해 고찰한 이원규의 글, "한국 교회 여성, 그들은 누구인가", 이원규, 『힘내라, 한국 교회』, 서울: 동연, 2009, 59-70 참조.

려고 예수 그리스도가 섬기는 종으로 우리 가운데 오신 것이다.[31] 이것이 우리 삶 속에 가능하도록 하는 것이 교회의 디아코니아이고, 교회의 디아코니아를 통해 하나님 나라가 진보하는 것이다.

그러므로 온전한 섬김과 대접은 불평등한 관계를 깨부수는 힘이 있고, 하나님 나라를 이 딱딱한 땅덩어리와 우리의 완고함 속에 뿌리 내리게 하는, 마치 풀 한 뿌리가 갖는 불멸의 생명력과 같은 역할을 하는 것이다.[32] 땅속 깊은 곳에 있는 우물물을 길어 올리는 마중물과 같은 역할을 한다고 볼 수 있다. 한 바가지의 물이 정말로 귀한 곳에서 그 한 바가지가 마중물이 되어 계속 이어지는 샘물을 가능하게 하고 목마른 사람들의 갈한 목을 축이는 것처럼, 예수는 자신을 내어 줌으로써 참 영생수가 된 것이다. 이것이 예수의 섬김이 갖는 생명력이고, 갈릴리 여인들이 가졌던 대접과 제자도의 생명력이다. 이제 한국 교회는 한국 사회 속에서 이 생명의 역사를 계속 일구어 가야 할 것이다.[33]

---

31 이영미는 독특하게 이사야서 53장의 고난의 종의 노래를 주석하면서 "이사야서에는 고난 받는 남종만 있는가?"라고 묻는다. 당연히 그녀의 대답은 "아니다."이다. 이영미는 이에 대해 이사야서 49-54장을 연구하면서 "고난 당하는 여인으로서 시온" 은유를 통해 답변을 시도한다. 이영미, 『이사야의 구원신학-여성 시온 은유를 중심으로』, 서울: 맑은 울림, 2004, 141-163 참조.

32 쇼트로프(L. Schottroff)는 "'그리스도를 섬기는 일(디아코니아 크리스투)'이란 음식 대접과 같은 단순한 봉사를 훨씬 넘어서서 예수가 메시아라는 사실을 선포하고 하나님 나라가 임박했음을 선포하는 것이다."라고 강조한다(L. Schottroff, "신약성서 시대에 예수를 따른 여인들", 『여성들을 위한 신학』, 이우정 편, 서울: 한국신학연구소, 1985, 236-250, 240). 이러한 입장에 대해 마가복음 15장 41절과의 연관 속에서 다른 입장도 있다. 이에 대한 명쾌한 설명으로 E. Stegemann / W. Stegemann, 『초기 그리스도교의 사회사. 고대 지중해 세계의 유대교와 그리스도교』, 손성현. 김판임 옮김, 서울: 동연, 2009, 594-598 참조. 또한 초기 그리스도교와 여성에 대한 폭넓은 사회사적 연구에 해당되는 594-640도 참조.

33 이것이 나그네와 외국인 이주민 그리고 가난한 우리의 이웃들을 향한 환대로 반드시 이어져야 할 것이다. 그래야 예수가 꿈꾸었던 하나님 나라의 비전이 오늘의 교회를 통해 이루어지게 되는 것이다. 성종현, "교회의 본질과 사명", 『신약성서의 중심주제들』, 206-218, 특히 216-217 참조.

3. 복음 전파로서의 디아코니아

사도행전 13장을 보면 안디옥 교회가 바나바와 바울을 이방 족속들을 위한 선교사로 파송한다. 바울은 안디옥 교회를 통해 받은 자신의 선교적 사명을 "디아코니아"로 이해했다. 이에 대해, 사도행전 20장 24절과 21장 19절을 살펴보고자 한다.

"내가 달려갈 길과 주 예수께 받은 사명 곧 하나님의 은혜의 복음을 증언하는 일을 마치려 함에는 나의 생명조차 조금도 귀한 것으로 여기지 아니하노라(행 20:24)."

먼저 이 말씀은 사도 바울이 에베소 장로들과 헤어지면서 한 고별 설교의 한 부분이다. 그런데 이 짧은 말에는 평생 하나님의 부름에 순종하여 오직 한길 복음을 전하는 사도로서의 사명에 최선을 다한 사도의 고백이 담겨 있다. 그런데 "주 예수께 받은 사명"이라는 구절에서 사명에 해당되는 단어가 바로 "디아코니아"이다.

여기서 위더링톤(Ben Witherington III)은 존슨(L. T. Johnson)의 연구에 의지해서 여기 디아코니아를 구제 헌금과의 연관 속에서 파악한다.[34] 이러한 위더링톤의 해석은 "디아코니아"라는 단어에 너무 무게를 두어 한쪽으로 치우친 해석이다. 위더링톤은 "디아코니아"라는 단어가 쓰인 전체적인 문맥을 고려하지 않았다. 물론 사도행전에서 "디아코니아"라

---

34 B. Witherington III, *The Acts of the Apostles. A Socio-Rhetorical Commentary*, Grand Rapids, MI: Eerdmans, 621. 그는 다른 참고 구절로 고린도후서 8장 9절, 9장 13절, 사도행전 19장 22절 등을 든다.

는 단어가 구제 헌금으로 쓰인 용례가 있지만, 그럼에도 이 본문에서는 다른 의도로 사용되었다.

이 말씀은 바울의 고별 설교로 24절 자체와 25절을 함께 생각할 때 본문에 사용된 디아코니아가 어떠한 의미로 사용되었는지 알 수 있다. 가장 기본적인 해석 원칙으로 24절을 살펴보면, 이 직무는 "주 예수께로부터(*파라 투 큐리우 예수*)" 받은 직무이다.[35] 이 직무 내용은 그 다음에 바로 이어지는 "하나님의 은혜의 복음을 증언하는 일"이다. 이러한 그의 노정을 바울은 운동 경기장의 경주로에 비유하여 "달려갈 길(*톤 드로몬*)"이라고 고백하고 있는 것이다.

그러므로 24절 자체만 보더라도 그의 직무는 사도로서 복음을 전하는 그의 평생의 사명을 말하고 있는 것이다. 이것은 또한 그 다음절 25절에 나오는 "보라 내가 여러분 중에 왕래하며 하나님 나라를 전파하였으니"라는 그의 증언과도 밀접한 관계에 있다. 여기 '왕래하며'라고 번역된 헬라어 '디엘톤'은 '한 지역 내에서 돌아다니다', 혹은 '장애물을 뚫고 지나가다'의 의미로 이것은 바울이 에베소 여러 지역에서 복음을 전하면서 돌아다닌 것을 의미하는 말이다. 본문에서의 "디아코니아"는 24절과 앞뒤 맥락을 고려할 때, 하나님 나라의 복음을 전하는 바울의 사역으로 이해하는 것이 옳다.[36]

---

35 갈라디아서 1장 1, 12절, 디모데전서 1장 12절 참조. 기실 "구제 헌금(*디아코니아*)"은 안디옥 교회가 바나바와 바울에게 위임한 직무이다(사도행전 11장 27-30절 참조). 물론 이 또한 당연히 바울의 선교적 사명 중 하나이다.

36 브루스(F. F. Bruce)는 디아코니아에 말씀에 해당하는 로고스를 덧붙여 복음 전파의 사역을 더 강조하듯이 보인다. 그는 이와 관련하여 참고 구절로 사도행전 6장 4절과 고린도후서 3장 6절, 4장 1절, 5장 18절, 골로새서 1장 25절, 4장 17절, 디모데후서 4장 5절 등을 든다. F. F. Bruce, *The Acts of the Apostles. The Greek Text with introduction and commentary*, Grand Rapids: Eerdmans, 1990, 432. 바울의 사역이란 그가 다메석 도상

"바울이 문안하고 하나님이 자기의 사역으로 말미암아 이방 가운데서 하신 일을 낱낱이 말하니(행 21:19)"

둘째로 사도행전 21장 19절 말씀을 보면, "자기의 사역으로 말미암아"에서 사역의 헬라어도 역시 "디아코니아"이다. 여기 디아코니아 역시 이어지는 말씀을 통해 볼 때, 지금까지 바울이 복음을 전파했던 사역을 의미한다고 볼 수 있다. 초대교회에서는 이방인을 향한 선교도 곧 디아코니아였음을 알 수 있다. 아마 이것은 초대교회 안에 사회 경제적으로 어려움이 있는 사람들이 적지 않았기에 복음과 함께 물질을 나누고 또 공동 식사하는 식탁 공동체를 늘 가졌다는 것을 암시하고 있는 것으로 생각한다.[37]

이런 이유에서 누가가 "디아코니아"라는 단어를 선택해서 사용했을 가능성이 높다.[38] 즉 초대교회 안에서 복음을 전하는 선교 사역에는 구체적인 나눔과 섬김이 함께 갔던 것을 그는 알리고자 했던 것이다. 이것이 성령이 일하시는 방법이라는 사실을 분명히 하려고 누가는 하나의 단어 사용에 있어서도 세심함을 보여 주고 있다. 이것은 또한 가난한 이

에서 부활하신 예수를 만남으로 받은 바 복음 전하는 사명 외에는 없는 것이다(사도행전 9장 15절, 26장 16-18절 참조).

37 이러한 필자의 견해는 사도행전 6장 1-7절에서 어느 정도 뒷받침된다고 생각한다. 누가는 분명 복음 사역이 음식을 나누는 식탁 공동체와 분리되지 않았음을 알리려고 한 의도가 있었던 것 같다. 만약 이러한 당시의 상황을 "디아코니아"라는 단어 자체가 반영하고 있다면, 이러한 누가의 견해는 오늘의 교회가 디아코니아 사역을 수행하는 데에 있어서 많은 참조가 된다. 왜냐하면 오늘의 정치·경제·사회 현실이 매우 열악하기 때문이다. 그러므로 교회가 복음을 전할 때 반드시 물질로 어려운 이웃을 섬기는 것은 "성경적이며 성경에 합하다"는 것을 기억하며 반드시 해야 할 사역임을 잊지 말았으면 좋겠다. 이것과 함께 야고보서의 내용도 함께 생각해 볼 만하다.

38 여기에서 위더링톤은 디아코니아를 구제 헌금으로 보지 않고 15장 12절의 연관 속에서 일반적인 바울의 선교 사역으로 보았다(Ben Witherington, Acts, 647).

웃을 도외시한 채 말씀만을 전해서는 안 된다는 것을 비유적으로 가르쳐 주고 있다.

복음 전파와 관련된 디아코니아의 용례를 통해서 알 수 있는 것은 삼위일체 하나님의 디아코니아의 핵심이 세상을 향한 하나님의 구원 행동으로 출발한 우리의 논의에 매우 부합하는 점이다. 신구약성경에 나타난 삼위일체 하나님의 디아코니아의 중심에는 바로 복음의 본질인 열방의 구원을 향한 선교와 가난한 이웃, 나그네 그리고 고아와 과부를 향한 긍휼과 사랑이 함께했다는 것이다. 이 구원을 향한 교회의 선교, 즉 디아코니아는 바로 이러한 하나님의 디아코니아에 대한 순종과 바른 응답이라고 할 수 있다.

그러므로 교회가 사회를 향해 감당하는 사회봉사와 섬김의 중심에 물질과 음식을 나누는 것은 물론이거니와 영혼을 구원함으로 하나님께 영광을 돌리는 선교적인 사명이 있음을 깨닫고 교회는 지속적으로 인내와 기쁨으로 사회를 섬기고 물질과 마음을 함께 나누는 일을 게을리 해서는 안 될 것이다.

4. 직분으로서의 디아코니아

4.1. 사도행전에 나타난 직분

사도행전 1장 15-26절에는 예수를 배반하고 죽은 유다를 대신할 사도를 뽑는 장면을 기록하고 있다. 이 단락 중 17절과 25절에 걸쳐 두 번 "디아코니아"라는 단어가 나타난다. 이 두 구절에서 디아코니아는 사도의 직분을 가리킨다고 볼 수 있다. 1장 17절에서 사도 베드로는 유다를 가리켜 "이 사람은 본래 우리 수 가운데 참여하여 이 직무(*디아코니아*)의 한 부분을 맡았던 자라."고 설명한다.

24-25절에서 기도하는 가운데 천거된 두 사람을 뽑는데, 이때의 기도 내용이 매우 중요하다. 24-25절을 보면 "뭇 사람의 마음을 아시는 주여 이 두 사람 중에 누가 주님께 택하신 바 되어 봉사와 및 사도의 직무(*디아코니아*)를 대신할[39] 자인지를 보이시옵소서."라고 되어 있다. 6장 4절에서도 말씀 선포로서의 사도 직분을 의미하는 것으로 디아코니아가 쓰였다. 이 세 구절을 통해 분명히 알 수 있는 것은 예수의 열두 제자로서의 사도직이 디아코니아, 즉 섬김과 봉사의 직분"이라는 것이다.

디아코니아는 본래 헬라어에서는 식탁 시중을 드는, 마치 종과 같은 역할을 하는 의미로 쓰였지만, 여기 사도행전에서는 사도의 직무를 포함한 사도 직분을 나타내는 용어로 사용되었다. 이를 통해 우리는 크게 두 가지를 생각해 볼 수 있다.

첫째, 하나님의 말씀을 맡은 예수의 선택된 사도직 역시 "종"의 역할처럼 철저한 섬김의 직분이라는 사실이다. 이것은 예수의 제자는 섬김이나 대접을 받으려고 해서는 안 된다는 것을 의미한다. 물론 사람들은 사도들을 섬기고 대접하길 원할지도 모른다. 오늘날도 목회자의 신분은 섬기기보다는 섬김을 받고, 대접하기보다는 대접받는 위치, 낮은 위치에 처하기보다는 높은 위치에 안주하기 쉽다. 이때 예수로부터 선택 받은 사도의 직무를 초대교회가 디아코니아로 이해했다는 것을 오늘의 목

---

39 직역하면 "사도직과 사도직의 봉사의 위치를 취할"

회자와 교회는 명심해야 할 것이다.

둘째, 초대교회가 예수의 삶과 정신, 즉 예수의 가르침을 바르게 계승하고 있다는 점을 놓쳐서는 안 된다. 이 점은 누가가 사도행전 1장 15-26절에서 유다로 인해 부족한 사도 수를 채우는 것을 기록하면서 사도직을 디아코니아로 규정했다는 본문을 통해 알 수 있다. 특별히 누가가 열둘을 강조한 점(행 1:26) 그리고 2장에 나오는 베드로 설교에서도 베드로는 2장 37절에서 다른 사도들에게 묻고 있는 점을 보아 누가는 예수의 열두 사도직 계승을 중요시하고 있음도 확인할 수 있다. 또 베드로 설교가 끝나고 세례 받은 사람들이 "사도의 가르침을 받아 서로 교제하고 떡을 떼며(행 2:42)"라고 한 것을 보아 누가는 초대교회가 예수의 가르침을 이어가고 있다는 것을 분명히 강조하려는 의도가 있음을 알 수 있다.[40]

예수는 자신을 '섬기는 자', 즉 종으로 규정하셨고, 자신이 세상에 오신 목적도 섬기러 오셨다고 했다. 실제로 예수는 당시 종이 했던 일, 즉 손님의 발을 씻는 일을 직접 대야와 수건을 갖고 제자들의 더러운 발을 씻어 주셨다. 예수는 말이 아닌 몸과 삶으로 모든 것을 직접 행했다.

이러한 예수의 정신과 삶을 초대교회는 잘 이어받았던 것이다. 그리하여 적어도 사도행전에 쓰인 디아코니아는 봉사와 섬김, 선교, 구제와 헌금 등을 나타낼 때 사용되었다. 이것은 초대교회가 예수의 영, 즉 성령에 온전히 깨어 있어 예수를 통해 이루고자 하는 하나님의 디아코니

---

40 A. Lindemann, "Die Anfänge christlichen Lebens in Jerusalem nach den Summarien der Apostelgeschichte (Apg 2:42-47; 4:32-37; 5:12-16)", *Die Evangelien und die Apostelgeschichte*, Tübingen: Mohr Siebeck, 2009, 213-230, 215 이하 참조.

아를 바르게 이해하고 실천하고 있었음을 단적으로 보여 주는 것이다.

4.2. 바울 서신에 나타난 직분

1) 로마서 11장 13절에서 바울 사도는 자신이 이방인의 사도로서의 직분을 말할 때 디아코니아를 사용하였다.

2) 고린도전서 12장 5절에서는 교회 안에서의 다양한 직분을 나타낼 경우에 사용되었다.

3) 고린도후서에는 디아코니아라는 단어가 총 12번 나타난다. 그중 직분에 해당되는 경우는 3장 7, 8, 9절(2X), 4장 1절, 5장 18절 그리고 6장 3절이다. 3장 7-9절에서 바울은 율법 조문과 영이 갖는 직분, 정죄와 의의 직분을 대조하고 있다. 4장 1절과 6장 3절에서는 사도의 직분에 대해 그리고 5장 18절에서는 새로운 피조물이 된 구원받은 성도에게 주어진 화목하게 하는 직분[41]에 대해 썼다.

4) 기타 서신서: 골로새서에서는 아킵보가 받은 직분을 가리킬 때 사용되었다. 디모데전서 1장 12절에서 바울 사도는 하나님께서 자신을 충성되게 여겨 사도로서의 직분을 주신 것에 감사한다고 썼다.

이러한 디아코니아의 용례를 통해 우리가 알 수 있는 것은 성령이 이러한 디아코니아라는 직분을 하나님의 때에 알맞은 곳에 하나님의 사람

---

41 화해의 직분으로서의 사도직에 대한 자세한 주석적 고찰을 위해서는 A. de Oliveira, *Die Diakonie der Gerechtigkeit und der Versöhnung in der Apologie des 2. Korintherbriefes. Analyse und Auslegung von 2 Kor 2:14-4:6; 5:11-6:10*, Münster: Aschendorff, 1990, 279-281과 366-372 참조.

들에게 맡기신다는 것이다. 우리는 또한 성령에 사로잡힌 하나님의 사람들을 통해 초대교회가 더욱 흥왕하고 하나님 나라가 역동적으로 움직이고 있음을 알게 되는 것이다. 베드로, 빌립, 바울 그리고 바울과 동역했던 수많은 사역자의 디아코니아, 즉 복음 전도와 섬김을 통해 하나님 나라는 그 위상을 찾으며 진보해 나가는 것이다.

어떠한 이유이든지 오늘날 하나님의 교회에서 사역하는 사람들은 자신의 직무가 디아코니아라는 본래의 의미에 합당한 참 섬김과 자기 목숨을 던지는 화해자로서의 직분임을 명심해야 할 것이다. 오늘의 교회는 특별히 사도들이 복음을 위해 온갖 고난과 모욕을 기쁨으로 받으며 찬양한 것을 본받아 그 좁은 길을 함께 온전히 걸어갈 수 있어야 할 것이다.

먼저 "오늘 한국 교회의 목회자는 진정 대야와 수건을 갖고 있는가?"라는 물음 앞에 서야 하며, 또한 "진정 하나님의 디아코니아를 바르게 이해하고 실천하고 있는가?"라는 물음 앞에 목회자는 매 순간 서서 묻고 질문에 정직하게 응답해야 할 것이다. 그렇지 않을 경우, 한국 교회의 디아코니아는 쉽지 않을 것이고, 교회는 사회로부터 외면당하는 수치의 늪에서 나오지 못하게 될 것이다.

5. 구제로서의 디아코니아

이 주제와 관련해서 직접적으로 생각해 볼 수 있는 말씀은 사도행전 6장 1-4절이다. 나눔과 구제 의미를 띤 디아코니아는 어려운 초대교회의 경제 현실을 반영해 주고 있다. 이런 의미에서 이 부분은 오늘날 어려운 이웃을 위해 교회가 어떻게 처신해야 할 것인가에 대한 매우 주요한 성경적 이해와 전망을 제시해 주고 있다.[42]

먼저 사도행전 6장 1-4절을 함께 보자.

"그때에 제자가 더 많아졌는데 헬라파 유대인들이 자기의 과부들이 매일의 구제에[43] 빠지므로 히브리파 사람을 원망하니 열두 사도가 모든 제자를 불러 이르되 우리가 하나님의 말씀을 제쳐 놓고 접대를 일삼는 것이 마땅하지 아니하니 형제들아 너희 가운데서 성령과 지혜가 충만하여 칭찬 받는 사람 일곱을 택하라 우리가 이 일을 그들에게 맡기고 우리는 오로지 기도하는 일과 말씀 사역에 힘쓰리라 하니"

초대교회는 과부를 대접하는 구제 사역과 말씀 사역을 디아코니아로 이해했다. 이것은 디아코니아라는 말의 통전적인 이해라고 하겠다. 당시 헬라어를 사용했던 헬라 문화권에서 어떻게 이러한 이해가 나왔겠

---

42 초대교회의 가난한 이웃을 위한 공동 식사를 비롯한 구제, 섬김과 나눔의 디아코니아는 초대 교부들에게로 이어졌다. 최근 조병하는 "키프리아누스에 관한 연구"에서 그의 자선의 신학과 실천을 다루었고, 이은혜는 "요한 크리소스토모스에 관한 연구"에서 가난한 자를 사랑한 크리소스토모스에게 비중을 두면서 그가 미덕의 가치평가를 자신의 유익뿐만 아니라 이웃에게까지 유익을 주는 데에 두었음을 밝힌다. 이들의 주장에 대한 자세한 것은 조병하, "키프리아누스(Cyprianus)의 '가난한 자들을 위한 선행과 자선'에 대한 교훈 연구", 『한국 교회사학회지 26 (2010)』, 171-199; 이은혜, "요한 크리소스토모스의 설교에 나타난 수고주의와 '가난한 자를 사랑한 자(Lover of the Poor)'의 관계성에 대한 이해", 『한국 교회사학회지 26 (2010)』, 201-231 참조.

43 개역개정은 원문 "엔 테 디아코니아"를 "구제에"로 번역했다. 이것은 "나눔, 곧 음식의 분배"를 의미한다. 이것은 오늘의 본문이 초대교회 때의 공동 식사와 무관하지 않음을 보여 준다. 그리고 당연히 이 공동식사는 가난한 이웃들과 함께하는 사랑 나눔의 식탁 공동체였을 것이다. 김옥순은 이 부분을 "욥의 유언서"와의 연결 속에서 살핀다. 왜냐하면 욥의 유언서에 나그네, 가난한 자, 과부에 대한 식탁 제공이 디아코니아라는 이름으로 행해졌기 때문이다. 이에 대해 자세한 것은 김옥순, 『디아코니아학 입문』, 378 이하 참조.

는가? 물론 구약과 유대교의 전통을 계승한 점[44]과 예수의 삶과 말씀에 대한 순종과 헌신을 들 수 있을 것이다.[45] 하지만 사도행전 2장 43-47절과 4장 32-37절을 근거로 볼 때, 이것은 다름 아닌 성령의 역사를 통해서 가능했다고 할 수 있다. 오순절 성령 강림을 체험한 초대교회는 성령을 통해 예수의 삶과 구약의 전승을 새롭게 조명할 수 있었다.

이 점에 있어서 이 말씀에 대한 김옥순의 견해는 받아들일 만하다.

"누가는 기독론적인 관점에서 섬기시는 예수 그리스도의 총체적인 사역인 말씀과 섬김의 봉사에 기초하는 '질적으로 새로운 디아코니아'를 분명하게 증언하는 것으로 볼 수 있다."[46]

누가는 사도행전 2장과 4장 그리고 6장을 기록하면서 예수의 말과 가난한 자, 세리와 죄인들과 함께했던 식탁 공동체, 그리고 소외된 이웃, 병든 사람과 장애인, 어린아이들을 품으셨던 예수의 삶과 그의 십자가 고난과 죽음 그리고 부활을 단편적이 아닌 하나로 엮어 내었다. 즉 세상을 향한 하나님의 사랑, 하나님 나라의 도래와 진보 그리고 예수 안에 계시된 사랑에 근거한 하나님의 섭리와 구원 행동으로, 즉 통전적인 삼위일체 하나님의 디아코니아로 이해했던 것이다. 이것은 삼위일체 하나님의 전권적인 역사하심과 그의 통치였던 것이다. 그만큼 사도들이 목회했던 교회는 성령이 충만한 교회였다.

---

44 풀러(K. Müller)는 오늘의 본문에서 이미 구조적으로 먼저 수립된 초기 유대적인 부양시스템이 있음을 강조한다. 이에 대해 설명으로 김옥순, 『디아코니아학 입문』, 379-384 참조.

45 P. Philippi, "디아코니아의 역사", 『디아코니아』, 파울 필리피 외 4인 공저, 지인규 옮김, 서울: 프리칭 아카데미, 2010, 11-86, 14 참조.

46 김옥순, 『디아코니아학 입문』, 383-384.

성령 충만한 교회의 모습은 디아코니아라는 단어 자체가 보여 주듯이 지도자인 사도들도 과부를 구제하는 식탁 섬김의 일에서부터 말씀 사역까지 모든 일들을 믿음으로 감당할 수 있었던 것이다.[47] 하지만 일이 많다 보니 초대교회 안에 불평도 있었다. 하지만 사도들이 이러한 불평에 바르고 성숙하게 대응했던 모습을 우리는 6장 1-7절을 통해 확인할 수 있다.

김회권은 이러한 초대교회가 진정 성령 충만한 교회의 모습이라고 적절하게 묘사한다.

"사도들은 성령 충만한 공동체 안에서도 인간은 부족하여 실수할 수 있다는 사실을 인정하고 헬라파 사람들의 불평과 원망을 적극적으로 수용한다. 성령 충만한 교회란 문제가 전혀 없거나 원망이나 불평이 발생하지 않는 교회라기보다는 원망과 불평을 아주 성숙하게 받아들이는 지도자들이 섬기는 교회다. 사도들은 교인들의 불평과 원망을 가볍게 여기거나 사탄의 조종을 받은 것이라고 쉽게 판단하지 않을 뿐 아니라 자기성찰과 목회 사역의 균형감각을 회복하는 계기로 삼는다. 이것이 바로 성령 충만한 교회의 모습이다."[48]

필자는 사도행전 2장에 나오는 베드로의 설교와 6장에 나타난 스데반의 설교는 바로 이러한 삼위일체 하나님의 디아코니아에 대한 강론으

---

47 이 본문을 통해 볼 때 식탁 봉사 혹은 식탁을 통한 만찬과 말씀 선포 사역을 사도들이 감당했다는 것을 알 수 있고, 또한 식탁 봉사의 일과 말씀 선포 사역에 있어서 아직 분리되지 않았음을 보여 준다. 이 후 일곱 집사를 뽑았지만 역시 일곱 집사들이 이 일을 체계적으로 분업하여 감당했다는 보도는 사도행전에 나와 있지 않다.

48 김회권, 『하나님 나라 신학으로 읽는 사도행전 1』, 서울: 복 있는 사람, 2007, 196-197.

로 보고 싶다.[49] 이들은 하나님의 영에 충만하여 이 역동적인 하나님의 디아코니아를 제대로 읽어 내어 강론했던 것이다.[50]

오늘 우리 시대에 바로 이러한 하나님의 사람들이 필요하다. 사람들의 구미에 맞는 설교나 봉사 행위가 아닌 진정 하나님의 디아코니아를 이 땅에서 치우침이 없이 통전적으로 제대로 읽어 내어 전하고 실천하는 그리고 분열이 생길지라도 성령론적인 사고를 통해 분열을 지혜롭게 해결해 나가는 그러한 참된 하나님의 디아코노스가 필요하다. 그러할 때 교회의 디아코니아가 제 역할을 할 수 있는 것이다.

6. 구제 헌금 혹은 부조로서의 디아코니아[51]

헌금 혹은 부조의 성격을 띤 디아코니아는 사도행전에 11장 29절과 12장 25절, 로마서 15장 31절 그리고 고린도후서 8장 4절과 9장 1절에 나타난다.[52] 물론 이와 같은 본문들을 디아코니아라는 단어의 본래 의미에 해당하는 '섬김', '봉사의 일', 혹은 '구제와 나눔'이라는 말 등으로 번역해도 별 문제가 없지만, 본문의 맥락 속에서 살펴볼 때 구제 헌금에 해당되는 '부조'로 번역하는 것이 자연스럽다고 여겨진다. 또 그것이 이방인 교회와 예루살렘 교회, 그리고 바울과 유대인의 관계에 대한 신학

---

49 정훈택, "복음을 따라서: 사도행전의 구조와 그 주요 내용", 『사도행전 어떻게 설교할 것인가』, 목회와 신학 편집부 엮음, 서울: 두란노, 2003, 11-33, 25 참조.

50 스데반을 비롯한 일곱 집사는 믿음과 성령이 충만한 사람들이었다(사도행전 6장 5절 참조).

51 이 부분에 있어서 존 스토트는 자신의 책 『살아 있는 교회』에서 상세하게 언급하고 있다(J. Stott, 『살아 있는 교회』, 131-150).

52 그 외 고린도후서 8장 19-20절에 사용된 동사 "디아코네오"를 생각해 볼 수 있다.

적인 여러 측면을 고려할 때 타당하다. 한 단계 더 나아가 '부조', '구제 헌금'이라고 할 때 그 사역이 좀 더 구체적이고 실제적이며 오늘날 교회의 디아코니아 사역을 고려할 때 매우 유용하다고 하겠다. 이제 좀 더 구체적으로 구제 헌금으로서의 디아코니아에 대해 생각해 보자.

6.1. 사도행전에 나타난 부조

사도행전 11장 29절과 12장 25절을 살펴보자.

"제자들이 각각 그 힘대로 유대에 사는 형제들에게 부조를(디아코니아) 보내기로 작정하고(행 11:29)."

"바나바와 사울이 부조하는(디아코니아) 일을 마치고 마가라 하는 요한을 데리고 예루살렘에서 돌아오니라(행 12:25)."

12장 내용과 관계없이 12장 25절은 당연히 11장 29절과 직접 연결하여 생각해 볼 수 있다. 11장 29절을 고려하지 않을 경우, 우리는 12장 25절의 '디아코니아'를 "선교(mission)", 혹은 "섬김의 사역(service, ministry)" 정도로 번역해도 무방하다고 생각한다.[53] 물론 바나바와 사울

---

[53] 하지만 브루스(F. F. Bruce)는 포괄적인 의미에서 11장 29절과 12장 25절을 "ministry"로 해석한다. 그리고 기타 다른 주요 본문인 사도행전 6장 1절, 로마서 15장 31절, 고린도후서 8장 4, 19f절. 등도 "ministry"로 이해한다(F. F. Bruce, *The Acts of the Apostles. The Greek Text with introduction and commentary*, Grand Rapids: Eerdmans, 1990, 277. 290 참조). 위에서 지적한 대로 "ministry"의 번역이 나쁘지 않지만, 사도 바울의 사역과의 연관이나 이방인 교회와 예루살렘 모교회와의 연관 속에서 구제 헌금이 갖는 신학적 위

이 안디옥 교회의 구제 헌금을 예루살렘 교회에 전하고 돌아오는 이 모든 사역은 섬김의 사역이자 동시에 선교이다.

하지만 이것은 우리가 "구제 헌금"을 신학적으로 재해석할 때 가능한 해석이다. 번역도 하나의 해석이라는 것을 전제할 때, 번역자는 나름대로 사도행전 11장 29절과 12장 25절에 쓰인 "디아코니아"라는 단어를 영어권에 있는 사람들은 service, ministry, relief, help 혹은 mission 등으로 번역할 수 있을 것이다. 하지만 11장 27-30절의 문맥을 고려할 때, 구제 헌금 혹은 부조로 이해하는 것이 가장 적절한 번역이라고 본다. 문맥상 당시 유대에 큰 흉년이 있었고, 29절의 "각각 그 힘대로"라는 표현은 '번창함을 따라서', 즉 각자의 재정 능력에 맞게 헌금하였다는 의미이기에[54] 이러한 해석이 좀 더 설득력이 있다고 보기 때문이다.

분명한 것은 이 헌금이 단순한 제의적인 의미를 갖기보다는 가난한 이웃, 혹은 교회와의 연대의식과 구제 혹은 나눔이 갖는 사회적 함의를 띠고 있다는 것이다. 이 일에 이방인 선교의 중심 역할을 하고 있는 안디옥 교회가 기쁨으로 감당했던 것이고, 교회는 이것을 전달하기 위해 바나바와 사울을 예루살렘으로 보냈던 것이다.[55]

치를 고려할 때는 다소 불충분하다는 것이 필자의 소견이다. 이에 대한 자세한 논의는 김경진, 『사도행전 (대한기독교서회 창립 100주년 기념)』, 서울: 대한기독교서회, 1999, 267-270 참조.

54 박수암, 『사도행전』, 서울: 대한기독교서회, 2006, 213.

55 박수암, 『사도행전』, 212. "바울은 이방 교회가 예루살렘 교회를 위해 한 헌금을 그의 선교 말기에 예루살렘으로 가지고 오는데(갈 2:10; 고전 16:1; 고후 8:1, 6; 9:15; 롬 15:25-27, 31), 누가는 이를 그의 선교의 초기 안디옥 교회와 관련시켜 보도한다. 신령한 은혜를 예루살렘 교회로부터 받은 안디옥 교회는 육신의 것으로 예루살렘 교회를 섬겼다는 것이다. 그리스도인은 영적인 은혜를 물질로 갚아야 한다(고전 9:11)." W. H. Willimon, 『사도행전 (현대성서주석)』, 박선규 번역, 서울: 한국장로교출판사, 2000, 168-170 참조.

6.2. 로마서와 고린도후서에 나타난 부조

부조에 해당되는 디아코니아는 로마서 15장 31절에, 고린도후서 8장 4절, 9장 1절에 나타난다. 개역개정판은 공히 이 세 구절을 "섬기는 일"로 번역했다. 가난한 교회를 위한 구제 헌금을 섬기는 사역으로 해석한 것이다. 이 역시 우리가 구제 헌금을 드릴 때 가장 먼저 신학적으로 생각할 수 있는 중요한 의미이다.

로마서와 고린도후서에 나오는 부조는 마게도냐교회가 예루살렘 교회를 위해 헌금한 것에 대한 내용이다. 이 부분에서 주목할 내용은 마게도냐교회가 심히 가난했음에도 불구하고 자원하는 마음으로 헌금했다는 것이다. 이것은 개역개정판의 번역 그대로 예루살렘 모교회를 마음과 물질로 섬기는 최고의 섬기는 일로서의 봉사인 것이다. 이 부분에 있어서 고린도후서 8장을 검토하는 것은 매우 의미가 있다.

첫째, 마게도냐교회가 어려운 예루살렘 교회를 물질로 도왔다는 것은 하나님의 은혜라는 점이다. 이것은 저들이 억지로 한 것이 아니라 성령의 역사하심 속에서 이것을 감당했다는 것을 알 수 있다.

둘째, 가난한 예루살렘 교회를 물질로 도왔던 마게도냐교회의 현실을 아는 것은 매우 중요하다. 2절에 보면, 마게도냐교회는 환난의 많은 시련을 겪고 있었고, 그들 역시 극심한 가난 가운데 있었다는 사실이다.[56] 얼핏 생각하면 상상할 수 없는 어려운 상황 가운데서 교회는 참으로 귀한 사역을 했던 것이다.

---

[56] 빌립보서 1장 29-30절, 데살로니가전서 1장 6절, 2장 14절, 3장 3-4절 참조. 김판임, 『고린도후서 (대한기독교서회 창립 100주년 기념)』, 서울: 대한기독교서회, 1999, 206 이하 참조.

셋째, 저들의 헌금이 풍성했다는 것이다(2절). 극심한 가난과 환난 가운데에서 교회는 넘치도록 예루살렘 교회를 위해 헌금했다.

넷째, 예루살렘 교회를 위한 헌금에 간절함으로 참여하기를 교회가 원했다는 것이다(4절). 마지못해 할 수 없어 적당히 한 것이 아니다.

다섯째, 교회가 먼저 자신을 하나님께 헌신했다는 것이다(5절).

이러한 마게도냐교회의 부조는 오늘의 한국 교회가 어떠한 성경적 원칙을 가지고 디아코니아를 감당해야 하는지에 대한 가장 근본적인 기준을 제시해 주고 있다고 생각한다. 이러한 교회의 헌신과 헌금에 대해서 바울은 고린도후서 8장 9절에서 매우 중요한 신학적 해석을 내리고 있다.

"우리 주 예수 그리스도의 은혜를 너희가 알거니와 부요하신 이로서 너희를 위하여 가난하게 되심은 그의 가난함으로 말미암아 너희를 부요하게 하려 하심이라."

이곳에 사용된 "그리스도의 은혜"는 1절 "하나님의 은혜"와 나란히 사용되었다. 즉 마게도냐교회가 극심한 환난과 가난 가운데서도 그러한 부조를 할 수 있었던 것은 오직 하나님의 은혜에 힘입었던 것처럼 그리스도의 은혜도 자신을 내어 주는 것으로 나타났다는 것이다. 이것이 하나님의 디아코니아이고, 또한 하나님의 디아코니아에 참여하는 예수의 디아코니아이다. 그러므로 구제 헌금에 참여한다는 것은 결국 삼위일체 하나님의 사역에 참여하는 것을 의미한다.

바울은 구제 헌금에 삼위일체 하나님의 은총의 역사에 응답하는 교회의 모습을 그리고 있다. 즉 구제 헌금의 신학에는 바울의 언급대로 하나님의 은혜(고후 8:1), 그리스도의 은혜(고후 8:9) 그리고 이것을 교회가 깨닫게 하면서 여기에 적극적으로 참여하도록 하시는 성령의 역사(고후 8:2-5)가 임하고 있는 것이다.[57]

제임스 D. G. 던(James D. G. Dunn)이 옳게 지적한 것처럼, 바울에게 있어서 구제 헌금이 매우 중요한 의미를 갖는다는 사실은 분명하다.[58] 그의 지적처럼 구제 헌금은 바울의 목회, 선교와 신학의 결정체라고도 말할 수 있기 때문이다.[59] 이 구제 헌금과 관련되어 가장 구체적으로 드러난 바울 신학은 "은혜의 신학"이다. 바울이 구제 헌금에 대해 자세하게 설명하고 있는 고린도후서 8-9장에 "은혜(카리스)"가 열 번 이상 나오고 있다. 던이 묘사한대로 "은혜가 하나님으로부터 인간에게 오고, 인간을 통하여 자비로운 행위로 나타나고, 다시 하나님에 대한 감사로 표현된다."[60]

여기서 우리는 디아코니아를 행하는 교회에 우선적으로 하나님의 은혜가 임해야 한다는 것을 알 수 있다. 하지만 사실 하나님의 자녀 된 교

---

57 존 스토트 역시 연보에 대한 그의 해석에서 바울 사도의 구제 헌금 계획을 단순한 세속적인 일로 보지 않고 삼위일체론의 관점에서 해석하였다. "바울은 그것을 세속적인 일로 보지 않았다. 반대로 그는 그것을 하나님의 은혜와 그리스도의 십자가, 그리고 성령의 하나 되게 하심과 관련한 것으로 보았다. 심오한 삼위일체 신학과 실제적인 상식이 이렇게 결합된 것은 실로 매우 감동적인 일이다(J. Stott, 『살아 있는 교회』, 131-132)."

58 J. D. G. Dunn, 『바울 신학』, 박문재 옮김, 고양: 크리스챤다이제스트, 2003, 925-926. "셋째이자 가장 중요한 것은 연보 문제는 바울의 신학, 선교 사역, 목회적 관심이 단일한 전체로서 결합되어 있는 방식을 독특하게 요약하고 있다는 것이다." 그 외 던(Dunn)은 바울의 구제 헌금과 관련하여 두드러지게 나타난 신학적으로 중요한 것으로 "은혜의 신학", "헌금의 수혜자로서의 예루살렘 교회의 가난한 성도" 그리고 "코이노니아의 실천적 성격의 강조"를 든다(이에 대해 Dunn, 『바울 신학』, 926-931 참조).

59 결국 사도 바울은 이 구제 헌금을 전달하기 위해 예루살렘에 갔다가 최후를 맞이했다.

60 J. D. G. Dunn, 『바울 신학』, 927.

회는 이미 은혜를 입은 자이다. 단지 교회가 하나님의 디아코니아에 제대로 참여하지 못하는 것은 은혜를 은혜로 깨닫지 못하거나 그 은혜를 잊고 살아가기 때문이다.[61]

사도 바울이 고린도교회에 보내는 편지에서 마게도냐교회의 사례를 설명하고 이에 대한 신학적 해석을 분명히 내리는 것은 고린도교회 역시 이 점을 잘 고려하여 부담 갖지 말고 적절하면서도 합당한 기준에 의거해서 부조에 참여할 것을 지혜롭게 독려하고 있는 것이다.[62] 이 점은 고린도교회 뿐만 아니라 오늘의 교회에도 동일하게 적용되는 사례라 할 수 있다.

마지막으로 당시 상황에서 부조의 의미로서의 디아코니아가 갖는 의미에 대해 생각해 본다. 이미 마게도냐교회를 통해 살펴본 것처럼 이 구제 헌금은 단순한 자선 이상의 의미를 띤 자발적인 헌금이었고,[63] 이 헌금은 이방인 교회의 관점에서 볼 때는 철저한 하나님의 은혜에 대한 감사의 표시이고, 예루살렘 교회의 관점에서 볼 때는 이방인 교회에도 동

---

61 윌리먼(William H. Willimon)은 강조하기를 오늘날 "우리는 이기심과 욕심에 관련하여 자신들을 속임에 있어서 아나니아와 삽비라(행 5:1-11)보다 더욱 익숙해져 있다(『사도행전』, 171)."

62 E. Best, 『고린도후서 (현대성서주석)』, 노승환 옮김, 서울: 한국장로교출판사, 2005, 127. "바울은 마게도냐인들의 실례를 들고 나서는 이제 고린도인들에게로 시선을 돌린다. 비교하는 것은 위험할 수 있다. 너무 노골적으로 비교한다면 이는 오히려 도움을 구하고 있는 사람들을 힘들게 할 수 있다. 바울은 신학적인 용어를 사용함으로서 이러한 위험을 피하고 있다. 이를 통해 바울은 마게도냐인들이 그들 스스로 이루어냈다기보다는 하나님이 마게도냐인들을 통해 이루신 일을 강조하고 있다. 이제 고린도인들에게 시선을 옮기고 나서 그가 강조하고 있는 것은 바로 신적인 영역이다. 성도들에게 연보하는 것은 바울이 고린도전서 12장과 14장에서 언급하고 있는 성령의 은사들(*카리스마*)과 마찬가지로 하나님의 은혜를 통한 사역 중 하나이다." 또한 F. F. Bruce, 『바울』, 박문재 옮김, 고양: 크리스챤다이제스트, 2003, 298 참조.

63 R. H. Martin, 『고린도후서』, 521 참조.

일하게 역사하는 하나님 은혜에 대한 수긍의 의미가 있다(고후 9:13-14).[64]

이러한 헌금을 통해 이방인 교회의 신앙인으로서의 자의식이 점점 형성하게 될 뿐만 아니라 이방 그리스도 교회의 중요성이 증대되고 결국 사도 바울의 입지도 점점 넓혀져 가게 되는 것이다.[65]

무엇보다도 사도 바울이 이 헌금 사역을 오랫동안 준비해 온 것은 가난한 예루살렘 교회와의 나눔과 연대의 차원에서이다.[66] 그리스도 예수가 자신을 내어 주심으로 교회가 부요하게 된 것처럼 교회의 나눔을 통해 교회는 하나가 되고 하나님의 교회 안에 공평의 원칙이 자리하게 된다. 예수가 자신을 내어 주는 행위는 예수의 공생애를 포함하여 그의 부활과 승천뿐 아니라 그의 다시 오심까지를 포함한다. 즉 그의 내어 주심 안에 포함되어 있는 이러한 사실은 교회에 세상이 줄 수 없는 부요함을 선물로 주었던 것이다. 이 부요함 가운데 더욱 구체적인 것은 이방인과 유대인사이의 담이 허물어짐으로 이방인 교회와 예루살렘 교회가 믿음으로 진정 하나가 되는 에큐메니컬(교회 일치주의)적인 위업을 이루었다는 것이다.[67]

---

64 A. Verhey, 『신약성경윤리』, 김경진 옮김, 서울: 솔로몬, 1997, 240-241 참조.

65 R. M. Martin은 이를 통해 바울 자신의 선교의 정당성을 더욱 공고히 하는 계기로 본다 (Ralph H. Martin, 『고린도후서』, 521 참조).

66 로마서 15장 25-26절, 갈라디아서 2장 10절, 고린도전서 16장 1-4절, 고린도후서 8장, 9장 참조. 이 헌금이 갖는 여러 정황에 대해서 E. Best, 『고린도후서』, 123-125; A. Verhey, 『신약성경윤리』, 241 참조.

67 박익수, "바울의 헌금 이해", 「신학과 세계 39 (1999년 가을)」, 138-139; 또한 박익수, 『누가 과연 그리스도의 참 사도인가? - 고린도후서 주석』, 서울: 대한기독교서회, 1999, 71-72; 김경진, 『사도행전』, 269 참조. K. Berger는 이 구제 헌금은 이방인들이 이스라엘에서 독립해 있었다는 것과 이방인과 이스라엘의 교제를 둘 다 증명하는 것을 보여 주고 있다고 설명한다 (K. Berger, Almosem für Israel, NTS 23 (1976/77), 180-204, 198 참조).

오늘날 우리 사회에 기독교와 타종교, 기독교와 믿지 않는 세상과의 담이 점점 높아져 간다. 가난한 마게도냐교회가 가난한 예루살렘 교회를 위해 자발적으로 헌금을 함으로써 엄청난 긍정적 파급 효과를 가져왔다. 마찬가지로 오늘날 교회의 자발적인 디아코니아, 즉 특히 어려운 이웃과 세상을 물질적인 나눔을 통해 마음의 소통과 섬김을 진정성 있게 일상화한다면, 분명 담은 허물어 질 것이고 하나 되는 놀라운 화해의 역사가 구현될 것이다. 이것이 바로 이방인 교회가 본을 보인 디아코니아 교회론이다.

여기서 다시 한번 명심할 것은 극심한 고난과 가난에 처한 이방인 교회가 자신의 상황을 핑계 대거나 미루지 않고 자발적으로 넘치는 헌금을 드렸다는 것이다. 이방인 교회가 예루살렘 교회를 위해 헌금하는 것은 단순히 봉사하는 일이 아니라 하나님의 은혜에 바르게 응답하는 "사랑으로 역사하는 믿음(갈 5:6)"이 된 것이다.

이것이 하나님의 은혜이고, 그리스도 예수의 은혜이며, 나눔이 가져다주는 엄청난 추동력이다. 이러한 은혜의 역사가 오늘 우리 시대에 절실히 요청된다.[68]

---

[68] 김판임, 『고린도후서』, 207. "예루살렘을 위한 모금은 단순히 구제 사업이라기보다는 하나님의 은혜의 역사이며, 신앙과 사랑으로 가능한 봉사행위라는 신학적 의미를 지니고 있다." 볼프(C. Wolff)는 이 헌금이 하나님의 은혜로 말미암았고 하나님의 뜻이 이루어지는 것으로 해석한다(C. Wolff, *Der zweite Korintherbrief*, Berlin: Evangelische Verlagsanstalt, 1989, 169).

7. 코이노니아로서의 디아코니아

임창복은 "성경적 관점의 코이노니아 교육에 관한 연구(2009)"라는 논문에서 디아코니아로서의 코이노니아에 대해 쓰고 있다. 필자도 이미 서론에서 명백히 밝힌 대로 우리가 디아코니아를 말할 때 먼저 말해야 할 것은 삼위일체 하나님의 코이노니아라는 것을 강조한 바 있다. 이에 나아가 삼위일체 하나님의 코이노니아와 디아코니아는 분리될 수 없고 함께 간다고 설명했다.[69]

하지만 하나님과 인간의 관계적 측면에서는 디아코니아가 먼저임을 말하면서 하나님의 디아코니아를 총체적인 의미에서 세상을 향한 구원 행동으로 보면서 이 구원 행동은 결국 인간과의 사귐, 교제, 즉 코이노니아를 위함이라는 것을 주장했다.[70]

그러므로 필자의 주장이 옳다면 결국 초대교회의 코이노니아는 그 의미의 다양성과 더불어 디아코니아를 지향하는 타자에 대한 역동적이면서도 생명력 있는 개념이라고 말해도 무리가 아닐 것이다.[71] 이를 임

---

69 차정식은 코이노니아를 본래적 개념에 근거해서 희랍적 사유 방식으로서의 신과 인간의 코이노니아에 대해 설명한다(차정식, "바울의 '코이노니아'와 사회복지 사상", 「신학사상 136 (2007년 봄호)」, 65-97, 73-76.

70 차정식은 이것을 신과의 수직적 코이노니아로 명명했고, 이것을 바울이 신학적으로 전개했는데 차정식은 바울이 이를 통해 전통적 유대교 신학의 금기를 깼다고 해석한다. 그리고 이것의 근거를 하나님과 그의 백성 사이에 맺은 언약이라고 본다(차정식, "바울의 '코이노니아'와 사회복지 사상", 80-81 그리고 93 참조).

71 "코이노니아는 한마디로 관계적 개념이다. 개체로서의 '나'와 '너'가 각자의 타자성을 넘어 서로 만나 대화하고 이해하며 그 과정에서 '우리'라는 새로운 관계를 맺기 위해 요청되는 원리가 바로 코니노니아인 셈이다(차정식, "바울의 '코이노니아'와 사회복지 사상", 67)." 여기에서 우리는 코이노니아를 나그네를 환대하는 것으로까지 넓혀 생각해 볼 수 있다. 이에 대해 J. Koenig, 『환대의 신학』, 김기영 옮김, 서울: 한국장로교출판사, 2002. 특히 코에닉은 그의 책에서 이를 다음과 같이 설명한다. "우리는 환대를 복음의 교제를 창조하고, 계속케 하는 축

창복은 다음과 같이 말한다.

"고린도후서 9장 10-14절에서 기부(코이노니아)를 언급하는 말인 '섬김'과 '자금'이 모두 '디아코니아'로 쓰였다. 그러므로 코이노니아는 그리스도교적 교제에서 타인들을 위해 수행된 섬김과 사역을 나타낸다."[72]

사도행전 11장 29절과 12장 25절에 사용된 디아코니아는 예루살렘 교회를 위한 구제 헌금으로서의 부조에 해당된다.[73] 하지만 이 부조 또한 단순한 부조가 아닌 그리스도 안에서의 형제자매의 나눔을 통한 영적 교제의 의미가 강하다고 볼 수 있다.[74]

많은 경우, 코이노니아와 디아코니아는 그 의미가 중첩된다고 볼 수 있다. 사실 앞에서 이미 쓴 것처럼 보다 근원적인 의미에서 삼위일체 하나님의 속성과 연결되기 때문이라는 것이 필자의 소견이다. 왜냐하면 특히 바울에게 있어서 하나님, 성령 그리고 그리스도의 사역의 원리는 매우 복합적이면서도 의미적으로는 통일성 있고 역동적으로 친밀한 관계를 이루기 때문이다.

초대교회는 성령의 강한 임재와 능력에 힘입어 탄생한 교회다. 그리고 당시 초대교회는 로마의 지배 아래 있었던 교회다. 일부 로마가 전략

매라고 부를 수 있다. 이 교제 속에서 모든 교인들과 심지어 지도자이신 하나님까지도 나그네의 역할을 할 것이다."

72 임창복, "성경적 관점의 코이노니아 교육", 205.

73 이런 맥락에서 로마서 15장 26절을 이해할 수 있다. 이방인들이 그들에게 복음을 전해 준 유대인들을 기억하며 예루살렘 교회에 물질을 보내게 된다, 이를 임창복은 "헌금으로서의 코이노니아"라 명명했다(임창복, "성경적 관점의 코니노니아", 204 참조).

74 바울이 특히 강조하고 있는 코이노니아의 개념은 나눔이다(차정식, "바울의 '코이노니아' 와 사회복지사상", 76-78).

적으로 삼은 항구 도시에 사는 특정한 사람 외에는 사람들 대다수가 어려움에 처해 있었을 것이다. 성령의 충만한 임재 가운데 있는 교회는 분명 이러한 어려움에 처해 있는 이웃에 대한 하나님의 뜻을 보다 명확히 깨달았을 것이고, 이러한 교회는 디아코니아적인 삶을 통해 하나님과 이웃과의 깊은 교제에 참여했을 것이다. 그리고 초대교회는 이러한 참여가 곧 하나님의 축복임을 알았던 것이다.[75]

성도들의 물질적인 나눔을 통해 교회는 영적으로 그리스도 예수의 부요함에 참여하게 된다. 지금까지의 논의를 근거로 볼 때, 바울에게 있어서 코이노니아와 디아코니아는 삼위일체론적으로 정초(定礎)된다.

8. 은사로서의 디아코니아

은사로서의 디아코니아는 성경에서 단 한 곳에서 찾을 수 있다. 로마서 12장 7절로 개역개정판은 이 부분을 다음과 같이 번역하고 있다.

"혹 섬기는 일이면 섬기는 일로"

이 말씀을 "성령에게서 섬기는 은사를 받은 사람은 섬김으로 그리스도의 몸인 교회를 세워 가십시오."라고 이해할 수 있다. 앞의 "섬기는 일"이 성령이 주신 은사 중 하나를 구체적으로 명명한 것이라면 뒤의

---

75 고린도후서 9장 5-6절에 약속된 기부에 대해 말하고 있는데 이 기부를 "율로기아"라고 부른다. 이 단어의 본래 의미는 축복이다. 여기서는 구제 헌금에 그들이 참여함을 뜻한다(임창복, "성경적 관점의 코이노니아", 206 참조).

섬기는 일이란 이 섬김의 은사를 어떻게 공동체 안에서 구체적으로 사용해야 하는가에 대한 지침이라고 구분할 수 있다.

로마서 12장 6-8절에 걸쳐 바울은 여러 은사에 대해 설명하고 있다. 순서가 중요한 것은 아니지만 바울은 6절에서 예언의 은사에 대해 말한 후에 7절에서 섬김(디아코니아)의 은사를, 이어 가르치는 은사, 위로의 은사, 구제의 은사, 다스리는 은사, 긍휼을 베푸는 은사 등에 대해 소개한다. 바울은 로마서 12장 외에도 고린도전서 12장에서 은사에 대해 설명하고 있는데, 이 부분의 특징은 은사로 하는 모든 일들을 직분으로서의 디아코니아라는 측면에서 모두 디아코니아라 했다는 것이다.[76] 로마서나 고린도전서에 나타난 은사에 대해 생각해 볼 때, 신학적으로 중요하게 고려할 점은 바울이 그리스도의 몸이라는 유기체 메타포를 사용하였다는 점이다.

우리 몸에 여러 가지 기능이 있는 각 기관이 있어 몸이 이상 없이 건강하도록 서로 돕고 제 기능을 하는 것처럼, 성도에게 주어진 은사를 통해 그리스도의 몸인 교회가 유기체로서 활발하게 제 역할을 감당함으로 건강한 교회를 세워가는 것이다. 그러나 직접적으로 은사에 대해 언급하고 있지는 않지만 바로 은사에 대해 설명하고 있다. 로마서 12장 3절에 의하면 은사는 하나님이 각 사람의 믿음의 분량대로 선물로 주신 것으로, 고린도전서 12장 11절에 의하면 은사는 성령이 그의 뜻대로 각 사람에게 나누어 주시는 것으로 나타난다. 그러므로 교회 디아코니아의 출처는 바로 성령이라 할 수 있다.

특별히 섬김의 은사는 그리스도의 몸인 교회에 있어 필수적인 은사

---

76 고린도전서 12장 4-11절과 특히 12장 5절을 참조.

다. 그 이유를 몇 가지로 생각해 볼 수 있다.

첫째, 우리가 지금까지 생각해 본 것처럼 디아코니아 '섬김'이 삼위일체 하나님의 본질인 동시에 교회의 존재 이유가 되기 때문이다. 즉 유기체로서 그리스도의 몸인 교회를 지탱해 주는 가장 근본 원리가 바로 섬김의 원리이고, 섬김의 은사인 것이다.[77]

이런 측면에서 바울이 로마교회에 보내는 편지 내용 가운데 실천 윤리에 대해 말하는 그 첫 시작이 되는 12장에서 섬김의 은사인 디아코니아를 소개하고 있다는 것은 그 의미가 크다고 하겠다.[78] 바울은 몸의 각 기관이 구체적으로 몸이라는 유기체 안에서 제 역할을 하고 있는 것처럼 섬김의 은사 또한 그리스도의 몸인 교회 안에서 혹은 교회와 관련하여 해야 할 구체적인 그 일들을 염두에 두었을 것이다.

사도행전 6장 1-6절을 보더라도 그렇고, 당시 로마나 고린도와 같은 항구 도시에는 도움이 필요한 많은 사람이 몰려들었을 것이다. 따라서 교회는 이들을 위해 구체적으로 많은 일을 감당해야 할 필요성에 직면했을 것으로 짐작된다. 이러한 당시 현실의 사회·경제적인 배경이 분명 섬김의 은사를 감당하라고 하는 바울의 권면에 깔려 있었을 것이다.[79]

---

77 몸 메타포에 대해 유승원은 다음과 같이 적절히 설명한다. "고린도전서 12장 4-6절에서 '카리스마', '디아코니아', '에네르게마'는 서로 다른 것들을 가리키지 않고 같은 것을 가리키는 다양한 표현이었다. 그의 관심은 이러한 은사 또는 사역들의 개념적 정의에 있지 않고, 그 모든 것들이 한 하나님, 한 성령에 의해 주도되어 한 몸을 이루고, 한 몸으로서 서로를 돌보며 몸 전체를 위해 섬기는 마음을 갖게 하는 데 있었다(유승원, "바울 서신에 나타난 섬김", 「그 말씀 257 (2010년 11월)」, 43-64, 56-57)."

78 바울 자신은 자신의 사역을 말하면서 디아코니아를 다양하게 사용하였다. 즉 그는 교회를 위한 자신의 총체적인 사역을 디아코니아로 이해한 것 같다(롬 11:13; 고전 12:5; 고후 4:1; 11:8; 딤전 1:12). 이에 대해 차정식, 『로마서 II』, 서울: 대한기독교서회, 1999, 283 참조.

79 케제만(E. Käsemann)은 그의 로마서 주석에서 이러한 당시 상황을 전제하고 있다. 그는 교

둘째, 예수가 섬기러 오셨고, 또 자신을 '섬기는 자'라 말씀하신 것으로 보아 이 예수 그리스도의 몸으로서의 유기체인 교회 안에 예수가 현존하고 계신 것으로 이해할 수 있다.[80] 이것과 관련하여 바울이 갈라디아서 2장 20절에서 고백한 것을 함께 생각해 보자.

"내가 그리스도와 함께 십자가에 못 박혔나니 그런즉 이제는 내가 사는 것이 아니요 오직 내 안에 그리스도께서 사시는 것이라 이제 내가 육체 가운데 사는 것은 나를 사랑하사 나를 위하여 자기 자신을 버리신 하나님의 아들을 믿는 믿음 안에서 사는 것이라."

사도 바울처럼 모든 성도 안에, 즉 그리스도의 몸이 된 유기체로서의 교회 안에 그리스도가 살아 계시는 것이다. 이것은 성령으로서 임재하시는 것이다. 교회 안에 살아 역사하고 계시는 성령은 교회에 다양한 은사를 주시는 분이기도 하다. 그러므로 섬김의 은사를 통해 유기체인 교회는 그리스도 예수를 드러낸다. 반대로 디아코니아를 실천하지 않는 교회는 그리스도 예수의 교회라 볼 수 없다.

셋째, 섬김의 은사가 중요한 것은 이 섬김의 은사가 화해의 대사로서의 직분[81]과 밀접한 관계에 있기 때문이다. 즉 이 섬김의 은사는 다른

회가 점점 감당해야 할 과제 앞에서 이 일에 헌신하고 소명을 갖는 사람들을 필요로 했을 것이라고 말한다. 그의 『로마서 주석, 서울: 한국신학연구소, 1982, 555와 차정식, 『로마서 II』, 283; D. J. Moo, *Romans (NIV)*, Grand Rapids: MIchigan, 2000, 403 참조. 좀 더 자세한 설명으로 J. D. G. Dunn, *Romans 9-16 (WBC)*, Texas: Word, 1988, 728-729 참조. (Dunn, *Jesus and Spirit*을 나중에 참고할 것!.)

80 D. J. Moo, *Romans (NIV)*, 403 참조.

81 위에서 살펴 본대로 여기 "직분"에 해당되는 단어도 바울은 "디아코니아"를 사용했다. 디아코니아라는 단어의 스펙트럼이 바울의 선교 사역에 있어서 얼마나 광범위하게 걸쳐 있고 중요

다양한 은사가 서로 충돌할 때 화해시키는 중재의 역할을 하는 은사이다. 그것은 마가복음 10장 45절에서 살펴본 대로 예수에게서 섬김과 화해가 하나로 모아질 뿐만 아니라 초대교회는 이러한 예수의 정신을 계승하여 화해의 대사로서의 삶으로 부름 받았기 때문이다(고후 5:18).

그러므로 그리스도의 몸인 교회의 유기체가 갈등과 분열 없이 잘 유지되어 건강한 몸을 세워가기 위해서는 섬김의 은사가 무엇보다도 중요한 것이다.[82] 이 은사는 초대교회가 구약, 신구약 중간기, 유대교를 거치면서 하나님의 말씀을 듣고 지키는 율법의 전통을 계승받아 습득하였을 것이고, 초대교회 때 성령의 능력을 입어 복음을 전파하고 물질을 나누고 가난한 이웃을 섬기면서 하나님 나라를 세워가는 데에 있어서 적극적으로 나타났다고 볼 수 있다. 이 섬김의 은사는 하나님 나라의 진보와 가난한 이웃을 우대하고 세우는 데 있어서 필수불가결하다.[83]

9. 요약: 디아코니아의 신약성경적 의미를 마무리하면서

신약성경에 나타난 디아코니아는 예수로부터 시작된다. 왜냐하면 예

한지 가히 짐작할 수 있다.

82 사도행전 6장 1-6절에 사용된 디아코니아는 말씀 사역과 구제 사역이 분리되지 않은 채로 함께 하나의 사역으로 나타난다. 여기 이 섬김, 즉 디아코니아에는 말씀의 은사가 포함되어 있다는 것은 사도행전이 또한 분명하게 보여 주고 있다. 필자의 소견으로는 사도 바울이 로마서 12장 7절 섬김의 은사를 말할 때에 그가 고린도전서 12장 4-11절에 나오는 여러 은사 중에 8절에 있는 지혜의 말씀과 지식의 말씀의 은사를 염두에 둔 것이 아닌가 하는 점이다. 왜냐하면 초대교회 당시 지혜와 지식의 말씀의 은사가 없이는 제대로 사역할 수 없기 때문이다.

83 이 은사를 아마도 사도들과 일곱 집사들이 갖고 있었을 것이다. 섬김의 은사는 그야말로 배후에서 지체들을 섬김으로 각 지체들이 이 섬김을 통해 공동체를 세워가도록 하는 은사이다.

수 자신이 디아콘일뿐 아니라 예수가 오신 목적도 섬김에 있기 때문이다. 그러므로 우리는 신약성경이 말하고 있는 디아코니아를 이야기할 때 반드시 예수 이야기로부터 시작해서 예수로 마쳐야 할 것이다. 우리가 살펴본 대로 사도들의 사역도 예수 이야기의 연속이고, 바울의 디아코니아적 선교 사역도 결국 가만히 들여다보면 예수 이야기에 바탕을 두고 있다. 그러므로 우리는 예수 이야기가 없는 신약성경의 디아코니아를 생각조차 할 수 없는 것이다.

신약성경에 나타난 디아코니아의 가장 중요한 내용은 단연 예수의 섬김에 있다. 우리가 앞서 신약성경에 사용된 명사 디아코니아의 다양한 의미에 대해 생각해 본대로, 이 모든 것을 포함하고 있는 것은 예수의 섬기는 삶에 있다고 하겠다.

예수의 섬김은 철저한 자기 비움과 자기 부인을 통해 십자가에 죽었던 바로 그 삶 자체였던 것이다. 그러므로 예수의 말씀에서 나오는 섬김은 사실 "죽는 것" 그 자체를 의미했던 것이다. 따라서 예수의 뒤를 오롯이 따라 갔던 사도 바울은 "사나 죽으나 나는 주님의 것이다.", "이는 내게 사는 것이 그리스도니 죽는 것도 유익함이니라."고까지 말했던 것이다.

우리가 디아코니아를 말할 때 결코 놓쳐서는 안 될 것이 있다면, 그것은 이 말이 철저한 행함과 연관되어 있다는 점이다. 대접, 직분, 복음 전파, 구제, 은사 그리고 교제의 의미를 띤 디아코니아를 한번 생각해 보라. 어느 것 하나 행함 없이 생각할 수 있는 것이 과연 있는가? 이것은 디아코니아라는 말이 갖고 있는 단물이 바로 "살아내는 것"에 있다는 것을 의미한다. 몸으로 살아내지 못하면서 디아코니아를 말하는 것은 곧 뻔뻔하게 떠들어 대는 것에 불과하며 민첩하고 약삭빠른 기독인의 위선에 불과할 것이다(갈라디아서 5장 6절, 야고보서 1장 22-27절, 2장 14-26절, 요한일서 3장 18절 참조).

세상을 향한 하나님의 디아코니아는 그의 아들 예수에게서 온전히 드러났고, 예수의 디아코니아적인 삶은 그의 제자들과 초대교회를 통해 아름답게 면면히 이어져 갔다. 이제 남은 것은 오늘 우리 시대 교회의 과제이다. 오늘 우리는 신구약성경에 나타난 디아코니아를 살펴보는 데에 만족하거나 이에 머물러서는 안 된다. "의문은 죽은 것이로되 영은 살리는 것"이라고 했다.

이제 우리는 예수의 뒤를 잇고 초대교회를 바르게 계승하여 예수의 정신을 온통 안은 작은 예수가 되어 이 시대를 바르게 섬겨 시대의 병에 늘 억눌려 있는 영혼들을 치유하고 그들과 함께하는 살맛 나는 아름다운 세상을 세워가야 하겠다.

디아코니아와 신학 안에서의 인접분야와의 관계:

하나님 나라 진보의 추동과 연동으로서의 디아코니아

신학은 근본적으로 실천적인 학문이다. 말씀이 육신이 되어 우리 가운데 거하신 독생자 예수를 도외시한 채 우리는 신학을 할 수 없다. 실천은 곧 삶인 동시에 생명이다. 그러므로 실천 없는 신학을 전개한다는 것은 살아 있으나 마치 죽은 송장이 책상에 앉아 죽은 신학을 하고 있는 것과 다름없다고 할 것이다.

"말하는 것으로 충분하지 않다. 말한 것을 실천해야 한다."[1]

하나님이 그 아들 예수 안에서 너무도 분명하게 이것을 세상에 보여 주셨다. 이것을 붙잡고 신학의 길을 가는 것이 보수(保守)이고, 그 보수를 붙잡고 씨름하며 끊임없이 새로움으로 변화해 나가는 것이 진보(進步)이다. 그러므로 가장 보수적이면서 진보적인 신학은 성경에 계시된 이 사실을 붙잡고 실천 신학을 하는 것이다. 가장 보수적인 신학이 가장

---

1   J. Wallis, 『그리스도인이 세상을 바꾸는 7가지 방법』, 배덕만 옮김, 파주: 살림, 2009, 417.

진보적이다. 가장 보수적이면서도 진보적인 신학은 실천 지향적이라고 말할 수 있다. 이를 권연경은 다음과 같이 설명했다.

"기독교 복음이 십자가로 규정되는 능력의 선포라면, 그리고 이 능력이 십자가의 형태로 나타나는 것이라면, 보수 신학과 진보 신학의 차이는 무의미하다. 복음 자체가 근본적으로 진보적이기 때문이다."[2]

복음 자체가 근본적으로 진보적이라 함은 무슨 말인가? 예수가 바로 진보적인 분으로서 그러한 삶을 사셨다는 것을 의미할 것이다. 그러므로 진보적이라 함은 가장 성경적이면서 동시에 예수의 뒤를 따르는 것이다. 이는 하나님의 말씀이 곧 생명이고, 예수가 생명이라는 말이다. 생명, 곧 삶만큼 급진적인 것은 없다. 생명이 곧 뿌리이기 때문이다. 따라서 예수의 삶만큼 급진적인 것은 없다고 말해도 무방하다. 조직신학을 하건 성서신학을 하건 교회사를 전공하건, 모든 신학은 실천과 삶, 곧 생명과 연결되어 있다. 이것이 신구약성경인 하나님의 말씀이 우리에게 가르쳐 주고 있는 진리이다. 삶, 곧 생명을 떠난 보수와 진보는 있을 수 없다.

말씀은 삶인 동시에 곧 생명이기에 역시 말씀을 떠난 보수와 진보 역시 있을 수 없다. 말씀의 실천과 말씀에 대한 순종이 없으면 하나님의 영은 떠나고, 말씀은 사라진다. 우리는 이 점을 엘리 제사장 시대에 이스라엘의 모습을 통해 분명히 확인할 수 있다. 아바(교부) 펠릭스와 제자들 사이에 있었던 다음의 이야기는 말씀의 실천으로서 교회의 디아코

---

2   권연경, "진보 신학에 대한 한 생각", 「기독교사상 592 (2008년 4월호)」, 70-81, 79.

니아가 얼마나 중요한지를 실감나게 하는 좋은 비유이다.

몇몇 형제들이 아바 펠릭스를 찾아가 말씀해 달라고 간청했다. 그러나 노인은 침묵을 지킬 뿐이었다.

그들이 오랫동안 간청하자 그는 그들에게 말했다.

"말씀을 듣고자 하는가?"

"아바시여, 그렇습니다."라고 그들이 대답했다.

그러자 노인은 말했다.

"그러나 오늘날 더는 말씀이 없다네. 사람들이 노인들을 찾아가 말씀을 청하고 또 자신이 들은 말을 실천하던 때에는, 하나님은 노인들에게 할 말씀들을 주셨지. 그러나 요즘 사람들은 말씀을 청하고서도 들은 것을 행하지 않기에, 하나님은 노인들에게서 말씀의 은총을 거두어 들이셨네. 그래서 이제 그들은 아무런 말씀을 갖지 못하게 되었지. 더는 그들의 말을 실천하는 사람들이 없기 때문이라네."

이 말을 듣자 형제들은 탄식하며 말했다.

"아바시여, 우리를 위해 기도해 주소서."[3]

엘리 제사장이 말씀을 실천하지 못했고, 그의 두 아들 역시 말씀대로 살지 못했다. 그들은 하나님과 사람을 제대로 섬기지 못해 이가봇, 즉 하나님의 영광이 이스라엘을 떠났다. 마찬가지로 이스라엘의 초대 왕 사울도 하나님의 말씀대로 살지 못해 하나님의 영이 그를 떠나고 대신 악신이 그를 괴롭혔다.

---

3 P. J. Palmer, 『가르침과 배움의 영성』, 이종태 옮김, 서울: IVP, 2006, 109.

교회의 디아코니아는 한마디로 말씀의 실천이다. 이 말씀의 실천은 하나님과의 언약 관계를 신실히 유지한다는 의미가 내포되어 있다. 말씀의 실천은 철저히 관계성 안에서 그 의미를 띠기 때문이다.[4] 교부 펠릭스와 제자들 사이의 대화는 오늘의 교회에 경종을 울린다.

오늘날 교회 안에 말씀의 은총이 있는가? 오늘 교회는 진정 하나님과의 관계에 있어서 그분과 그분이 우리에게 가르쳐 준 말씀을 존중하고 있는가? 존중은 곧 실천으로 이어진다. 존중하지 않는다는 것은 하나님과 그의 말씀을 무시하는 것이다. 오늘의 교회는 과연 어느 쪽에 속해 있는가?

산다는 것은 사회를 이루며 사는 것이다. 따라서 공동체를 떠난 삶은 있을 수 없다. 교회의 디아코니아 역시 사회를 떠나 유아독존(唯我獨尊)할 수 없다. 삼위일체 하나님의 디아코니아가 이스라엘 백성과 교회에만 제한되어 있지 않은 것처럼 교회의 디아코니아 역시 모든 인간 사회와 문화 그리고 자연에까지 확장·적용된다.

그러므로 교회가 사회 속에서 디아코니아를 전개할 때 명심해야 할 것은 각 문화의 다양성과 독특성을 존중하는 것이다. 이것을 조너선 색스(Jonathan Sacks)는 자신의 책 『사회의 재창조(The Home We Build Together)』에서 "겸손과 관대함의 가치"라고 말했다.[5] 그는 이어서 다음과 같은 물음을 전개하며 설명한다.

---

4   S. J. Grenz, 『기독교윤리학의 흐름』, 신원하 옮김, 서울: IVP, 2001, 311. "하나님의 의도의 공동체적 속성은 윤리적 삶이 우리의 존재를 관계 속의 인간으로 만든다는 것을 가리킨다. … 우리는 항상 사회적 맥락에 산다는 것을 알기에 우리가 대화하는 상대는 오직 관계 속의 사람이다. 성경 기자들은 우리에게 관계 속에서 하나님의 백성으로 살도록 촉구하며, 그 결과 기독교 윤리는 결코 '개인'에 국한 될 수 없고 항상 '사회' 윤리를 함께 다루어야 한다."

5   J. Sacks, 『사회의 재창조』, 서대경 옮김, 서울: 말글빛냄, 2009, 493.

"사회란 무엇인가? 사회는 부와 권력에 대한 모든 고려에서 벗어나 구성원 모두가 서로의 있는 그대로의 모든 모습과 차이를 존중하는 공간이다. 사회란 유대인, 기독교인, 무슬림, 힌두교인, 불교인, 시크교도가 함께 모여 차이를 초월한 보편성 아래 연대하는 공간이다. 사회는 함께 모여 아직 태어나지 않은 후손들을 위해 창조해 나가고자 하는 세상의 모습을 토론하는 공간이다. 사회는 공동의 정체성을, 그리고 민족 및 종교의 차이에서 오는 2차 언어에 앞서서 시민의식이라는 1차 언어를 공유하는 공간이다. 사회는 이방인이 친구가 될 수 있는 공간이다. 사회 자체가 구원이 될 수는 없다. 그러나 사회는 인류가 공존을 위해 고안해 낸 최선의 방식이다. 각자가 자신만의 고유한 재능을 통해 공공선에 기여할 수 있을 때 사회는 우리가 함께 만들어 가는 고향이 된다."[6]

필자는 교회의 디아코니아가 더불어 만들어 가는 우리의 구원을 위한 고향을 만들려는 창조적 공간 창출에 기여할 수 있으리라 생각한다. 교회의 디아코니아는 공동체 지향적인 동시에 관계 지향적이다. 개인에서 출발하여 함께 차별 없는 기쁨의 행복한 삶을 일구어 가는 것이 교회의 디아코니아를 통해 가능하리라 확신한다. 이것이 예수가 원했던 하나님 나라의 진보이고, 평화의 본래 있던 기초이기도 하다. 교회의 디아코니아는 하나님의 마음을 이 땅에 심는 최상의 선교라고 할 수 있다.[7]

---

6   J. Sacks, 『사회의 재창조』, 493-494.
7   박동현, "진보 성서학의 실천 과제", 「기독교사상 592 (2008년 4월)」, 82-92, 83. "신학의 진보성은 신학이 생각하는 역사의 진보가 무엇이냐 하는 문제로 이어진다. 역사가 하나님이 온 누리를 지으실 때 생각하셨던 바가 이루어지는 방향으로 나아갈 때, 역사는 진보한다고 할 수 있다. 하나님이 바라시는 바로 나아가는 사회를 진보사회라 할 수 있다. 성서의 흐름을 따라 역사가 나아가야 할 바는 한 마디로 하나님의 다스림, 하나님 나라가 온전히 이루어지는 역사

하나님 나라는 단어 자체가 보여 주듯이 세상의 나라가 아니다. 삼위일체 하나님이 다스리는 나라이다. 다른 측면에서 말하자면, 하나님의 마음이 머무는 나라이다.

그렇다면 하나님의 마음이란 무엇인가? 그것은 내려가는 마음이다. 세상을 향해 거침없고도 끊임없이 하강하는, 그것도 직선으로 잇따라 계속 하강하는 마음이 하나님의 마음이다.

하강한다는 것은 무엇을 의미하는가? 그것은 의도적으로 자기를 비움으로 낮아지는 것을 의미한다. 하지만 이 비움은 자기를 드러내기 위해 비우는 것이 아니다.

비움의 근거는 오직 하나, 바로 사랑이다. 이것은 오직 세상을 사랑하기에 하늘에서 땅으로 내려올 수 있는 그러한 자기 비움이다. 좀 더 서사적으로 표현하자면, 삼위일체 하나님은 사랑하기 위해 미련 없이 급히 세상으로 내려올 수 있었다. 이것이 세상을 사랑하기에 가능했던 삼위일체 하나님의 디아코니아, 즉 세상을 섬긴 이야기의 핵심이다.

교회의 디아코니아와 하나님의 임재는 불가분의 관계에 놓여 있다. 우리는 하나님의 임재 없는 교회의 디아코니아를 생각할 수 없다. 하나님이 떠난 우리의 섬김과 나눔을 생각할 수 있겠는가? 그것은 일반 사회도 잘 할 수 있는 자선 행사나 구호 모금에 지나지 않는다. 하지만 교회의 디아코니아에는 반드시 하나님이 함께하셔야 한다. 그렇다면 어떻게 이것이 가능한가? 바로 '서로 사랑'이다. 서로 사랑에 근거한 교회의

다. 하나님의 다스림은 하나님이 주체인 다스림이므로 사람이 맘대로 하지 못한다." 그러므로 하나님 나라는 진정한 진보사회의 모델이자 원형이라 할 수 있다. 하나님 나라의 지상의 현존의 징표를 지향하는 교회의 디아코니아는 이런 측면에서 진보사회를 이루어 가는 추동인 동시에 연동이라 할 수 있다.

디아코니아가 될 때 하나님이 항상 그곳에 함께하신다.

이것을 좀 더 구체적으로 말하면, 디아코니아를 행하고 있는 사람들 사이의 관계성의 문제이다. 서로가 사랑하지 않으면서 디아코니아를 한다는 것은 의미가 없다. 교회와 교회가 서로 사랑하지 않고 하는 디아코니아 역시 의미가 없다. 물론 우리는 사랑하지 않은 채 디아코니아를 계속할 수는 있다. 하지만 이것이 무슨 의미가 있다는 말인가? 요한일서 4장 11절 말씀처럼 우리가 서로 사랑하는 것이 마땅하며, 12절 말씀처럼 우리가 서로 사랑하면 하나님이 우리 안에 거하시는 것이다. 또한 그러할 때 갈라디아서 2장 20절 말씀처럼 그리스도가 내 안에 거하시는 것이다. 교회의 디아코니아는 교회가 하는 것이 아니라 진정으로 변화된 교회, 즉 예수가 그 안에서 역사하는 교회가 하는 사역이다. 그러할 때 교회가 하는 일이 그리스도 예수가 하는 일이 되는 것이다.

예수의 섬김은 모든 사람을 위한 것이었다. 하지만 예수는 지극히 작은 자 한 사람에게 한 것이 곧 자기에게 한 것이라고 말씀하신다. 이것은 교회가 디아코니아를 실행할 때 명심해야 할 말이다. 교회는 거시적인 의미에서 디아코니아를 할 수 있지만 지극히 가난하고 소외되어 사는 한 사람에게 인격적으로 다가가 그를 섬길 수 있어야 한다(마태복음 25장 40절, 45절 참조).

나는 이것이 예수로 말미암아 시작된 평화라고 믿는다. 그러므로 디아코니아와 평화는 밀접하게 연동되어 있다. 예수 없는 디아코니아와 평화는 없기 때문이다. 예수의 자기 정체성이 곧 평화이고(엡 2:14 이하) 디아코노스이기 때문이다.

하나님은 교회가 지극히 작은 한 사람을 위해서 진정으로 변화되기를 바라신다. 변화가 생명이다. 나 한 사람의 근본적인 변화가 필요하다. 한 영혼, 특히 지극히 가난하고 보잘것없는 그 한 영혼을 천하보다도 귀하게 보고 그를 섬길 수 있는 주체의 변화가 필요하다. 교회의 디아코니아는 비로소 여기에서 시작된다. 하나님은 하나의 영혼을 천하보다도 귀하게 여기시기에 인간이 되어 우리 가운데 오셨다. 그는 가장 낮은 곳으로 임했다. 바로 이것이 하나님의 디아코니아의 핵심이다.

교회는 바로 이 하강 이야기를 마음 판에 잘 새겨야 한다. 그렇지 않으면 교회의 디아코니아를 통해 엉뚱하고 기괴한 나라가 세워질 뿐이다. 그러한 해괴망측한 나라는 하나님 나라가 아니다. 그러하기에 신학과 목회를 하는 이들은 자신이 왜 신학과 목회를 하고 있는가를 어느 때보다도 깊이 고민해야 한다. 나의 목회와 신학이 지금 어느 방향으로 가고 있는가를 볼 수 있어야 한다.

성도들 역시 예외가 될 수 없다. 그리스도인들 또한 '나는 왜 그리스도인이 되었고 나의 신앙생활은 진정 살아 계신 하나님을 영화롭게 하고 있는가?'라는 물음을 끊임없이 비판적으로 성찰해야 할 것이다. 그렇지 않으면 교회의 모든 디아코니아는 전혀 예기치 못한(어쩌면 끔찍한 추측이겠지만, 이러한 결과를 예상하고 그리 할지도 모르겠다.) 엉뚱한 방향으로 가게 되어 큰 화를 자초할지도 모른다.[8] 진정으로 급하게 하강하여 세상에 내려 온 예수의 마음을 품고 단 하루를 살더라도 올곧게 살아야 할 것이다.[9]

우리 시대의 탁월한 복음주의 영성 작가 필립 얀시(Philip Yancey)는

---

[8] 이 부분에서 교회는 섬김과 군림의 차이에 대해 분별할 수 있어야 한다. 교회의 디아코니아는 세상에 군림하거나 어떤 힘에 의한 영향력을 행사하기 위함이 아니다. 이에 대해 김영봉, 『바늘귀를 통과한 부자』, 서울: IVP, 2009, 165-174 참조.

[9] S. J. Grenz, 『기독교윤리학의 토대와 흐름』, 309 참조.

이 점에 대해 다음과 같이 강조한다.

"그리스도인이 약한 자들을 섬기는 것은 그들이 섬김 받을 자격이 있어서가 아니라, 하나님이 정반대 대우를 받아 마땅한 우리에게 그 사랑을 베푸셨기 때문이다. 그리스도는 하늘에서 내려오셨으며, 제자들이 명예와 권력을 꿈꿀 때마다 가장 큰 자는 곧 섬기는 자임을 일깨워 주셨다. 권력의 사다리는 위로 가지만 은혜의 사다리는 아래로 임한다."[10]

다석 유영모의 말처럼, 사람은 그저 오늘 하루를 살 뿐이다. 이 길만이 살 길이다. 어떻게 이렇게 살 수 있는가? 유영모처럼 시간과 공간의 주인이 하나님이심을 철저하게 인정할 때 가능하다. 그는 이렇게 고백한다.

"나는 시간과 공간에 무엇을 쌓으려고도 이루려고도 하지 않는다. 이미 시간과 공간의 주인이신 하나님이 시간과 공간 속에 풍부하고 넉넉하게 쌓아 놓고 이루어 놓으셨다. 나는 시간과 공간의 한 점으로서 이제 여기서 하나님이 이루시고 쌓으신 것에 감격하면서 깊고 편안히 숨 쉬려고 한다."[11]

---

10 P. Yancey, 『놀라운 하나님의 은혜』, 윤종석 옮김, 서울: IVP, 2002, 313. 빌 하이벨스(Bill Hybels) 역시 이 점을 탁월하게 표현해 냈다. "이 내려감의 파격을 알고 나면 예수님이 자기를 비우셨다는 구절이 사뭇 더 놀라울 뿐이다. 누가 그분을 밀거나 위협하거나 강요한 것이 아니다. 그분의 내려감은 우연한 추락도 아니었다. 그것은 하나님의 논리에 대한 확고부동하고 의지적인 헌신의 결과였다. 예수님은 만물의 최정상에서 십자가까지 한걸음씩 자진하여 일부러 내려가셨다. 하늘을 떠나신 순간부터 그분은 오직 한 방향으로만 그것도 직선 코스로 가셨으니 곧 하향이었다. 그분은 베풀고 섬기고 잃고 죽는 삶을 알고서 능동적으로 끌어안으셨다(B. Hybels / R. Wilkins, 『크고자 하면 내려가야 합니다』, 서울: IVP, 2007, 66)." 이것이 곧 교회의 디아코니아의 길이다.

11 박재순, 『다석 유영모의 철학과 사상』, 파주: 도소출판 한울, 2013, 75. 또한 다석의 하루살

마음을 비우고 내려가는 섬김의 길은 교회와 세상이 선택할 수 있는 여러 길 중의 하나가 아닌 공생할 수 있는 유일한 바로 그 길임을 우리 모두가 명심해야 한다. 이 길을 걷는 것은 결코 녹록하지 않다. 하지만 이 마음을 품고 갈 때만이 우리의 신학을 통해 교회와 세상이 부요하게 될 것이다. 이를 통해 세상은 큰 기쁨의 우물물을 함께 마시는 은혜 안에 거하게 될 것이다. 이런 소망 안에서 신학의 각 분야에서 일하는 분들은 하나님 나라의 진보를 위해 혼신의 힘을 다 쏟아부어야 할 것이다.

지금까지 강조해 온 것처럼 디아코니아는 삼위일체 하나님과 인간 삶의 모든 영역에 걸쳐 있다. 그러므로 디아코니아는 신학의 제반 영역과 밀접하게 연동되어 있다. 이런 의미에서 디아코니아학은 철저하게 신학의 모든 분야를 아우르는 실천 신학이다.

지금부터 필자는 조직신학의 주요 주제들과 신학의 여러 분야에서 디아코니아를 어떻게 연결시켜 논의할 수 있는가를 살펴보고자 한다. 이러한 시도를 통해 디아코니아학이 가능한 한 신학의 모든 분야에서 심도 있게 논의되기를 바란다.[12]

필자의 부족한 시도가 디아코니아학이 한국 교회 안에 깊이 뿌리내리게 하는 마중물이 되기를 소망한다. 이러한 작업을 통해 한국 교회가 좀 더 성경에 근거를 둔 진일보한 디아코니아를 실천함으로써 이 땅에

이에 대해서 박재순, 『다석 유영모. 동서사상을 아우른 창조적 생명철학자』, 서울: 홍성사, 2017, 129-144 참조.

12 디아코니아(기독교 사회봉사)의 학문적 자리매김에 대해 김한옥, 『기독교 사회봉사』, 19-38. 또한 기독교 사회복지와의 관계에 대해서는 김한옥, 위의 글과 최무열, 『한국 교회와 사회복지』, 서울: 나눔의 집 출판사, 2004, 11-45 참조. 최무열은 구약의 사회복지형태를 "샬롬"에서, 신약의 사회복지형태를 "디아코니아"에서 찾아 발전시킨다. 이범성은 평신도 신학으로서의 디아코니아학을 전개한다. 이에 대해 이범성, 『에큐메니칼 선교신학 I - 순수이론 편』, 서울: Dream & Vision, 2016, 187-225 참조.

하나님 나라가 건강하게 세워지고 확장되기를 간절히 기대해 본다.[13]

1. 디아코니아와 삼위일체론[14]

근본적으로 기독교의 신론은 삼위일체론이다. 우리는 하나님을 말하지만 우리가 말하는 하나님은 삼위일체 하나님이다.[15] 삼위일체 하나님의 특성을 설명하는 전통적인 개념은 "페리코레시스"이다.[16]

필자는 서두에서 삼위일체 하나님의 완벽한 상호 교제, 상호 침투, 상호 순환인 페리코레시스를 삼위일체 하나님의 코이노니아와 디아코니아로 설명했고, 이것은 삼위일체 신학에서는 내재적 삼위일체(Immanence Trinity)와 경세적(Economy, 경륜적) 혹은 사회적 삼위일체로 설명된다.[17]

---

13 손병덕은 디아코니아 기독교 사회봉사의 미래를 위한 구체적인 실천적 과제를 언급한다. 자세한 것은 손병덕, 『교회 사회복지』, 서울: ㈜학지사, 2010, 305-322 참조.

14 독일의 실천 신학자이자 기독교 교육학인 고드윈 램머만(Godwin Lämmermann)은 디아코니아의 신학적 기초를 성육신으로 구체화된 기독론과 삼위일체론에서 세울 수 있다고 강조한다(그의 책, 『현장중심의 실천 신학-행위이론과 사역현장』, 윤화석 옮김, 천안: 도서출판 하교, 2006, 339 이하 참조).

15 성경에 나타난 삼위일체 하나님에 대해서 R. Olson / C, Holl, 『삼위일체』, 이세형 옮김, 서울: 대한기독교서회, 2004, 15-24 참조. L. Boff, 『해방하는 은총』, 김정수 옮김, 서울: 한국신학연구소, 1988, 312. "그리스도교 신앙에서는, 삼위일체 없는 하느님은 존재할 수 없기 때문에 하느님과 관련을 가진다는 것은 언제나 삼위일체와 관련을 가진다는 것을 의미한다." 최근의 논의에 대해서 김은수, "존 칼빈의 공교회적 삼위일체론 이해와 신학적 공헌", 『한국조직신학논총 49 (2017년 12월)』, 45-89 참조.

16 삼위일체를 연구하는 학자들 대부분은 "페리코레시스"에 대해 설명한다. L. Boff, 『삼위일체와 사회』, 이세형 옮김, 서울: 대한기독교서회, 2011, 196-222. 보프는 페리코레시스가 성서가 제시하고 있는 삼위일체의 가장 적절한 계시 표현이라고 말한다(『삼위일체와 사회』, 201.). 또한 M. Volf, 『삼위일체와 교회』, 황은영 옮김, 서울: 새물결플러스, 2012, 348-356.

17 이 부분에 대한 최근의 포괄적인 연구로 루카스 마테오 세코, 『삼위일체론』, 윤주현 옮김, 서

디아코니아는 삼위일체 하나님의 본질이다. 하나님의 구원 행동은 이런 의미에서 디아코니아적이라고 말할 수 있다.[18] 이 하나님의 디아코니아는 삼위일체 하나님 안에서의 사귐, 즉 코이노니아와 충돌하지 않고 예수 안에서 계시되었을 뿐만 아니라 성령의 생명력 있는 역동성을 통해 인간의 역사 속에서 구체적으로 나타난다.[19]

울: 가톨릭출판사, 2017과 백충현, 『내재적 삼위일체와 경륜적 삼위일체. 현대 삼위일체신학에 대한 신학·철학의 융합적 분석』, 서울: 새물결플러스, 2015 참조. 이문균은 최근의 한 논문에서 칼 바르트와 동방정교회 신학자 지지울라스의 삼위일체론을 비교하면서 바르트(Karl Barth)의 삼위일체론을 주체적 인격이신 하나님의 삼중적 계시 양태를 설명하는 이론으로, 지지울라스(John D. Zizioulas)의 존재론적 삼위일체론을 사귐의 인격이신 삼위 하나님의 존재 양식을 설명하는 이론으로 해석한다. 이에 대한 자세한 논의는 이문균, "계시론적 삼위일체론과 존재론적 삼위일체론-바르트와 지지울라스를 중심으로", 「신학사상 148 (2010년 봄)」, 67-99. T. F. Torrance, 『성서적 복음주의적인 신학자 칼 바르트』, 최 영 옮김, 서울: 한들, 1997, 234-239 참조.

18 개혁자 칼뱅이 이해한 삼위일체론의 핵심 역시 창조와 구속과 연관된다. 최윤배, "칼뱅 신학의 오늘날의 의미에 관한 연구-그의 삼위일체론을 중심으로", 「교회와 신학 80 (2016)」, 219-241 중 특히 235-236 참조. 또한 박경수, "삼위일체론에 대한 칼뱅의 공헌", in: 박경수, 『교회의 신학자 칼뱅』, 서울: 대한기독교서회, 2009, 169-189중 182이하 참조.

19 몰트만의 사회적 삼위일체론은 사귐의 삼위일체론의 관점에서 삼위일체 하나님의 속성을 잘 규명했다. 이를 위해 J. Moltmann, 『삼위일체와 하나님의 역사』, 이신건 옮김, 서울: 대한기독교서회, 2017, 13-29와 131-153 참조. 특히 몰트만은 "성령의 사귐"으로서의 삼위일체적 성령론에 대해 말한다. 이 부분에 있어서 해방신학자 소브리노(J. Sobrino)의 관점은 예리하다. "예수의 초월적, 삼위일체적 관계에 예수가 역사에서 삼위일체 하느님과 맺는 관계를 덧붙여야 한다. 역사에서 예수는 자신을 위해 살지 않았고, 하느님 나라 그리고 하느님 나라의 하느님과 긴밀한 관계를 맺었으며, 부활한 다음에도 하느님 아버지가 모든 것 안에 모든 것이 될 때까지(고전 15:28) 아버지와 그런 관계를 맺었다(J. Sobrino, 『해방자 예수』, 김근수 옮김, 서울: 메디치미디어, 2015, 47)." 손원영은 필자가 주장하는 삼위일체 하나님의 디아코니아를 "테오프락시스" 개념으로 설명한다. 그에 의하면 "테오프락시스란 삼위일체 하나님이 프락시스의 주체가 된 프락시스의 개념이다." 본래 이 개념은 레오나르드 비알라스(Leonard Biallas)가 주창한 것인데, 손원영은 이것을 다음과 같이 설명한다. "비아라스가 말하는 테오프락시스란 하나님을 만유의 보편적인 아버지로 모신 기독교인이 이웃을 향해 사랑을 실천하는 것을 의미한다. 그래서 비아라스는 테오프락시스의 개념을 '이미 임했지만 아직 완성되지 않은(already and not yet) 하나님 나라와 예수가 선포하신 영원한 생명(eternal life)을 지향하는 활동'이라고 설명하였다(손원영, 『기독교 교육과 프락시스』, 서울: 한국장로교출판사, 2001, 164. 보다 자세한 내용은 160-170 참조)."

아들 안에서 임마누엘이 되신 하나님은 역사 속에서 성령을 통해 당신의 디아코니아적인 본질을 완전히 계시하셨다.[20] 이것이 예수 그리스도 안에 나타난 삼위일체 하나님의 신비이다.

이 신비는, 곧 "사랑"이다. 하나님의 디아코니아의 삼위일체적 계시는, 곧 사랑의 계시이다. 따라서 우리는 사랑과 무관한 삼위 하나님의 디아코니아를 말할 수 없다. 아들 예수는 임마누엘이 되신, 성육신하신 하나님으로서 자신을 "섬기는 종"으로 나타내셨다. 요한복음에 나타난 "나는 … 이다."라는 하나님의 자기 계시 틀에 정확하게는 아니지만 "나는 너희 가운데 섬기는 자(디아코노스)다."라는 예수의 자기 증언은, 곧 "나는 하나님으로서 나의 본질은 섬기는 것이다."라고 말하는 것과 같다.

기독교의 신론은 지상의 예수 안에서 보다 분명해졌고, 디아코니아학은 신학의 여러 분과 영역 중에서도 가장 확실한 신학으로 자리매김이 되어야 한다. 왜냐하면 이미 수차례 강조한 바, 디아코니아는 삼위일체 하나님의 특성이고. 본질이기 때문이다. 이뿐만 아니라 하나님이신 아들 예수의 자기 정체성이 "섬기는 자(디아코노스)"이기 때문이다.[21] 기독교의 삼위일체론은 아들 예수에 대한 올바른 신앙고백에서 시작됨을

---

20 J. Moltmann, 『생명의 영, 김균진 옮김, 서울: 대한기독교서회, 1992, 292-93. "하나님의 영은 이것이나 저것을 나누어 줄 뿐 아니라 신앙하는 사람들과의 사귐 속으로 자기 자신을 내어 준다는 이것이 하나님의 영의 특질이라면, 성령의 '사귐'은 성령의 '은사'일 뿐 아니라 하나님 자신의 영원한 본질일 수밖에 없다. 하나님의 아들 그리스도는 은혜의 원천이고, 아버지 하나님은 사랑의 하나님이라 불리는 반면, '사귐'은 성령 자신의 본질로 표현된다. 성령은 자기 자신과의 사귐을 회복할 뿐 아니라, 그 스스로 아버지와 아들과의 사귐으로부터 나오며, 그 속에서 그가 신자들에게 등장하는 사귐은 아버지와 아들과의 사귐에 상응하며, 이러한 점에서 그것은 '삼위 일체적 사귐'이다." 또한 그의 다른 책, 『생명의 샘. 성령과 생명신학』, 이신건 옮김, 서울: 대한기독교서회, 2000, 120-134 참조.

21 누가복음 22장 27절, 마가복음 10장 45절, 로마서 15장 8절 참조.

잊어서는 안 될 것이다.

물론 디아코니아학이 삼위일체론을 연구하는 신학 분과가 아님은 너무도 자명하다. 그럼에도 필자가 주장한 바처럼, 삼위일체론에 근거해서 시작할 때, 디아코니아학은 교회 안에서 좀 더 확실하게 설득력 있고, 신학적으로도 보다 체계적이면서 명확한 학문으로 발전할 수 있을 것이다.[22]

삼위일체 하나님의 페리코레시스는 완전한 친교, 연합 그리고 하나됨이다. 이 페리코레시스는 세상을 위해 일하시는 하나님의 존재 방식인 동시에 사역을 계시한다.[23] 이것은 디아코니아학이 신론으로부터 시

---

[22] 이런 의미에서 삼위일체론을 연구한 박만은 다음과 같은 중요한 결론을 내린다. 필자는 그의 이러한 결론이 필자의 삼위일체론과 디아코니아를 연결시키는 주장에 대한 보다 분명한 확신을 준다. "삼위일체론에 대한 새로운 관심은 우리 시대의 신학이 새로운 전기를 맞고 있음을 보여 준다. 즉 삼위일체론 신학의 부흥은 우리 시대의 신학이 기독교 전통에 깊이 뿌리를 내리면서도 동시에 구체적인 교회와 사회 현실에 적절하게 연결됨으로 교회와 사회를 하나님의 말씀으로 새롭게 하는 신학이 되어야 한다는 도전을 던진다. 이 점에서 삼위일체 신학은 전통적이면서도 상황의 요구에 부응하는 가장 근본적인 기독교 신학의 원리로 계속 연구될 것이다(박만,『최근신학 연구. 해방 신학에서 생태계 신학까지』, 서울: 나눔사, 2002, 168)." 디아코니학은 단순한 사회복지와 사회봉사를 연구하는 학문이 아니라 하나님의 코이노니아와 디아코니아를 연구하는 학문의 영역이라고 감히 제안하고 싶다. 이러할 때 그 학문의 방법론과 영역이 보다 깊고 넓어지고 이론과 실천을 겸비하는 신학의 영역으로 보다 발전적으로 자리매김할 수 있을 것이다. 또한 삼위일체론과 그리스도인의 실천과의 연계성을 잘 연구한 곽미숙의 논문 "삼위일체론과 그리스도인의 실천",『한국기독교신학논총 68 (2010)』, 133-166도 참조. 최근 백충현은 삼위일체론을 평화통일과의 연관 속에서 논구하였다. 백충현,『남북한 평화통일을 위한 삼위일체적 평화통일 신학의 모색』, 서울: 나눔사, 2012.

[23] 보프는 삼위일체 하나님의 페리코레시스적 특징이 이 사회의 변혁을 위한 영감의 원천임을 말한다(L. Boff,『삼위일체와 사회』, 218). 보프의 다음과 같은 말은 삼위일체론이 단지 이론에 머물러서는 안 됨을 명확하게 설명한다. "연합, 참여, 평등은 억압당하고 영구히 소외당한 다수의 사람에게 거부되기 때문에, 해방의 과정은 억압당한 사람들 자신들로부터 급히 시작되어야 한다. 억눌린 기독교인들은 해방의 영감을 자신들의 하나님에게서 찾는다. 이 해방은 참여와 연합을 가져오는 것이고, 바로 이것이 인간 역사에서 찾을 수 있는 삼위일체 연합의 신비이다(L. Boff,『삼위일체와 사회』, 219)." 이에 대해 현재규,『열린 친교와 삼위일체론』, 서울: 기독교문서선교회, 2016, 298-362 참조. 신광은 역시 대안적 교회론의 한 모색으로 관계적 삼위일체 교회론에 대해 말한다(신광은,『메가처치를 넘어서』, 서울: 포이에마, 2015,

작되어야 한다는 그 정당성과 자명성(自明性)에 대해 말해 준다. 삼위일체 하나님의 완전하고도 거룩한 관계성으로부터 인간의 창조가 시작되었다. 태생적으로 인간은 삼위일체 하나님과 관계를 맺는 가운데 있었던 것이다.

교회는 살아 계신 하나님을 사랑하며 예배한다. 마찬가지로 성도를 사랑하며 섬겨야 한다. 이것이 레위기가 교회에 가르쳐 주는 하나님에 대한 매우 중요한 신학적 이해이다. 레위기의 탁월한 전문가인 구약신학자 웬함(Gordon J. Wenham)은 레위기에 관한 한 연구에서 이를 다음과 같이 주장했다.

"인간이 진정으로 하나님을 경외한다면 소경이나, 귀머거리, 노인, 가난한 자에게 도움을 베푸는 등의 선한 행위를 하지 않을 수 없다. 이러한 소외된 사람들이 부당한 대우에 대해 아무런 보상을 받을 수 없다고 하더라도 하나님은 이들의 고통을 알고 계시며 자기 백성이 그들을 어떻게 대하는지 관심을 가지고 지켜보신다(19:14, 32; 25:17, 36, 43). 하나님의 백성이 하나님의 율법을 무시하면 하나님은 그들에게서 얼굴을 돌이키실 것이라고 경고하신다."[24]

이러한 레위기의 신학을 통해 우리는 하나님이 어떠한 분이시고 디아코니아를 얼마나 중요하게 생각하고 계시는지를 알 수 있다.

이런 의미에서 지상의 모든 교회는 본질적으로 디아코니아적이다.

239-260).

24 G. J. Wenham, "레위기의 구조와 중심사상", 『레위기 어떻게 설교할 것인가』, 목회와 신학 편집부 엮음, 서울: 두란노, 2007, 49-76에서 56.

이것이 본질임과 동시에 의무이고, 또한 과제다. 따라서 교회가 이것을 해도 되고 안 해도 되는 그런 선택사항이 아니다. 왜 그런가? 그럼 교회가 하나님을 예배해도 되고 하지 않아도 되는가? 말도 안 되는 소리다. 이와 마찬가지다. 교회가 예배 공동체이듯이 동시에 디아코니아적 공동체이다. 이 점을 모든 목회자와 신학자는 명심해야 할 것이다.

2. 디아코니아와 기독론

디아코니아학이 삼위일체론을 지향하듯이 특별히 디아코니아학은 기독교에 있어서 기독론적이다. 이것은 우리가 이미 앞에서 말한 대로 하나님의 아들, 제2위인 우리의 구세주 예수가 직접 자신을 가리켜 "섬기는 종"이라 하셨기 때문이다. 디아코니아가 기독론적이라 함은 하나님의 아들 주 예수가 교회의 모든 디아코니아의 최고선생인 동시에 본보기라는 말이다. 하나님은 우리에게 교회가 본받고 따라가야 할 분명한 본을 당신의 아들을 통해 보여 주셨다. 뉴비긴은 이렇게 말한다.

"삼위일체 모델은 임의로 추정된 보다 궁극적인 원리들 위에 근거될 수 없다. 오직 예수 그리스도 안에 있는 하나님의 계시가 출발점이다."[25]

교회의 디아코니아가 본질적으로 기독론적이라는 것은 우리의 모든 봉사, 구제, 나눔, 실천과 섬김이 예수의 삶과 말씀에 근거해야 하며 또

---

25 L. Newbigin, 『복음, 공공의 진리를 말하다』, 김기현 옮김, 서울: SFC 출판부, 2008, 45.

한 이에 합해야 한다는 것이다. 예수는 교회의 참된 통치자가 되시기 때문이다. 우리가 앞에서 논의한 바대로 "주는 자가 받는 자보다 더 복되다."라는 말씀에 근거해서 나누는 것이다. "섬김을 받기 위해서는 먼저 섬기는 자가 되어야 한다."라는 예수의 말 그대로 살아야 한다. 마태복음 25장에 나오는 양과 염소의 비유대로 우리 주위에 있는 헐벗고 굶주리고 옥에 갇히고 오갈 데 없는 지극히 작은 한 사람을 먼저 돌보고 대접하고 섬기는 것이 바로 디아코니아의 기독론적 이해이다.

왜 그러한가? 예수는 "이들에게 한 것이 곧 나에게 한 것이다."라고 분명히 말씀하셨기 때문이다. 그러므로 오늘날 교회가 하는 디아코니아는 바로 우리 생명의 주님에게 하는 것임을 명심해야 한다. 우리 주위에 있는 가난하고 배우지 못하고 장애를 입고 헐벗고 굶주린 형제와 자매가 바로 하나님이 우리에게 보내신 예수다. 우리는 예수를 통해 한 가족이 되었다. 예수는 우리의 맏형이다. 우리 주위에 있는 힘든 가운데 있는 이웃들은 곧 우리의 가족이고, 하나님 나라의 가족이다. 이것이 기독론적 이해이다.

마가복음을 내러티브 기법으로 훌륭하게 우리 앞에 드러내 보인, '복음서 내러티브 개론'이라는 부제가 달린 『이야기 마가』에는 이 점이 다음과 같이 훌륭하게 묘사되어 있다.

"마가복음에서 예수는 '다윗의 아들'이 아니다. 왜냐하면 예수가 열어 놓은 새로운 세계는 '우리의 조상 다윗의 나라'가 아니라 '하나님 나라'이기 때문이다. 그 나라에서 사람들은 가족과 같은 관계를 맺으며, 상대방 위에 올라서서 군림하지 않고 도리어 서로를 섬기게 될 것이다. 이러한 관계는 가부장적인 조직이 아니다. 다시 말하면, 이들에게는 '아버지들'이 없다."[26]

예수의 십자가 죽음과 부활 그리고 이후의 성령 강림으로 인해 이 땅에 탄생한 새로운 가족 공동체가 바로 교회다. 교회는 예수 없이는 애초부터 존재할 수도 없었다. 삼위일체 하나님의 본질이 디아코니아적인 것처럼 교회의 본질도 디아코니아적이라고 설명했다. 이것이 바로 기독론적이라는 의미이다. 이것은 교회의 디아코니아를 수행하는 가장 중요하고 기본적인 원칙이 바로 성육신의 원리에 입각해야 한다는 말이다.[27] 그러할 때, 교회의 디아코니아를 통해 세상은 부해지고 기뻐하게 된다 (고후 8:9). 교회의 '케노시스(자기 비움)'를 통해 세상은 그 필요를 채우고 풍성한 삶을 더불어 누린다. 이것보다 더 좋은 것이 어디 있겠는가?

디아코니아적인 삶의 또 다른 기독론적 이해는 교회가 화해의 사명을 감당해야 한다는 것이다. 예수가 "섬기는 자"라는 말 속에는 "나는 죽으로 왔다."는 말이 숨겨져 있다. 그의 섬기는 삶의 가장 큰 특징을 말해 주는 단어가 마가복음 10장 45절에 나오는 "대속물"이다. 여기 대속물은 "화목 제물"의 의미이다. 즉 예수는 하나님과 인간 사이의 화해자로 오셨던 것이다. 화해자로서 그의 삶이 곧 디아코니아적이라는 것이다.

그러므로 교회의 디아코니아가 기독론적이라 함은 오늘의 교회가 화해자로서의 삶을 살아야 한다는 중요한 요청과 과제가 숨어 있다. 하나님은 새로운 피조물인 교회에 화목하게 하는 직분(고후 5:18)과 말씀(고

---

26 D. Rhoads 외 2인 공저, 『이야기 마가. 복음서 내러티브 개론』, 양재훈 옮김, 서울: 이레서원, 2003, 292.
27 이에 대해 J. Packer, 『하나님을 아는 지식』, 정옥배 옮김, 서울: IVP, 2009, 93-101 참조.

후 5:19)을 부여하셨다. 교회가 이렇게 화해자로서 디아코니아적 삶을 살 때 이 땅은 하나님이 본래 세상을 창조하셨을 때처럼 보시기에 심히 좋은 그러한 사회가 되어 갈 것이다.

교회의 디아코니아가 기독론적이라 함은 교회가 어려운 이웃을 돌보고 섬기고 나누는 모든 것이 단순한 디아코니아가 아니라, 곧 예수에게 한 것이라는 의미이다. 이것은 우리가 흔히 알고 있는 대로 마태복음 25장에 근거한 것이다. 이 점을 마더 데레사(Mother Teresa) 수녀는 영적으로 깊이 알고 있었다. 마더 데레사 평전을 쓴 잠머(M. Sammer)는 "마더 데레사가 가지고 있던 경건성의 역사적인 배경을 이해하기 위해서는 그녀가 왜 그렇게도 끔찍하게 사랑의 선교회를 사회봉사(사회사업)와 연결해서 언급하기를 거부했는가를 이해해야만 한다."라고 말한다. 그러면서 잠머는 데레사의 글을 인용한다.

"우리가 행하는 모든 것은 예수님을 위하여 행하는 것입니다. 우리의 삶은 그 외의 아무런 의미를 가지고 있지 않으며 다른 활동의 이유도 존재하지 않습니다. 이것을 많은 사람이 이해할 수는 없습니다. 나는 하루 24시간을 예수님을 섬기기 위해 보냅니다. 나는 모든 것을 그분을 위해서 행합니다. 그리고 그분은 나에게 이를 수행하는 데 필요한 힘을 주십니다. 나는 가난한 자들 속에 있는 그분과 그분 안에 있는 가난한 자들을 사랑합니다(마더 데레사, "대양", p. 10)."[28]

---

28 M. Sammer, 『마더 데레사 평전. 삶, 사랑, 열정 그리고 정신세계』, 나혜심 옮김, 서울: 자유로운 상상, 2009, 165-166.

교회의 디아코니아가 기독론적이라 함은 교회가 그리스도의 남은 고난을 채운다는 의미이다. 이것은 마치 사도 바울이 자신의 선교를 그리스도의 남은 고난을 채우는 것으로 이해한 것과 같다(골 1:24). 다시 마더 데레사의 글을 보자.

"고통 그 자체는 아무런 의미도 없다. 하지만 그것이 예수님과 연결되어 있다는 것을 연상한다면 정말 놀랄 만한 선물이 아닐 수 없다. 인간에게 전해질 수 있는 가장 아름다운 선물은 우리가 예수님의 고통과 동행할 수 있다는 것이다. … 예수님을 뒤따르는 일에서 골고다 언덕 위에 있는 십자가에 못 박히는 것을 분리할 수 없다. 고통의 의미와 결합되지 않은 우리의 봉사는 다만 사회사업이 될 뿐이며, 이는 매우 훌륭하고 남을 돕는 일이기는 하지만 예수 그리스도의 사업은 아닌 것이다(Spink, p. 174)."[29]

그러므로 교회의 본질이 화해자로서 디아코니아적인 것처럼 교회된 우리 한 사람 한 사람의 본질 또한 삶 속에서 화해자로서 디아코니아적인 삶을 사는 것이다. 예수의 십자가의 대속적인 죽음과 부활이 단지 인간만을 위한 것이 아니라 모든 피조물을 위했던 사역인 것만큼 은혜를 입은 오늘의 교회도 인간과 자연을 위해서 마땅히 화해자로서의 사명을 감당해야 하는 것이다.[30] 주님의 은혜에 감격하여 찬양하고 고백하는

---

29 M. Sammer, 『마더 데레사』, 177.
30 이 점에서 바르트의 변증법적 신학이 돋보인다. "인간의 행위는 철저히 '은총을 입은 자의 응답'이다. 인간을 향한 하나님의 은총의 행위에 부합하는 인간의 행위는 다름 아닌 '동료 인간에 대한 사랑의 행위'이다. 놀랍게도 바르트는 이 지점에서 이웃 사랑의 행위를 은총을 베푸는 하나님과 은총을 입은 인간 사이의 관계에 상응하는 '유비체(Analogon)'라고 명명한다 (이용주, "칼 바르트의 신학과 사회주의의 상관관계에 대한 연구", 『한국조직신학논총 49집

것만큼 더욱 디아코니아적인 본질에 가까이 나아가는 참된 교회가 되어가야 할 것이다. 하나님이 그리스도 예수 안에서 우리를 화해의 대사로 부르신 이유가 바로 여기에 있기 때문이다. 하나님이 그리스도 예수 안에서 우리를 사셨기에 이제 우리 몸은 우리 것이 아닌 것이다. 소유권의 이전이 값없이 주시는 하나님의 은혜 가운데 이루어졌다.

3. 디아코니아와 성령론

제3위로서 성령은 하나님의 숨기운과 호흡이고, 또한 생명과 마음이다. 성령은 역동하는 힘이다. 따라서 박재순은 성령을 이처럼 표현한다.

"믿음과 사랑은 영의 일이다. 영은 숨 쉼이다. 루앗하, 프뉴마, 프쉬케, 아트만은 바람 또는 숨이다. 하나님의 영과 생명을 숨 쉬는 일이다. 영은 뭇 생명과 다른 인간과 함께 숨 쉼이다. 영은 우리의 생명을 하나님의 영원한 생명과 통하게 하는 바람이고 숨이고 줄이다. 십자가에서 자아를 비우고 죽이고 낮춤으로써 하나님의 영원한 생명물을 마시고 생명바람을 숨 쉰다."[31]

교회의 디아코니아는 이런 의미에서 성령론적이다. 성령은 인간을

(2017년 12월)』, 209-248 중 228)." 에베소서 1장 10절과 골로새서 1장 18-20절 참조. 이에 대한 자세한 논의를 위해 N. T. Wright,『하나님은 어떻게 왕이 되셨나』, 최현만 옮김, 평택: 에클레시아북스, 2013.

31 박재순,『한국생명신학의 모색』, 서울: 한국신학연구소, 2000, 417; 이에 대한 좀 더 자세한 논의는 J. Moltmann,『생명의 영』, 64-68; W. Hildebrandt,『구약의 성령신학입문』, 서울: 이레서원, 2005, 35-57 참조.

포함하여 세상을 삼위일체 하나님의 사귐 속으로 이끈다. 성령을 통해 세상은 하나님의 코이노니아와 디아코니아에 참여한다. 이 참여를 맛봄으로 교회는 이 세상에서 하나님이 예수 안에서 이미 이루어 놓으신 그 디아코니아에 참여한다. 그리고 볼프는 그 주도권이 철저하게 성령에게 있음을 다음과 같이 표현했다.

"성령은 인간의 인격에 내주하지만, 인간 존재는 그와는 대조적으로 성령의 인격에 내주하는 것이 아니라, 성령이 생명을 주는 환경에만 내주할 뿐이다."[32]

삼위일체 하나님의 페리코레시스처럼 교회 역시 세상에 침투하여 세상에 물들지 않으면서 세상을 향한 하나님의 뜻을 이루어 간다. 자연스럽게 교회의 디아코니아는 참 섬기는 자로 오신 예수와 연합한다. 주지한 바대로 예수의 삶은 성령과 함께 움직이고 성령에 의해 교회에 전달된다.[33]

그러므로 교회의 디아코니아는 예수처럼 성령에 의해 철저히 자기를

---

32 M. Volf, 『삼위일체와 교회』, 서울: 새물결플러스, 2012, 352.
33 이 점은 특별히 칼뱅의 성령론에서 두드러지게 나타난다. 칼뱅에 있어서 기독론은 성령론적으로 규정된다. 이 점에 대해 최윤배, 『성령론 입문』, 서울: 장로회신학대학교 출판부, 2010, 171-224 참조. 일찍이 조나단 에드워즈는 삼위일체 안에서의 성령의 일하심에 주목했다. 이에 대해서 김유준, 『조나단 에드워즈의 삼위일체론』, 서울: 기독교문서선교회, 2016, 357-358. 371-375. 379-386 참조. 김유준은 조나단 에드워즈의 삼위일체론의 공헌을 다음과 같이 서술했다. "조나단 에드워즈의 공헌은 세 위격의 동등성에 대한 강조로 성령의 독특한 영광과 우월성을 상대적으로 부각시킨 점이다(김유준, 『조나단 에드워즈의 삼위일체론』, 401)." 몰트만 역시 "성령의 사귐"에 의한 인간론, 교회론 그리고 성서론에 주목한다(J. Moltmann, 『삼위일체와 하나님의 역사』, 136-153 참조). 보프는 페리코레시스와의 연관 속에서 이점을 설명한다(L. Boff, 『삼위일체와 사회』, 201-202).

비우지 않으면 도저히 불가능한 일이다. 우리로 하여금 자기를 비움으로 다른 사람과 피조 세계를 살리는 디아코니아에 참여하게 하는 분이 바로 성령이다.[34] 따라서 교회의 디아코니아는 매 순간 철저히 성령의 인도하심과 도우심을 구하고 받는 사역이다.

어디에서부터 어떻게 시작해야 할지 모르더라도 성령의 인도함을 받으면 교회는 가장 정확한 때에 정확한 곳에서 하나님이 원하시는 하나님의 디아코니아를 하게 된다. 성령은 교회로 하여금 하나님의 디아코니아의 영향 아래 머물도록 하면서 교회의 변화와 갱신을 이끌어 낸다.[35] 이것이 바로 성령의 일이고, 성령의 역동성이다.

이 점에서 독일 하이델베르그대학의 탁월한 조직신학자 벨커(Michael Welker) 교수의 성령 이해는 삼위일체 하나님의 디아코니아를 전개하는 데에 있어 매우 유용하다고 할 수 있다.

"하나님의 영은 하나님의 권능이 알려지도록 한다. 그는 하나님의 권능을 사람들에게 그리고 동료 피조물에게 계시한다. 영은 다양한 피조물을 풍부한, 산출적인, 생명을 유지시키는, 강하게 하는, 보호해 주는 관계 속으로 옮겨 놓는 하나님의 창조적 권능을 인식하게 해 준다. 하나님의 영은 특별히 약자, 무시당하는 자, 소외된 자, 무력한 자에게 향하시는 하나님의 긍휼의 능력을 계시한다. 약자를 강하게 하며 소외된 자를 다시 받아들이며 무력한 자를 일으켜 세움으로써 하나님의 영은 피조물을 통하여 그리고 피조물을 위하여 하나님의 영광이 인식되도록 한다."[36]

34 권진관, 『성령, 민중의 생명』, 서울: 나눔사, 2001, 208-211. 224-226 참조.

35 H. Snyder, 『교회사에 나타난 성령의 역사』, 부천: 도서출판 정연, 2010, 297-354.

36 M. Welker, 『하나님의 영. 성령의 신학』, 신준호 옮김, 김균진 살핌, 서울: 대한기독교서회,

이러한 성령의 사역은 마치 바람처럼 하나님이 원하는 곳이면 어디든지 세계 도처에서 때로는 강한 돌풍처럼, 때로는 감미로운 미풍처럼 일한다.

요한복음 3장에 기록된 바, 바람이 어디에서 와서 어디로 가는지 모르는 것처럼 생명이신 성령도 그러하다. 삼위일체 하나님의 페리코레시스를 가능하게 하는 것이 성령이다.[37] 물론 삼위 안에는 차별이 없고 능치 못함이 없다. 그럼에도 불구하고 상호 침투하며 상호 교제하게 하여 활동하시는 영은 성령이다. 이런 의미에서 현요한의 성령 이해는 디아코니아적이다.[38] 성령은 교제, 교통의 영이다. 이런 관점에서 삼위일체 하나님의 본질은 디아코니아적인 동시에 코이노니아적이다.[39]

성령은 하나 되게 하신 영이다. 예수가 화해자로서의 삶을 사심으로 중간에 막힌 담을 허시고 둘을 하나 되게 하셨는데, 이 일에 직접 관여하신 분이 바로 성령 하나님이시다(에베소서 2장 18절, 4장 3절 참조). 성령은 디아코노스, 즉 종으로서 이 사역을 함께 가능하게 하셨다.

1995, 18. 또한 159-253 참조.

37 황승룡은 성령 없는 삼위일체가 성립될 수 없다고 말하면서 여러 가지 이유로 성령의 절대적인 중요성을 언급한다. 황승룡, 『성령론-신학의 새 패러다임』, 서울: 한국장로교출판사, 1999, 13-14 참조.

38 "성령은 하나님의 마음인 동시에 능력인데, 자신 안에 머무르는 존재가 아니라 삼위일체 안에서 그리고 하나님과 우리 사이에서 코이노니아 하시는 분이라는 말이다(현요한, 『하나님의 능력과 마음의 코이노니아』, 208)."

39 박재순, 『한국생명신학의 모색』, 413. "우리는 세상 안에서 성육신과 삼위일체의 신비를 체험하고 깨닫는다. 삼위일체는 역사의 초월과 내재, 육신과 영, 밥과 말씀, 인간과 하나님의 일치와 사귐을 나타낸다. 삼위일체는 하나님의 내적인 사귐과 교류와 소통을 뜻하고, 하나님과 창조 세계(인간)의 교류와 참여와 사귐을 뜻한다. 삼위일체 안에서 하나님은 서로를 느끼고 함께 울리며 서로를 위한다. 삼위일체는 일치와 서로 다름의 역동적인 조화를 뜻한다. 삼위일체의 신비는 예수를 믿고 따르는 사람을 하나님 나라의 사귐으로 이끈다. 삼위일체는 공동체 사회의 근거와 바탕이다." 또한 Sinclair B. Ferguson, 『성령』, 김재성 옮김, 서울: IVP, 1999, 202.216. 이에 대한 상세한 논의는 J. Moltmann, 『생명의 영』, 291-307 참조.

그러므로 교회의 디아코니아와 성령은 밀접한 관련이 있다. 이스라엘을 애굽에서 건지신 하나님의 디아코니아를 가능하게 하는 분이 성령이다(사 63:7-14).[40]

마찬가지로 죄와 사망의 법에서 우리를 자유하게 하사 삼위일체 하나님의 본질에 참여함으로 교회가 교회의 본질적인 사명을 가능하도록 하시는 분이 바로 살리는 영, 성령이다(롬 8:1-4).[41] 사도들과 바울의 복음 증인으로서의 삶은 성령에 순종했기 때문에 가능했던 것이다. 임희모는 성령의 이끌림으로 이루어진 선교를 다음과 같이 말한다.

"성령님의 참여와 나눔과 섬김을 아는 인간은 성령론적 사고를 통하여 인간과 자연계와 모든 피조 세계와 더불어 참여와 나눔과 섬김의 삶을 살게 된다. 바로 이러한 참여와 나눔과 섬김의 삶이 성령님이 인도하는 선교적 삶인 것이다."[42]

바울과 초대교회에게 있어서 성령은 저들이 어떠한 방향으로 나아가야 하는지에 대한 방향을 제시해 주는 핵이었다.[43]

우리 안에는 두 세력이 있다(갈라디아서 5장 16-18절 참조). 하나님의 디아코니아적인 본질에 참여하도록 하는 욕구와 그 반대로 질주하려는

---

40 힐데브란트(Hildebrandt)는 매우 구체적으로 하나님의 백성을 지도해 가시는 성령 곧 하나님의 루아흐에 대해서 자세히 언급한다. 이를 위해서 W. Hildebrandt, 『성령신학입문』, 50-55를 보라.

41 G. D. Fee, *God's empowering presence: the Holy Spirit in the letters of Paul*, Peabody, Mass.: Hendrickson, 1994, 495.519-538 참조.

42 임희모, "생명봉사적 통전 선교", 『선교와 신학 22 (2008)』, 141-172에서 157.

43 G. D. Fee, *Paul, the Spirit and the People of God*, Peabody, Mass.: Hendrickson 1996, 61.

힘, 이렇게 두 힘이 있다. 성령은 교회를 삼위일체 하나님의 디아코니아에 참여하도록 하는 영이다. 교회가 성령에 사로잡힐 때, 교회는 세상에 대한 하나님의 생각, 뜻과 마음을 읽고 그것을 이 땅에서 행할 수 있다. 하지만 우리 안에 있는 육체의 욕구에 휩싸일 때는 하나님의 뜻과는 정반대의 길로 향하게 되는 것이다.[44]

성령은 화해의 영으로서 생명의 영이다. 이것은 우리를 날마다 새롭게 하시는 영이라는 말이다(고후 5:16-21). 성령의 사람은 날마다 죽고 성령 안에서 새롭게 태어난다. 어떻게 교회는 하나님의 디아코니아적인 본질에 지속적으로 참여할 수 있을까? 그것은 교회가 하나님의 영에 충만할 때만 가능하다. 성령의 부어 주심이 있을 때 가능한 것이다(겔 37장; 39:29; 시 104:29-30; 139:7).[45]

우리는 이것을 성령 체험한 이후 교회의 변화된 모습과 이에 대한 구체적인 실천의 모습을 보여 주는 사도행전 2장과 4장의 보도를 통해 확인할 수 있다.[46] 그리고 이것은 예수의 삶의 행태였다. 예수는 늘 성령과 동행했고, 하나님의 영은 그를 인도했다. 그러할 때만 교회는 삼위일체 하나님이 수행하는 디아코니아적인 삶과 예수의 섬김의 삶에 온전히 참여하게 된다.[47]

교회가 세상의 구원을 위한 하나님의 디아코니아에 지속적으로 참여하기 위해서 늘 성령의 강력한 역사를 구해야 한다. 성령 충만함을 사모

---

44 이런 의미에서 성령에 대한 바른 이해는 매우 중요하다. 한국 교회의 목회 현장에 치우치기 쉬운 성령에 대해 바른 교정을 위해 박영돈, 『일그러진 성령의 얼굴. 한국 교회 성령운동 무엇이 문제인가』, 서울: IVP, 2011 참조.

45 S. B. Ferguson, 『성령』, 24-26.

46 김경희, 『우주적 소통의 경험 및 새로운 평등 공동체의 비전』 곳곳과 특별히 79-83 참조.

47 M. Welker, 『하나님의 영』, 454-467 참조.

하는 가운데 교회의 본질에 부합한 이 하나님의 디아코니아에 지속적으로 참여하게 될 것이다. 이런 의미에서 손인웅의 지적은 매우 타당하다.

"디아코니아는 성령 충만함을 입은 그리스도인들이 그 충만함이 넘쳐흘러서 그 힘으로 행하는 사역인 것이다. 성령으로 인해 교회가 든든해지며, 든든해진 교회가 그 힘으로 하나님 나라를 이루는 디아코니아의 사역을 감당하는 것이다."[48]

하나님이 공급하시는 성령은 믿는 자들 안에서 그리고 그 가운데서 역사하시는 강력한 하나님의 힘이기 때문이다(로마서 5장 5절, 15장 13절, 19절 참조).[49]

그런데 여기서 우리는 매우 중요한 신학적인 역설을 발견한다. 하나님의 강력한 디아코니아가 그의 아들 예수 안에서 일어났는데, 이것은 세상에서 말하는 그러한 권력과 힘은 아니라는 것이다. 물론 하나님은 강력하게 역사하신다. 하지만 그 방법은 세상과는 다르게 나타난다. 그 방법은 하나님이 연약한 인간의 몸을 입고 이 땅에 오신 것이다.[50] 이것

---

48 손인웅, "디아코니아와 하나님 나라와 성령", 『하나님 나라와 성령』, 대한예수교장로회총회 교육부 편, 서울: 한국장로교출판사, 2000, 328-342, 340. 그는 또 다음과 같이 성령의 디아코니아를 말한다. "교회의 디아코니아 사역은 궁극적으로 영생과 관계된(눅 10:25, 37) 성도의 경건한 삶의 핵심적 내용이며(약 1:26-27), 교회가 마땅히 우선적으로 수행해야 할 본질적 사역이다(손인웅, 『디아코니아, 341-342).』"

49 V. P. Furnish, 『바울의 신학과 윤리』, 김용옥 옮김, 서울: 대한기독교출판사 1989, 236-237 참조.

50 호너(J. Horner) 교수는 특히 이점에 대해 강조한다. "그리스도인들의 사명에 대한 이해는 반드시 주님의 사역에서 비롯되어야만 하는 것입니다(J. Horner, "신약에 나타난 성령 충만한 그리스도인 성화와 사회적 책임", 『성령의 사역에 있어서 그리스도인의 성화 (제 6회 국제 신학 학술 세미나 자료집)』, 서울: 국제신학 연구원, 1998, 1-27, 19).

이 섬기는 종이신 그리스도 예수다. 이것이 십자가의 지혜이고[51] 동시에 연약함을 의미한다.

교회가 디아코니아를 힘 있게 지속하기 위해서는 이러한 하나님의 일하시는 방법을 깨달아야 한다. 우리가 진정으로 약할 때만이 하나님은 우리 안에서 강하게 역사 하신다. 이것이 성령의 사역이고, 바울이 선교 사역, 즉 하나님의 디아코니아에 힘 있게 참여했던 비결이다(고후 12:7-10).[52]

그리스도 예수의 사람들은 날마다 새롭게 태어난다. 그의 옛 자아가 날마다 십자가에 못 박힘을 당하기 때문이다. 이를 통해 나눔, 섬김, 헌신과 봉사를 꺼리는 이기적인 자아가 그리고 자기 교회만을 지향하려는 교회의 모습이 깨어지고 새롭게 태어나는 것이다. "성령은 인간을 위로부터, 하늘로부터, 하나님으로부터 태어나게 하고 새로운 사람으로서 하늘나라에 들어가게 하며 영원한 생명을 얻게 한다. 이것이 성령의 또 하나의 중요한 기능이다." 유영모에 의하면 성령은 존재하는 모든 생명

---

51 T. Söding, "Was schwach ist in der Welt, hat Gott erwählt (1 Kor 1:27)", *Das Wort vom Kreuz. Studien zur paulinischen Ethik*, 260-271 참조. 또한 U. Heckel, *Schwachheit und Gnade*, Stuttgart: Quell Verlag, 1997 참조.

52 S. B. Ferguson, 『성령』, 218. "성령과의 교통이 무엇을 의미하는가를 음미해 볼 때, 결론적으로 한 가지 단순한 주제가 떠오른다. 그것은 곧 그분이 가져오는 복으로서 곤궁한 자들을 위하여 예비된 은총이다. 하나님이 성령을 통해서 그분의 능력을 나타내시는 것은 연약함 가운데에서이다(고후 12:9; 참고. 고전 1:25, 27). 이 점에서 성령은 그리스도와 같은 또 다른 보혜사이다. 또한 F. D. Bruner, 『성령 신학』, 김명룡 옮김, 서울: 나눔사, 1989, 360-362를 보라. 한기채는 21세기 성경적 신사고에 대해 쓰면서 삼중혁명의 영성에 대해서 설명하는 데 그중의 하나가 "강함에서 유함으로의 영성"이다. 그는 이것을 설명하면서 돌고래의 생태와 비교하며 설명한다. "참돌고래들은 끈끈한 친화력과 뛰어난 커뮤니케이션 능력을 구사함으로써 더불어 살아갈 줄 압니다. 반면 남성 리더십의 표상인 상어는 홀로 살아가며 홀로 쟁취하는 독불장군식의 리더십입니다. 현대는 여성의 리더십인 돌고래 리더십을 요청하고 있습니다. 이는 군림하지 않고 섬기는 리더십입니다(한기채, 『삼중혁명의 영성』, 서울: 두란노, 2009, 62)."

체의 존립 근거이고, 만물의 생명을 유지시키는 근원이다.[53] 따라서 하나님의 디아코니아는 본질적으로 생명 지향적이다. 아들의 보내심은 우리에게 영원한 생명을 주시기 위함이 아닌가? 교회가 성령에 깨여 있어 하나님의 디아코니아에 지속적으로 참여할 때 교회의 디아코니아를 통해 복음이 널리 퍼지고 구원 사역이 확장됨으로 하나님 나라가 건강하게 세워지는 것이다. 즉 "성령은 교회 공동체를 통해서 하나님 나라가 확장되게 하시기를 원하신다."[54] 이런 의미에서 "교회는 하나님 나라의 중요한 대행자이다."[55]

우리는 교회의 디아코니아가 꼭 사람이 많아야 하는 것처럼 생각하지만, 반드시 그런 것은 아니다. 물론 하나님은 사람을 통해 일하신다. 하지만 성령의 사람을 통해 당신의 구원 사역을 해 나가신다는 것을 우리는 성경을 통해 늘 확인하게 된다. 성령은 우리의 감동과 사역이 신구약성경과 합할 수 있도록 우리를 도우신다.[56] 그러므로 참된 성령에 이끌려 사역하는 사람은 신구약성경과 맞지 않는 말이나 삶을 살지 않는다. 이것이 사도행전의 역사이고[57] 우리 시대의 교회가 계속 써 나가야

---

53 이정배, "동서 신학 사조에서 본 다석의 얼 기독론-아래로부터의 기독론으로서 얼(생명) 기독론", 이정배, 『없이 계신 하느님, 덜 없는 인간. 다석 신학의 얼과 틀 그리고 쓰임』, 서울: 도서출판 모시는 사람들, 2009, 27-90에서 88.

54 장경철, "조직신학적 접근의 하나님 나라와 성령", "디아코니아와 하나님 나라와 성령』, 『하나님 나라와 성령』, 대한예수교장로회 총회교육부 편, 서울: 한국장로교출판사, 2000, 219-233, 225; 또한 현요한, 『성령, 그 다양한 얼굴. 하나의 통전적 패러다임을 향하여』, 서울: 장로회신학대학교출판부, 1998. 2005, 413-419.

55 장경철, 『하나님 나라와 성령』, 226.

56 이 부분에 있어 레비슨(Jack Levison)의 해석은 독특하면서 매우 유용하다. "그리스도인을 위한 성령의 주된 과업은 예수의 말과 행위를 이스라엘의 시와 이야기와 예언들의 맥락에 둠으로써 예수라는 인물을 조명하는 일이다(잭 레비슨, 『성령과 신앙. 미덕, 황홀경, 지성의 통합』, 홍병룡 옮김, 서울: (사)한국성서유니온선교회, 2016, 307)."

57 임영효, 『사도행전에서의 선교와 교회 성장』, 서울: 쿰란출판사, 2001, 특히 56-59. 170-172

할 우리의 역사이기도 하다. 이것이 해방의 복음으로서의 그리스도의 복음 역사이다. 이러한 해방의 복음을 김세윤은 다음과 같이 설명한다.

"복음이 올바로 선포되는 곳에는 항상 노예와 여성이 해방되고 약한 자들과 가난한 자들의 인권이 증진됩니다. 그러기에 역사적으로 하나님 나라의 복음이 제대로 선포되는 곳에는 항상 노예와 여자들이 해방되고, 가난하고 억압받는 자들의 인권이 증진되었습니다. 인권 의식이 전 세계에 공유되는 가치로 부상하게 된 것은 그리스도의 복음의 구원이 현실화된 결과입니다. 그것은 하나님의 은혜이며 기독교 문명이 세상에 주는 선물입니다."[58]

이러한 복음의 해방 역사는 곧 성령에 사로잡힌 이 땅의 교회가 말씀에 순종하여 지속적으로 써 나가야 할 교회의 디아코니아의 역사이기도 하다. "성령은 현재화의 힘이고, 말씀은 영의 현재화 수단이다. 성령은 미래를 여는 하나님의 행위(*actuositas Dei*)"이기 때문이다.[59] 이것이 또한 성령이 갖고 있는 "창조적 에너지"이다.[60] 교회는 분명 성령의 능력 안에서 하나님 나라를 위해 쓰임 받는 전초기지이다.

참조.

58 김세윤, 『복음이란 무엇인가』, 서울: 두란노 아카데미, 2003, 15. 김세윤은 또한 이것을 삼위 일체적 하나님의 은혜의 관점에서 풀어 간다. 이에 대해 김세윤, 『칭의와 성화』, 서울: 사단법 인 두란노서원, 2013, 203-212.

59 김영한, "헬무트 틸리케의 신학적 사유의 독특성", 『한국기독교신학논총 71 (2010)』, 99-121에서 117.

60 J. Moltmann, 『신학의 방법과 형식-나의 신학 여정』, 김균진 옮김, 서울: 대한기독교서회, 2002, 166.

4. 디아코니아와 종말론

하나님의 디아코니아는 종말론적인 의미를 띠고 있다. 이것은 모든 열방이 야훼 하나님을 섬기게 된다는 종말론적인 비전과 소망에 연결된다.[61] 초대교회 사람들은 메시아가 곧 오리라는 종말 의식을 갖고 살았다. 히브리서 1장 2절을 보면 이 만물의 마지막 때에 하나님이 아들 안에서 교회에 말씀하셨다고 강조한다. 아들 안에서 하나님의 말씀하심은 이미 종말론적이다. 즉 이미 종말은 아들 안에서 시작되었다. 마찬가지로 아들 예수로 말미암아 이 땅에 임한 하나님 나라도 종말론적인 성격을 갖고 있다. 이런 의미에서 아들을 통해 이 땅에 태어난 교회의 삶의 자리도 종말론적이라고 말할 수 있다. 교회는 지금 있는 그곳에서 종말의 때를 맞이하며 살고 있는 것이다.

주님의 재림을 포함한 역사를 주관하시는 하나님의 디아코니아는 지금도 지속되고 있다. 이 삼위일체 하나님의 디아코니아에 교회는 오늘도 주님이 오실 때까지 참여한다. 복음서에서뿐만 아니라 사도 바울도 자신의 서신에서 깨어 주님 맞을 준비를 하라고 권고한다. 교회의 디아코니아는 있는 그 자리에서 오실 주님을 합당하게 맞이하는 교회의 바른 사역이라 할 수 있다. 이 교회의 디아코니아적인 사역은 예수로 말미암아 시작된 하나님 나라의 이야기 틀 안에서, 그리고 이 틀과 더불어 시작된다. 언제 주님이 오실지 모르기에 교회는 항상 준비하는 마음으로 "아버지의 뜻이 하늘에서와 같이 땅에서도 이루어지게 하소서."라는

---

61 몇 가지 대표적인 구약의 말씀으로 이사야서 2장 2-3절, 45장 20-21절, 스바냐 2장 11절, 3장 9절 등을 들 수 있다. 이에 대한 자세한 것은 민영진, "이스라엘 민족의 선교 이해", 『현대 선교신학』, 이계준 엮음, 서울: 전망사, 1992, 25-40중, 38-39를 참조하라.

종말론적인 기도와 더불어 세상을 치유하는 성령의 영적 변혁의 역사에 동참한다. 지금 교회의 디아코니아를 소홀히 여기는 교회는 마치 달란트 비유에서 주인에게 받은 1달란트를 그저 땅에 파묻어 놓은 사람과 같다. 삼위일체 하나님이 지금도 쉬지 않고 일하고 계시듯, 교회도 미루지 말고 깨어 그 하나님의 일하심에 참여해야 할 것이다.

우리 주변에 너무도 많은 사람이 고통 가운데 있다. 가난한 사람, 굶주린 사람, 병든 사람, 장애를 입은 사람, 상처 입은 사람, 억압 가운데 있는 사람, 돌봄이 필요한 사람 등등. 이러한 사람들이 바로 교회의 이웃이다. 이들은 항상 긴급하게 교회의 도움을 필요로 한다.

1999년부터 2004년까지 독일연방공화국 대통령을 지낸 요한네스 라우(Johannes Rau) 대통령은 1997년 라이프치히에서 열린 독일 개신교 교회대회의 한 성경 강론에서 다음과 같이 말한 바 있다.

"구스타프 하이네만 박사는 이렇게 말했습니다. '그리스도인에게는 정치적인 책임을 포기하는 것이 허용되지 않았을 뿐더러, 그 책임을 포기할 수도 없습니다. 행하지 않는 사람은 그 동포를 이웃으로 대우하지 않는 사람이고, 그 동포에게 이웃이 아니기 때문입니다.' 저 자신이 오늘 이 말을 다시 한번 말하고 싶습니다. 행하지 않는 사람은 그 동포에게 이웃이 아닙니다. … 이 세상을 살리는 것은 사람들에게 이웃이 되어 줄 수 있는 힘입니다. 그렇기 때문에 그리스도인들에게는 의(정의), 평화, 자유 그리고 관용이라는 말이 낯선 말이 되어서는 안 됩니다."[62]

---

62 J. Rau, 『어쩔 수 없는 숙명이라는 말은 무신론자나 하는 말입니다』, 박규태 옮김, 파주: 살림, 2008, 151-152.

이러한 라우 대통령의 말속에는 이웃을 섬기고 사랑하는 삶의 긴박성 및 중대함이 함께 녹아져 있다. 그만큼 이웃 사랑은 늦추거나 미루어서는 안 될, 교회가 최우선적으로 감당해야 할 시대적인 사명인 것이다. 즉 교회의 디아코니아는 다른 것을 준비한 후에, 건물을 지은 후에, 부족한 것을 구입한 후에 여유가 있다면 하는 것이 아님을 알 수 있다. 이것은 생명과 관련된 문제이고, 또한 이것이 하나님의 뜻이기 때문이다.

하나님 나라의 도래와 신랑 되신 주님을 기다리고 맞이하는 신부처럼 교회는 종말론적인 비전과 소망을 굳게 잡고 있을 때만이 이 일을 감당할 수 있다. 교회의 디아코니아는 교회의 본질이기에 이 일이야말로 교회가 "지금 여기에서" 가장 먼저 행하여야 할 중차대한 교회의 과제라는 것을 잊어서는 안 된다. 이것이 종말을 사는 하나님 백성의 올바른 삶의 자세이고, 방향이다.

5. 디아코니아와 교회론[63]

하나님은 오늘의 교회를 통해 일하신다.[64] 물론 이것은 반드시 교회

---

63 디아코니아, 교회와 선교를 체계적으로 일목요연하게 성경적으로 잘 정리한 책으로 L. Newbigin, 『교회란 무엇인가?』, 홍병룡 옮김, 서울: IVP, 2010과 M. W. Goheen, 『열방에 빛을. 온 세상을 향한 하나님의 선교 이야기』, 박성업 옮김, 서울: 복 있는 사람, 2012을 참조.

64 이 점은 본회퍼(D. Bonhoeffer)의 중요한 교회론이다. 그는 특별히 하나님이 교회를 세우실 목적으로 그리스도를 통해 이 땅에 오셨다고 한다. 본회퍼의 삶과 신학을 연구한 마크 디바인(Mark Devine)은 이 점에 대해 이렇게 쓰고 있다. "본회퍼는 교회를 하나님이 자녀들을 만나기에 기뻐하시는 영역으로 인정해야 한다고 주장했다. 바로 교회에서, 하나님은 그리스도 안에서 이 땅 가운데 세우신 자신의 목적을 달성하시기 위해 자녀들에게 나타나시고 축복하시며 그들을 사용하신다(M. Devine, 『본회퍼의 삶과 신학』, 서울: 한스콘텐츠, 2007, 136)."

를 통해서만 일하신다는 의미만은 아니다. 단지 이것이 교회를 향한 하나님의 구원 계획일 뿐만 아니라 이러한 하나님의 구원 계획의 결정체가 교회라는 의미이다. 초대교회 이후 하나님의 교회는 이러한 하나님의 디아코니아에 귀하게 사용되어 왔다. 존 스토트(John Stott)가 말한 대로 교회는 하나님의 영원한 목적 한복판에 있기 때문이다.[65]

교회는 그리스도의 몸이기에 본질적으로 디아코니아적이다. 이것은 하나님의 디아코니아가 삼위일체 하나님의 디아코니아라는 것을 여러 번 강조한대로 교회의 디아코니아 역시 독불장군식이 아닌 공동체가 연합하여 일해야 한다는 의미이다. 몸의 기관 중 눈이 혼자서 보고 듣고 먹을 수 없듯이 그리스도의 몸인 교회 역시 그러하다는 것이다. 교회 또한 몸처럼 유기체로서 생명 공동체이기 때문이다.[66] 이 점을 바울은 여러 교회를 순회하며 선교하고 돌보면서 몸으로 체득한 것이다.[67]

삼위일체 하나님의 뜻에 의해 이 땅에 세워진 것이 바로 거룩한 공동체인 교회이고, 성도 한 사람 한 사람이다.[68] 하나님은 세상에 대한 당

---

65 J. Stott, 『살아 있는 교회』, 23.

66 손디모데, 『공동체 정체성을 위한 교육 목회』, 서울: 예영커뮤니케이션, 2012, 32이하 참조. 그는 교회 공동체성에 입각한 교회 교육 목회를 강조한다.

67 J. D. G. Dunn, 『바울신학』, 박문재 옮김, 고양: 크리스챤다이제스트, 2006, 901-902 참조. 또한 유승원, "바울 서신에 나타난 섬김", 「그 말씀 (2010년 11월)」, 43-64에서 특히 53-56. 유승원은 다음과 같이 강조한다. "몸이 하나가 되어 전체가 제구실을 하고 각 지체가 자신에게 주어진 은사로 서로를 세워 주고 몸 전체를 세워주는 원리가 바로 '섬김'임을 몸 메타포를 통해 다시 천명하는 것이다(유승원, "섬김", 55-56)." R. Banks, 『바울의 공동체 사상』, 장동수 옮김, 서울: IVP, 2007.

68 바르트(Karl Barth)는 교회 공동체의 분명한 정체성을 성부 하나님, 성자 예수 그리스도 그리고 성령님 안에서만이 확인됨을 강조함과 동시에 교회 공동체의 가장 기초적인 임무를 예수 그리스도 말씀의 진리가 이 세상의 모든 족속들과 민족들에게 가장 보편적이며 객관적인 구원의 메시지가 될 수 있도록 전파하는 것임을 강조한다(김영관, "바울의 신학에 기초한 칼 바르트의 교회론", 「신학사상 138 (2007년 가을)」, 147-178 특히 168이하 참조.

신의 사랑을 아들 예수를 통해 보이셨다. 마찬가지로 세상은 이제 교회를 통해 세상을 향한 하나님의 구원 계획과 사랑을 보게 된다. 교회는 하나님의 영이 거하시는 처소이고 하나님의 계시다. 이것이 일하시는 하나님의 방법이다. 이 방법의 핵심에 하나님의 약함이 있다. 이 약함이 하나님의 자기 부정과 자기 비움으로 예수의 십자가에서 계시되었다. 이것이 삼위일체 하나님의 디아코니아의 신비이다.

이것을 뛰어나게 잘 해석해 낸 책이 마르바 던(Marva J. Dawn)의 『세상 권세와 하나님의 교회』이다. 이 책에서 던은 일하시는 하나님의 방법과 이에 대한 교회의 참여를 다음과 같이 쓰고 있다.

"그리스도가 고난과 죽음을 통해 우리를 위한 속죄를 성취하셨던 것처럼, 주님은 우리의 약함을 통해 세상에 복음이 증거 되게 하신다. 사실, 하나님께는 우리의 능력보다는 약함이 더 필요하다. 마치 권세들(powers)이 주어진 한계를 넘어서서 신이 된 것처럼, 우리의 능력도 하나님과 다툰다. 시편과 이사야서가 가르치는 것처럼, 하나님의 방법은 우리를 환난으로부터 건져 내는 것이 아니라 그 안에서 우리를 위로하시는 것이며, 우리가 그 환난을 직면할 때 우리의 힘을 '교체(exchange)'하시는 것이다. 우리는 약함 안에서 그리스도와 연합함으로써 성령님의 능력으로 하나님의 영광을 드러낸다."[69]

마르바 던의 지적처럼 오늘 우리 교회에 진정 필요한 것은 "약함"이

---

69 M. J. Dawn, 『세상 권세와 하나님의 교회』, 노종문 옮김, 서울: 복 있는 사람, 2008, 70 또한 김영봉, 『바늘귀를 통과한 부자』, 191-204참조.

다. 오늘 한국 교회는 너무 강하다. 돈도 많고 배운 사람도 많고 지위와 권력을 휘두르는 사람도 너무 많다. 건물도 크고 화려하다. 믿지 않는 세상이 이러한 모습의 한국 교회를 바라볼 때 교회가 과연 하나님의 도움이 필요하다고 생각할 것인지 의심이 간다. 세상은 과연 오늘의 교회 안에 하나님이 거하신다고 믿고 있을까? 믿는 우리는 과연 진정 하나님의 은혜 안에서 그분의 공급하시는 능력을 신뢰하며 하나님의 디아코니아를 제대로 하고 있는 것인가? 오늘 우리에게 무엇보다도 필요한 것이 약함의 신학이다. 하나님이 우리의 약함 안에 온전히 내주하시기 때문이다.[70] 바울은 그의 선교 사역에서 이 점을 절실히 체험했던 것이다.[71]

삼위일체 하나님의 디아코니아는 스스로 멈추지 않고 계속됨에도 불구하고 하나님은 지금도 교회를 통해 일하기를 원하신다. 인간 편에서 볼 때, 이해가 잘 안 되는 신비이지만, 이미 하나님이 교회를 그리스도의 몸 되게 하셨기에 이 몸을 통해 일하시는 것이다. 이것은 놀라운 하

---

[70] "신약성경 저자들은 자신의 사역 기술이나 혈통, 배경, 교육, 능력 등을 의존하지 않고, 약점들을 감추지 않으며, 하나님을 의존하여 겸손히 행하는 모습으로 드러난다. 성경은 종종 제자들이나 교회(the Church)를 권세의 이미지가 아니라 작은 자의 이미지로 그리며 하나님의 일이 약함 속에 감추어진 비밀을 통해 성취된다고 말한다(M. J. Dawn, 『세상 권세와 하나님의 교회』, 73)." 약함의 신학에 대해 보다 구체적인 내용은 M. J. Dawn, 『세상 권세와 하나님의 교회』, 53-102 참조. 참된 교회의 모습에 대해 H. Snyder, 『참으로 해방된 교회』, 권영석 옮김, 서울: IVP, 2005과 F. Viola, 『1세기 관계적 교회』, 서울: 미션월드 라이브러리, 2007; 은준관, 『신학적 교회론』, 서울: 한들출판사, 2006 참조. 또한 신광은, 『메가처치를 넘어서』, 서울: 포이에마, 2015와 이진오, 재편, 서울: 비아토르, 2017도 참조.

[71] 고린도전서 1장 18절-2장 5절, 3장 18절, 15장 8-10절 상, 고린도후서 1장 8-10절, 4장 7-12절, 13장 4절 참조. 바울의 약함과 페리스타센 목록과 관련해서 장승익, "바울 서신서에 나타난 장애 이해: 고린도후서 12장 7-10절을 중심으로", 『장애인신학』, 이재서 외 공저, 서울: 도서출판 세계밀알, 2009, 103-132; 최영숙, "바울의 고난과 하나님의 능력", 「신약논단 17 (2010년 여름)」, 395-425와 동일 저자, "바울의 예레미야 9: 23-24 읽기", 『신약연구 9 (2010년 9월)』, 439-464 참조. 또한 Gordon D. Fee, 『바울, 성령, 그리고 하나님의 백성』, 길성남 옮김, 서울: 좋은씨앗, 2001, 193-206 참조. 박재순은 약함의 신학을 함석헌의 '씨알 사상'과의 연관 속에서 파악하였다(박재순, 『씨알 사상』, 서울: 나녹, 2010, 244-251).

나님의 선택의 은총이고 사랑이다. 에베소서 2장 10절은 "교회는 하나님의 작품이다."라고 말씀하고 있다. 하나님은 선한 일을 행하시려 교회를 만드셨다고 했다.[72] 그렇다. 교회는 하나님의 걸작이다. 작품에는 작가의 의도가 숨겨져 있다. 또한 작품은 그 스스로를 드러낸다. 따라서 작품을 감상하는 사람은 제각기 그 작품에서 풍겨 나오는 그 진수를 혹은 작가의 의도를 느끼고 찾아내고 즐긴다.

교회는 하나님의 작품이기에 하나님의 뜻을 세상에 증언해야 한다. 세상이 교회를 통하여 살아 계신 하나님을 발견할 수 있도록 도와야 할 뿐만 아니라 그 하나님의 뜻 안에 세상이 온전히 거하도록 해야 한다. 교회는 작가이신 하나님의 의도대로 이 땅에서 선한 일을 하도록 부르심을 받은 거룩한 무리이다. 바로 이 선한 일이 교회의 디아코니아이고, 하나님의 디아코니아에 참여하는 것이다. 이것을 스토트는 교회의 이중 정체성이라고 함축적으로 표현한다.

"내가 의미하는 '이중 정체성(double identity)'이란, 교회는 하나님을 예배하도록 세상에서 부름 받았을 뿐 아니라 증거하고 섬기도록 세상으로 다시 보냄 받은 한 백성이라는 말이다."[73]

이에 참여하는 방법은 일하시는 하나님에 대한 전적인 신뢰와 교회의 약함의 영성이다.

톨스토이(Lev Nikolaevich Tolstoi)는 "육체에 꼭 맞는 옷을 입기보다

---

72 디도서 2장 14절 참조.
73 J. Stott, 『살아 있는 교회』, 61; 황승룡, 『교회란 무엇인가?, 교회란 무엇인가』, 호남신학대학교 편, 서울: 한국장로교출판사, 1999, 140-160, 152-153 참조.

는 양심에 꼭 맞는 옷을 입는 것이 훨씬 좋은 것이다."라고 하였다. 필자는 하나님의 교회가 입어야 할 꼭 맞는 신앙 양심의 옷이 디아코니아라고 생각한다. 만약 교회가 이 옷을 입지 않는다면, 당연히 교회는 교회가 아니다. "불은 타서 존재하듯이 교회는 선교하면서 존재한다."는 에밀 브루너(Emile Brunner)의 말처럼 교회는 또한 디아코니아를 수행하면서 존재한다고 말할 수 있다.[74]

하나님으로부터 부르심을 받은 교회는 새로운 피조물이다. 성령은 교회가 이 지속적인 새로운 하나님의 창조 사역에 참여하도록 돕는다. 교회의 디아코니아는 바로 이 하나님의 새 창조 사역에 동참하는 것이다. 하나님의 창조 사역은 세상을 향한 철저한 하나님의 사랑, 즉 긍휼과 애통에 근거해 있다. 그러므로 세상을 향한 교회의 디아코니아 역시 이 하나님의 긍휼과 애통에 뿌리를 내리고 있어야 한다.

하나님의 긍휼과 애통으로 인해 아들은 그러한 하나님의 뜻에 순종하여 세상으로 보내심을 받았고, 그의 삶은 철저한 자기 비움과 복종으로 이어졌다. 교회의 디아코니아 역시 철저한 긍휼과 애통에 근거함으로써 하나님의 뜻에 겸손하게 철저히 순종함으로 세상을 섬겨야 한다.[75]

---

74 우리 시대에 교회의 분명한 정체성 확립과 교회가 사회에서 전복적(顚覆的)인 대안 역할을 하도록 격려함과 동시에 제안을 하고 있는 책으로 리 비치, 『유배된 교회』, 김광남 옮김, 서울: 새물결플러스, 2017를 참조. 김수환 추기경이 살아 계셨을 때 옥중에 갇힌 김대중 전 대통령을 방문한 적이 있었다. 그때 김대중 전 대통령은 추기경에게 다음과 같이 말했다. "추기경님이 도와주십시오. 이 나라와 이 땅의 민중을 위해 발 벗고 나서야 합니다." 이때 추기경은 다음과 같이 답했다. "물론이지요. 교회는 가난한 자, 버림받은 자, 병든 자의 벗이 되어야 하지요. 그것이 바로 교회의 존재 이유입니다. 당신의 바람대로 우리 종교인들이 종파를 초월하여 민주주의의 수호에 앞장서야 하지요." (고수유, 『김수환 추기경의 62가지 인생 이야기. 감사합니다. 서로 사랑하십시오』, 서울: 마인드북스, 2010, 131-132).

75 교회가 성령을 통하여 하나님과 올바른 관계에 놓여 있게 되면 하나님의 디아코니아를 실행할 수 있다. 이에 대해 김홍근, "'관계'에 대한 Martin Buber의 관계신학과 대상관계이론 및 영성신학적인 조명", 「신학사상 138 (2007년 가을)」, 247-278, 270-273 참조.

개 교회를 성장시키기 위해 혹은 교회를 드러내거나 이익을 추구하기 위한 도구로서의 디아코니아를 해서는 절대 안 될 것이다. 이것은 결국 자기 이익을 위해 하나님을 도구화하는 것에 불과하다.

세상을 향한 하나님의 사랑, 즉 긍휼과 애통이 있었기에 이 땅에 새로운 피조물인 교회가 탄생했다. 교회는 세상을 향한 하나님의 구원과 창조 사역의 담지자(擔智者)다. 이것은 새로운 변화다. 무엇이 이 변화를 가능하게 했는가? 바로 하나님의 사랑이다. 하나님의 사랑은 "새 생명의 탄생"을 가능하게 한다. 교회는 이 하나님의 디아코니아의 산물이다. 이 변화의 핵심은 살아 계신 하나님께로 돌아오는 것이다. 이스라엘을 하나님께로 돌아오도록 하기 위해 예언자들은 하나님의 디아코니아에 참여한 것이다. 힘들지만 교회는 하나님만을 신뢰하면서 세상에 대한 긍휼과 애통을 가지고 이 하나님의 디아코니아에 적극적으로 참여해야 한다.[76] 이것은 곧 교회가 하나님의 생명의 역사에 참여하는 것을 의미한다.

이 점에 있어서 시대적 격차는 있지만 칼뱅(John Calvin)의 경우를 생각하지 않을 수 없다. 칼뱅은 항상 경제 문제를 하나님의 주권의 관점에서 보았다.[77] 이 점에 있어서 칼뱅의 목회는 철저하게 디아코니아적이

---

76 헨리 나우엔(Henri J. Nouwen)은 긍휼을 이렇게 해석한다. 그의 해석은 삼위일체 하나님의 긍휼을 잘 설명하고 있다. "연민(Pity)은 측은히 여기는 것이라면, 긍휼(Compassion)의 의미는 '~와 함께 아파하고', '~와 함께 겪고', ~의 일치를 공유하는 것'을 뜻한다. 그러므로 긍휼은 상처가 있는 곳으로 가라고, 고통이 있는 장소로 들어가라고, 그래서 깨어진 아픔과 두려움, 혼돈과 고뇌를 함께 나누라고 촉구한다. 긍휼은 우리에게 연약한 사람들과 함께 연약해지고, 상처입기 쉬운 자들과 함께 상처 입기 쉬운 자가 되며, 힘없는 자들과 함께 힘없는 자가 될 것을 요구한다(H. J. M. Nouwen, 『긍휼』, 김성녀 옮김, 서울: IVP, 2002, 18)." 또한 김홍근, "관계", 272와 M. Fox, 『영성-자비의 힘』, 김순현 역, 서울: 다산글방, 2002, 39 이하 및 여러 곳을 참조.
77 정미현, "칼빈의 경제윤리와 젠더", 『기독교사회 윤리』, 한국기독교사회 윤리학회 편, 19

라 말할 수 있다.[78] 칼뱅은 철저히 생명 목회 그것도 이웃을 위한 생명 목회에 전적으로 헌신했기 때문이다. 칼뱅의 생명 신학을 연구한 심창섭은 다음과 같이 그의 생명 신학을 정리한다.

"칼뱅은 하나님의 뜻에 따라 하나님의 영광을 위한 헌신의 삶을 사는 것이야말로 그리스도인들이 소유한 생명의 존재 의미와 가치임을 역설하고 있다. 이것이야 말로 그리스도인에게 마땅히 일어나야 할 축복된 삶의 형태이며 이것은 곧 자기 비움의 삶으로 이어진다는 것이다. 그리고 자기 부인의 삶은 곧 하나님의 영광을 위한 삶과 이웃의 유익을 위한 삶으로 채워진다는 것이다. … 결국 칼뱅이 말하는, 하나님이 주신 생명을 소유한 그리스도인의 삶은 이웃에 대한 사랑으로 귀결된다. 우리는 주님으로부터 은혜를 받은 무엇이든지 이웃과 공동체의 유익을 위해 아낌없이 나누어 주어야 한다는 것이다."[79]

하나님의 디아코니아의 핵심은 역시 예수다. 예수가 생명이기 때문이다. 예수는 어두운 세상에 빛으로 오셨다. 하나님의 디아코니아는 어

(2010), 181-203, 183. "칼빈의 경제윤리의 근본 배경은 근본적으로 신론에 기초하고 있으며, 또한 하나님의 창조론과 섭리론에 관련되어 있다. 즉 하나님이 창조하신 피조물을 돌보시며(Dominus providebit) '하나님이 친히 준비하신다(창 22:8).'는 언약에 기초하고 있다는 뜻이다."

78 이 점에 대해 박경수, "칼뱅의 사상과 한국 교회의 사회적 역할", 「기독교사상 605 (2009년 5월)」, 58-68 특히 65-67; 박경수, "칼뱅의 경제사상에 대한 고찰", 『한국기독교신학논총 68 (2010)』, 57-79 참조. 또한 J. H. Leith, 『칼빈의 삶의 신학』, 이용원 옮김, 서울: 한국장로교출판사, 2002, 196-223 참조.

79 심창섭, "칼빈의 생명신학 - 기독교강요 중심으로", 「신학지남 305 (2010년 겨울호)」, 75-94, 84-85. 자세한 것은 그리스도인의 생활에 있어서 자기 부정에 대해 설명한 『기독교강요』 3권 7장을 참조.

둠을 몰아내는 것이기도 하다. 교회의 디아코니아를 통해 어둠이 물러가고 생명의 빛이 사람들 마음에 자리한다. 빛은 생명이자 기쁨이다. 이 생명의 기쁨은 종말론적인 소망인 동시에 위로이다.

오늘 교회는 무엇보다 예수로부터 오는 기쁨을 세상에 전해야 하는 막중한 과제를 안고 있다. 교회는 스스로의 만족과 기만적인 기쁨에 도취되어서는 안 될 것이다. 교회는 세상을 섬김으로 세상이 함께 기뻐하는 그러한 기쁨을 전해 줄 수 있어야 한다.[80] 이 모든 것은 교회가 어떻게 혹은 어떤 방식으로 하나님의 디아코니아에 참여하는가 여부에 좌우된다. 하나님은 교회가 이 일을 계승하기를 바라시는 것이다. 이것이 교회의 교회 됨인 동시에 과제이다.[81]

---

80 이를 위해 교회는 교회의 울타리에 갇혀 있는 신학이나 봉사를 해서는 안 된다. 과감하게 교회밖으로 나온 교회로서 진정 지역사회와 세상을 섬기는 교회로 거듭나야 한다. 그래야만 교회의 섬김을 통해 세상은 변화되는 것이다. 이에 대해 Rick Rusaw / Eric Swanson, 『교회밖으로 나온 교회』, 서울: 국제제자훈련원, 2008 참조. 두 저자는 오늘의 교회에 "우리 교회 때문에 삶이 달라진 사람은 누구인가?"라고 묻고 있다. 가톨릭 윤리 신학자 김정우는 포스트모던 시대의 신앙윤리를 검토하면서 절망과 위기 가운데 있는 오늘의 시대에 가장 필요한 것이 기쁨이라고 말하면서 교회가 이 세상에 기쁨을 전해야 할 사명이 있음을 강조한다. "교회의 쇄신은 다른 어떤 것보다 교회가 세상에 어떠한 기쁨을 줄 수 있는가를 항상 생각하고 고민하는 데서 쇄신은 시작될 수 있다(김정우, "포스트모던 시대의 신앙윤리", 김정우, 『포스트모던 시대의 그리스도교 윤리』, 김포: 위즈앤비즈, 2009, 12-119, 116)."

81 필자는 이것이 디아코니아 교회론의 본질에 해당된다고 믿는다. 그리고 지금은 적어도 "이머징 교회"가 이러한 디아코니아 교회론에 가까운 모델이 아닌가 생각한다. 물론 이머징 교회의 목회자들은 자신들의 교회가 어떤 특별한 교회가 아니라 단순히 하나의 보편적 교회라고 말한다. 영국 맨체스터의 밴 에드슨(Ben Edson, Sanctus 1, Manchester, U. K.)의 말을 통해 보면 "이머징 교회는 아주 단순히 하나의 교회, 즉 새롭게 태어나고 있는 상화에 뿌리를 두고, 그 상황 속에서 예배와 선교와 공동체를 탐구하는 하나의 교회일 뿐이다 (Eddie Gibbs/Ryan K. Bolger, 『이머징 교회』, 김도훈 옮김, 서울: 쿰란출판사, 2008, 66)." 하지만 필자가 더욱 주목하고 있는 부분은 이머징 교회의 메타 담론이다. 이 부분을 들어 보자. "그러나 해체가 완료되면 우리 공동의 여행은 끝난다. 왜냐하면 우리는 우리 물질적 헌신을 구원하고, 낯선 이들을 영접하며, 아낌없이 나누고, 권한을 나누며, 경청하고, 자리를 내어 주며 참 자유를 제공하는, 하나의 메타 담론, 곧 지배적 이야기가 있다고 정말로 믿기 때문이다. 이 메타 담론이 비록 수많은 국부적 표현 속에서 드러난다 하더라도, 여전히 이 메타 담론은 하나님의 선

다시 한번 강조하지만, 이 일을 수행하기 위해 오늘의 교회에 필요한 것은 바로 약함이다. 이것이 바로 십자가의 지혜이기 때문이다.[82] 내가 약한 그 때에 그리스도의 능력이 가장 강하게 역사한다는 역설의 진리를 교회는 기억해야 할 것이다(고린도후서 12장 9-10절 참조). 십자가만이 진정한 역사 변혁의 원동력이자 추동력이라는 것을 한시도 잊어서는 안된다.[83]

6. 디아코니아와 성례

개신교 교회의 성례는 성만찬과 세례이다. 성만찬은 돌아가시기 전 우리 주님이 제자들과 함께 식사하면서 제정하신 것이다. 칼뱅에 의하

교(*missio dei*), 하나님 나라, 복음이다(『이머징 교회』, 74)." 이머징 교회의 교회론에 대한 연구로 김도훈, "이머징 교회의 교회론에 대한 연구", 「장신논단 36 (2009)」, 9-40. 김도훈은 이머징 교회의 교회론을 선교적, 성육신적, 상황적, 문화적, 포스트모던적, 관계적 공동체를 추구하는 교회로 정리, 평가한다(김도훈, "이머징 교회의 교회론", 33-36 참조). 박철수, "하나님 나라", 380-403.

82 오늘의 교회에 이것이 부족하기에 교회는 여전히 교회를 향한 사회의 신뢰도에 있어 낙제를 면치 못하고 있다. 지난 2010년 12월 15일에 기독교윤리실천운동이 발표한 "2010 한국 교회의 사회적 신뢰도 여론조사"에 따르면 한국 개신교의 신뢰도는 지난해에 이어 48,4%로 떨어졌고, 종교기관의 신뢰도 순위에 있어서도 가톨릭교회(41,4%), 불교(33,5%)에 이어 20.0%로 3개 주요 종교 중 최하위를 기록했다. 하나님의 백성된 교회의 승리는 십자가에서 죽임 당한 어린양 예수에게 있음을 교회는 기억해야 할 것이다(계 5:7 참조). 이 죽임 당한 어린 양이 바로 하나님의 지혜이다(고전 1:18-25 참조). 약함의 능력에 대해서 M. J. Dawn,『세상 권세와 하나님의 교회』, 서울: 복 있는 사람, 2008; 장승익, "바울 서신서에 나타난 장애 이해"; 김동수, "그리스도 안에서 약함의 강함", 이재서 외 공저,『하나님 나라와 장애인』, 서울: 도서출판 세계밀알, 2015, 145-180; M. Horton,『약함의 자리』, 서울: 복 있는 사람, 2013 참조.

83 김영한은 "문화를 변혁하시는 그리스도"라는 개혁신학적 패러다임에 대해 말하면서 창조적 자본주의라 할 수 있는 이타적 자본주의의 출현을 설명하고, 한국 교회가 변혁의 공동체가 되어야 함을 역설한다(김영한, "21세기 한국 사회와 문화변혁: 변혁적 문화신학의 프로그램", in: 김영한,『21세기 한국 기독교문화와 개혁신앙』, 서울: 예영커뮤니케이션, 2008, 23-59).

면 "하나님은 자신의 독생자의 손을 통해 그의 교회에 또 다른 성례, 즉 영적인 잔치를 베푸셨는데, 이 잔치에서 그리스도는 자신이 생명을 주시는 떡, 말하자면 우리의 영혼이 먹음으로써 참되고 복된 불멸성에 이르게 되는 떡임을 확증하신다(요 6:51)."고 한다.[84]

칼뱅은 그리스도와의 연합이야말로 성만찬의 특별한 열매라고 『기독교강요』에서 강조한다.[85] 성만찬에 참여한 자들은 성만찬을 통해 새 언약 안에 있는 하나님의 새 백성이 된다. 이런 의미에서 성만찬은 기독론적이면서 구원론적이고 또한 교회론적이다. 기독론적이라 함은 성만찬의 근거가 세우신 예수님과 그의 삶에 있기 때문이고, 구원론적이라 함은 성만찬, 즉 떡과 잔의 나눔이 나를 위해 찢기시고 흘리신 주님의 몸과 피를 먹고 마심으로 주의 죽으심을 기억하고 기념하는 예식이기 때문이고, 교회론적이라는 것은 성만찬을 통해 참여한 자가 새 언약 아래에서 새로운 하나님의 자녀로서 그의 백성이 되었기 때문이다.[86]

성만찬을 통해 교회는 그리스도와 연합되고 그리스도의 몸으로서 하나가 된 공동체를 경험하며 늘 말씀 안에서 새로워진다. 이런 의미에서 성만찬을 통해 교회는 종말론적인 하늘의 기쁨으로 충만하게 된다. 이를 예배 신학자 슈메만은 다음과 같이 표현했다.

---

84 J. Calvin, 『기독교강요』 4권 17장 1항 (J. Calvin, 『기독교강요 4(하)』, 고영민 옮김, 서울: 기독교문사, 175 (이하 『기독교강요』 인용은 고영민의 번역에서 인용한 것임).

85 J. Calvin, 『기독교강요』 4권 17장 2항.

86 "그의 몸은 우리를 위해 주셨고 그의 피는 우리를 위해 흘리신 것이라고 선언하심으로써 그리스도는 그 몸과 피가 그의 것이 아니라 우리의 것임을 가르치신다. 왜냐하면 그가 몸과 피를 취하셨다가 버리신 것은 그 자신의 유익을 위해서가 아니라 우리의 구원을 위해서이기 때문이다(J. Calvin, 『기독교강요』 4권 17장 3항)."

"성만찬은 교회가 주님의 기쁨 속으로 들어가는 행위다. 그렇게 그 기쁨 속으로 들어가는 것, 그래서 세상 속에서 그 기쁨의 증인이 되는 것이야말로 바로 교회의 소명의 핵심이며, 교회의 본질적 '레이투르기아'이고, 교회를 '교회되게 하는' 성례다."[87]

칼뱅은 이렇게 쓰고 있다.

"하늘에 계신 우리 아버지는 우리를 그리스도에게로 초대하시는데 이는 우리로 하여금 그에게 참여함으로써 새롭게 되어 천국의 영생에 이를 때까지 반복적으로 힘을 얻을 수 있도록 하기 위함이다."[88]

칼뱅의 말대로 교회는 성찬에 참여함으로 새로워질 뿐만 아니라 주님과의 관계를 지속적으로 유지하게 된다고 할 수 있다. 왜냐하면 성찬의 자리는 나를 볼 수 있는 자리이기 때문이다.

하지만 성찬이 갖는 기독론적, 구원론적 그리고 교회론적인 의미를 참여자가 느끼도록 하시며 새 힘을 공급하시는 분은 그 자리에 활동하시는 성령이다.[89] 이런 의미에서 성만찬은 또한 성령론적인 사고 속에서 새로운 의미를 띤다. 칼뱅은 성만찬의 생명력 있는 교제를 이끄시는 성령에 대해 4권 17장 8-12항에서 자세히 설명한다. 12항에서 칼뱅은 다음과 같이 이 점을 강조한다.

---

87 A. Schmemann, 『세상에 생명을 주는 예배』, 서울: 복 있는 사람, 2008, 36.
88 J. Calvin, 『기독교강요』 4권 17장 1항.
89 슈메만은 이 힘을 "성령의 인치심"으로 본다(A. Schmemann, 『세상에 생명을 주는 예배』, 81 참조).

"주님은 그의 성령을 통해 우리에게 이러한 은택을 베풀어 주심으로써 우리로 몸과 영과 혼이 그와 하나가 되게 하시기 때문이다. 그러므로 이러한 연결의 끈은 그리스도의 영이신데, 그리스도와 우리는 하나로 연합되며, 성령은 마치 통로와도 같이 그리스도 자신의 모든 본성과 소유를 우리에게 전달하신다."[90]

예수와 제자들의 죽기 전 마지막 식탁 교제를 한번 생각해 보자.[91] 예수의 식탁은 철저히 디아코니아적이다. 왜 그러한가? 이 식탁의 특징이 철저히 섬기고 주는 것이었기 때문이다. 예수는 자신의 살과 피를 제자와 세상을 위해 찢기셨고 흘리셨고 아낌없이 내어 주셨다. 식탁에서 나누는 빵은 예수의 몸이요, 마시는 잔은 예수의 피다.[92] 교회의 디아코니아의 가장 핵심은 이런 의미에서 성만찬에 있다고 말해도 전혀 지나치지 않다.[93] 이러한 관점에서 밀리오레(Daniel L. Migliore)는 주의 성만찬

---

90 칼뱅은 또한 33항에서도 성령의 은밀한 능력이 우리와 그리스도를 연합시키는 끈으로 말한다. 이에 대해 김병훈, "개혁 신학의 성찬론", 『장로교회와 신학 6 (2009)』, 68-97, 90 이하 참조. 또한 이은선, "목회자로서의 칼빈", 『칼빈과 한국 교회』, 오정호 (편집책임 외 공저), 서울: 생명의 말씀사, 2009, 107-167, 140-143; 안명준, "한국 교회를 위한 칼빈의 신학적 해석학: 성령의 역할", 『칼빈과 한국 교회』, 요한칼빈 탄생 500주년 기념사업회, 서울: SFC, 2010, 308-327 참조.

91 성찬으로서의 식탁교제에 대해서 C. Smith / J. Pattison, 『슬로처치』, 김윤희 옮김, 서울: 새물결플러스, 2015, 311-329.

92 20세기 후반에 들어와서 기독교내 중심 교파들은 성찬식에 대한 의의에 대해 서로 공감할 수 있는 다음과 같은 선언문을 만들었다.
    - 성찬식은 교회일치의 가장 최선의 표현이다.
    - 성찬식은 신앙생활의 원천이고 절정이다.
    - 성찬식은 교회 갱신을 위한 기초이고 기준이다.
    - 성찬식에서 믿는 사람들의 공동체는 그리스도와 더불어 새로워진다.
    - 성찬식에서 교회 구성원들의 일체감이 성령을 통하여 늘 새롭게 된다.
    (M. Welker, 『성찬식에서 무엇이 일어나는가?』, 임걸 옮김, 서울: 한들출판사, 2000, 21).

93 이신건, "나눔과 소통의 미학-먹는 것", 「기독교사상 619 (2010년 7월)」, 78-84 참조.

이 갖는 디아코니아적인 의미를 잘 이끌어 내었다.

"주의 성찬의 의미는 예수가 자신의 사역을 통하여 죄인들, 가난한 자들과 함께 식탁의 교제를 나눈 것(막 2:15; 눅 15:1-2)과 밀접한 관계가 있다. 주의 성찬은 이제 다가오는 정의, 자유, 평화가 메시아적인 통치의 기쁨을 현재의 고난 가운데서 앞당겨 맛보는 것으로 이해될 때 올바로 해석된다. 주의 성찬은 새 하늘과 새 땅에서 자유롭게 되고, 화해된 새 인간에 대한 하나님의 약속을 구체적으로 증거하고 보증한다. 이 만찬의 식탁에서 먹고 마시는 것은 예수와 하나가 되는 것이며, 삼위일체 하나님의 사랑, 곧 자기를 내어 주며 타자를 용납하고, 공동체를 형성해 가는 그 사랑에 의하여 양육되는 것이다. 모든 사람이 이 식탁에 초대되지만, 특별히 가난하고 병들고 버림받은 자가 초대된다(눅 14:15-24)."[94]

이것이 신구약성경이 말하는 디아코니아의 핵심이기도 하다.[95]

성만찬은 교회의 디아코니아의 근거로서 출발점인 동시에 마침의 자리이다. 왜냐하면 성만찬은 세상을 위한 삼위일체 하나님의 "줌과 나눔"의 상징적 의미를 담고 있기 때문이다.[96] 이것은 곧 교회의 디아코니

---

94 D. L. Migliore, 『기독교 조직신학 개론』, 316.

95 임희모는 성찬과 선교를 연결시킨다. 임희모, "성찬론적 사회봉사", 『선교와 디아코니아 5 (2001)』, 208-227, 특히 216. "성찬에서 선교론적 차원이 강조된다. 성찬은 하나님의 은혜의 선물로서 성찬에서 하나님은 선교를 하신다. 선교의 주체이신 하나님이 주재하시는 성찬에 참여하는 것이 하나님의 선교에 참여하는 것이다."

96 이 점을 성례와의 관계 속에서 잘 설명한 책이 제임스 화이트(James White)의 『하나님의 자기 주심의 선물: 성례전』이다. 그는 "하나님의 '자기 주심(God's self-giving)'은 기독교 성례전의 기초이다."라고 말하면서 "하나님의 자기 주심은 사람들이 볼 수 있는 인간의 모습으

아와 연동되어 있다. 그러므로 교회가 본질로서의 디아코니아 사역을 온전히 감당하기 위해서는 지속적으로 힘을 공급받아야 하는데 필자의 소견으로는 이 공급받는 자리가 바로 성만찬이다.[97] 칼뱅 역시 성만찬을 통해 주님의 능력이 우리 안에서 효력을 발휘하게 됨을 말한다.[98] 따라서 교회는 사역의 자리에서 매 순간 주의 성찬을 기억해야 한다. 이 점과 관련하여 벨커(Michael Welker)는 신학적으로 매우 중요한 점을 지적한다.

"성찬식은 그 속에서 예수 그리스도에 대한 회상이 일어나게 되는 하나의 사건이다. 이 '회상'은 구원하는 그리스도의 현존에 대한 생생한 기억들과 경험들 그리고 그것에 대한 소망을 포함하는 것이다. 성찬식은 그리스도를 회상하려는 사람들을 충만한 그분의 삶으로 인도한다. 그리스도를 회상하는 것은 하나의 성령의 역사이다."[99]

성만찬을 통한 예수의 삶과 말씀에 대한 기억으로 교회는 삼위일체 하나님의 디아코니아에 지속적으로 책임 있게 참여할 수 있는 추동력을 공급받게 된다.[100] 이 주의 성찬은 교회를 위한 축복과 은총의 자리인 동시에 이에 대한 통로가 되기 때문이다. 성만찬의 자리에서 교회는

로 나타나신 사건이다. 그분이 바로 나사렛 예수님이시다."라고 강조한다(J. White, 『하나님의 자기 주심의 선물: 성례전』, 김운용 옮김, 서울: 예배와설교아카데미, 2006, 23-24).

97 김옥순, 『디아코니아학 입문』, 440-441 참조.

98 J. Calvin, 『기독교강요 4권 17장 1항. 2항.

99 M. Welker, 『성찬식에서 무엇이 일어나는가?』, 176. 또한 그의 다른 책 『하나님의 계시. 그리스도론』, 오성현 옮김, 서울: 대한기독교서회, 2015, 411이하 참조.

100 M. Welker, 『하나님의 계시』, 410. "교회는 또한 삼위일체 하나님의 현존에 대해서도 감사하며 기뻐하면서 성만찬을 경험한다."

성령의 도움으로 그리스도의 현존을 체험하는 동시에 메시아와 함께하는 종말론적인 천국 잔치에 참여하여 하나님 나라의 기쁨을 미리 맛본다.[101] 이런 맥락에서 슈메만은 성만찬을 "교회가 하나님 나라 차원 속으로 들어가는 여정"[102]으로 해석한다. 필자는 교회의 디아코니아의 삶의 자리가 바로 이러한 자리여야 한다고 믿는다.[103]

칼뱅에 의하면 교회는 성찬을 통해 여러 가지 유익한 것들을 공급받는 데, 예를 들어 "영양분을 공급해 주는 것, 새롭게 하는 것, 강건하게 하는 것, 기쁘게 하는 것이다."[104] 성만찬은 하나님의 교회에 있어서 곧 생명 끈이자 생명 그 자체다. 왜냐하면 예수 자신이 "완벽한 성만찬"[105]이고 생명이신 하나님의 말씀이기 때문이다.

세례는 부활하신 주님이 교회에 명령하신 주의 명령에 근거한다.

"너희는 가서 모든 민족을 제자로 삼아 아버지와 아들과 성령의 이름으

---

101 N. T. Wright, 『성찬이란 무엇인가』, 안정임 옮김, 서울: IVP, 2011, 특히 65-67 참조.

102 A. Schmemann, 『세상에 생명을 주는 예배』, 36.

103 이 점은 중세 저술가들에 있어서 성례전의 기능 중 "성례전은 은총을 운반한다."의 주장으로 논란이 있었다. 이에 대해 A. E. McGrath, 『역사 속의 신학. 그리스도교 신학 개론』, 김흥기 외 3인 공역, 서울: 대한기독교서회, 2002, 653-657 참조. 또한 M. Welker, 『성찬식에서 무엇이 일어나는가?』, 170-174 참조.

104 J. Calvin, 『기독교강요』 4권 17장 3항. "성찬에서 나누는 '교통(communion)'은 그리스도의 죽음을 단지 정신적으로만 경험하는 것이 아니고, 그리스도의 속죄의 영적 유익들을 새롭게 받는 것을 의미한다(Robert L. Reymond, 『최신 조직신학』, 나용화 외 3인 공역, 서울: 기독교문서선교회, 2004, 1213)." 옥성호는 성례가 주는 유익을 세 가지로 정리한다. 첫째, 예배는 예배를 빙자한 인간을 위한 축제가 아닌 하나님의 은혜를 받는 진정한 축제의 장이 된다. 둘째, 성례는 가까운 미래에 닥칠 사이버 세상으로부터 교회를 지키는 버팀목이 될 것이다. 셋째, 성례는 매일 달라지는 세상 속에서도 변하지 않는 교회의 중심을 보여 준다(옥성호, 『엔터테인먼트에 물든 부족한 기독교』, 서울: 부흥과 개혁사, 2010, 280-282 참조.

105 이 말을 슈메만이 사용했는데, 그는 예수가 우리에게 완벽한 성만찬적 삶을 주셨다고 강조한다(A. Schmemann, 『세상에 생명을 주는 예배』, 49).

로 세례를 베풀고 내가 너희에게 분부한 모든 것을 가르쳐 지키게 하라(마 28:19-20)."

결국 이 둘은 예수의 디아코니아의 핵심을 이룬다. 이러한 성례가 갖는 의미의 중요성을 삶 속에서 지속할 수 있도록 하는 것이 기독교 교육의 중요한 역할일 것이다. 왜냐하면 우리 그리스도인들에게 있어서 성령과 함께하는 성례의 자리는 교회 안에서만이 아닌 매일 삶의 자리이기 때문이다. 이런 의미에서 가르침과 종교적 상상력을 훌륭하게 연결시킨 마리아 해리스(Maria Harris)의 작업이 돋보인다.

마리아 해리스는 '성례적인 상상력'이라는 시각에서 가르침 그 자체가 성례가 되어 거룩함이 매개되는 상징적 의식 형태가 될 뿐만 아니라, 동시에 성례적인 활동으로서의 가르침은 삶의 모든 것, 인간 활동의 모든 것이 성례가 될 수 있음을 지적해 주었다.[106] 필자는 이러한 해리스의 상상력 있는 연구가 바로 우리 그리스도인이 매일 삶 속에서 하나님의 디아코니아 곧 그의 거룩함을 생각하며, 교회가 일상 속에서 거룩함의 길을 걷도록 하는 귀중한 실마리를 제공했다고 생각한다. 이러한 의미에서 성례적인 상상력에 관한 가르침은 디아코니아를 교회의 삶과 일치하도록 하는 귀중한 가르침을 주었다.

성찬은 이러한 성례적인 상상력과 성령의 선물로서 문화적인 힘을 갖는다. 이 문화적인 힘은 교회의 디아코니아를 수행해 나가는 그 힘의 근원이 된다. 그리스도를 회상하는 교회의 일상적인 신학 작업의 일환인 교회의 "성례적 디아코니아(sacramental diakonia)"는 세상에 대해

---

106 M. Harris, 『가르침과 종교적 상상력』, 김도일 옮김, 서울: 한국장로교출판사, 2003, 50-51.

'예수가 세상의 구원입니다.'를 선포하면서 동시에 그가 곧 하나님의 공의이자 사랑임을 세상에 알리는 기능을 한다.

이러한 성례적 디아코니아와 관련하여 한 가지 더 주목할 점은 성례가 세상에 대해 갖는 심판의 역할이다. 화이트 교수는 바로 이 점을 강조한다.[107] 그의 진술에 착안하여 필자는 "성례적 디아코니아"라는 말을 앞에서 사용했다. "성례적 디아코니아"는 성찬식에서 역동적으로 벌어지고 있는 성령의 사역과 하나님의 통치가 교회의 디아코니아를 통해 이 세상 한 가운데 구현되도록 한다. 그러므로 성례적 디아코니아는 교회 내적으로는 교회의 자기 모습을 돌아볼 수 있는 교회의 자기반성, 자기 갱신과 회심으로, 교회 외적으로는 모순된 사회와 구조적 악을 지적하고, 심판하고, 타파해 가도록 이끈다.

성례적 디아코니아는 또한 교회가 이 세상에서 진정한 샬롬과 하나님 나라를 세워가는 모든 과정을 포함한다. 그뿐 아니라 그리스도인이 일상에서 하나님의 거룩을 회복하기 위해 참여하는 총체적인 활동까지도 모두 포함하고 있다. 이런 의미에서 필자는 성례적 디아코니아라는 개념을 사용했다.

---

107 J. White, 『성례전』, 239. "그리스도인들은 현재의 사회적 실태에 대해 만족하지 않는다. 왜냐하면 성만찬은 언제나 그러한 사회적 실태에 대해 심판하고 나서기 때문이다. 동시에 성만찬은 가장 의로운 제도를 하나님이 세워 가실 것이라는 약속의 말씀을 세상에 선포해 준다. 이와 같이 성만찬은 그리스도인들이 세상을 변화시키는 힘의 원천이며, 하나님이 이 땅에 이루기 원하시는 하나님 나라와는 멀리 떨어져 있는 기존의 사회를 향해 그 안에 있는 거짓된 확신에 대해 비난을 제공하게 된다. 성만찬은 사람을 위하여 무산계급을 통치하는 어떤 독재자가 제시한 것보다, 자유방임의 자본주의가 제시한 것보다, 또는 다른 어떤 인간적인 뛰어난 처방이 제시하는 것보다 더 많은 급진적인 비전을 약속해 준다. 그리고 이러한 인간적 수단과는 달리 성만찬은 역시 공의를 위해서 일할 수 있는 힘을 제공해 준다." 또한 M. Welker, 『성찬식에서 무엇이 일어나는가?』, 172-173와 김동선, 『예수는 생명의 떡이요 밥은 하늘입니다』, 서울: 한국장로교출판사, 2003, 185-192 참조.

그러므로 성례적 디아코니아는 디아코니아 교회론의 가장 중심에 있다고 할 수 있다. 왜냐하면 교회는 성례 공동체이기 때문이다. 교회는 날마다 모든 사람을 위해 죽기까지 섬기신 예수의 죽으심을 기억하며 성례적 삶, 즉 나누고 섬기며 감사하고 화해하며 찬양하는 삶을 살아가야 할 것이다.[108] 이 성례적 삶은 교회 공동체라는 닫힌 공간이 아닌 일상이라는 열린 공간에서 반드시 이루어져야 함을 교회는 잊어서는 안 될 것이다.

7. 디아코니아와 목회

앞에서 밝힌 대로 교회의 과제는 하나님의 코이노니아와 디아코니아에 얼마나 성경적으로 온전히 참여하는 가에 놓여 있다. 이것을 가능하도록 하는 것이 바로 목회다. '목회는 이것이다.'라고 단언하기는 쉽지 않지만, 우리가 논의하는 맥락에서 볼 때, 목회는 분명 세상을 향한 하나님의 코이노니아와 디아코니아에 교회가 적극적으로 참여하도록 하는 신학적 돌봄 사역이다.[109] 필자는 이것을 "디아코니아 교회론 정립을

---

108 이 부분에 대해서 톰 라이트의 성찬 신학은 매우 유용하다. N. T. Wright, 『성찬이란 무엇인가』, 서울: IVP, 2011.

109 기독교 교육학자이자 교수인 손디모데 목사는 그의 책 『공동체 정체성을 위한 교육목회』라는 책에서 목회를 다음과 같이 정의한다. "목회는 일정한 공동체에게 원하시는 하나님의 거룩하신 뜻과 소원을 발견하여 그 섭리와 함께 힘 있게 동참하기 위해 공동체 성도들이 비전을 보게 하고, 비전에 따라 세운 사명감을 완수하기 위해 저들을 잘 준비함으로 사역 현장에서 하나님의 능력을 나타내기 위하여 훈련과 양육을 통해 교육하는 과정이다. 새롭게 유입된 새 교우들과 변화 속에 주어지는 목회 환경을 통해서 진정 하나님이 우리 공동체를 통해서 이루고자 하시는 목적이 무엇인지를 확실하게 이해하도록 하는 것이다. 이런 면에서 하나님 중심의 관점에서 성서적으로 타당한 방법론을 개발하고 채택해서 변화의 상황에 적절하게 대

위한 목회"라고 부르고 싶다.[110]

목회는 무엇보다도 우리를 자녀로 삼으신 하나님의 그 마음을 품고 목자로 부름 받은 자가 감당하는 사역이라 할 수 있다. 하나님의 마음이 없는 사역은 목회가 아니다. 그것은 그저 일이나 비즈니스에 불과하다. 세상을 향한 하나님의 디아코니아로서의 구원 행동은 천편일률적이지 않고, 복합적이고 다층적이다. 필자는 이것을 역동적인 하나님의 디아코니아라고 명명하고 싶다. 왜냐하면 하나님의 디아코니아는 현실에 안주하지 않고 한곳에 머무르지 않으면서 꼭 하나님의 도움을 필요로 하는 그곳에 임하셔서 인간과 피조물의 탄식을 듣고 그들을 섬기기 때문이다. 이것은 신구약성경 그 자체와 세계 역사가 말해 주고 있다.

그러므로 오늘의 교회와 목회자 역시 이러한 하나님의 역동적인 생명 목회에 참여하기 위해서는 하나님의 움직임에 예민하게 반응해야 하며 성령의 역동성에 바르게 깨어 있어야 한다.

이러한 생명 지향적인 디아코니아를 하나님은 하나님의 형상대로 지음 받은 인간을 통해 일하기 원하신다. 이러한 목회는 분명 사람이 하는 것이다. 그럼에도 교회의 디아코니아와 목회의 주체는 삼위일체 하나님이시다. 다시 말하면 성령이라고 할 수 있다. 성령이 목회의 주체가 되

응하는 과정이 목회이다(손디모데, 『공동체 정체성을 위한 교육목회』, 서울: 예영커뮤니케이션, 2012, 26 [서문])."

110 디아코니아를 전공한 신학자이자 목회자인 김한호는 이것을 "통전적 디아코니아"라고 부른다. "디아코니아는 봉사적 측면을 넘어 예배, 교육, 섬김, 은사 등 교회 사역의 전 영역까지 통전적으로 적용되어야 한다. 목회란 교회가 하는 모든 사역을 말하며, 그 모든 사역이 디아코니아가 되어야 하는 것이다(김한호, 『디아코니아와 예배』, 경기도 광주: 서울장신대학교 디아코니아 연구소, 2016, 11)." 그는 또한 다음과 같이 목회와 디아코니아의 관계에 주목한다. "목회와 디아코니아는 서로 분리되어 수단이 되는 관계가 아니라 서로가 서로를 본질로서 관계를 맺는다. 따라서 목회 전반에 걸쳐 통전적 디아코니아가 회복되어야 한다(김한호, 위의 책, 11-12)."

고, 목사를 비롯한 모든 성도는 이 일에 참여하여 쓰임을 받을 뿐이다. 수동적인 것 같지만 성령에 온전히 사로잡혀 목회를 한다면 이것만큼 강력한 힘을 발할 수 있는 길은 없다. 성령은 가장 강력한 힘이고, 능력이기 때문이다.

하나님의 디아코니아를 어떤 특별한 전문 영역 안에 가두어 생각할 수 없는 것처럼, 원론적인 측면에서 볼 때 누구나 자기 분야에서 하나님의 디아코니아에 참여할 수 있을 뿐만 아니라 실제로 참여하고 있다. 이런 거시적인 관점에서 보면 사실 모든 성도가 다 목회자이고, 목회를 하고 있는 것이다. 하지만 현실은 그렇지 못하다. 우리는 모든 성도를 목회자라 하지 않고 또 성도 스스로가 '나는 목회자입니다.'라고 말하지 않는다. 그러므로 오늘의 현실을 고려하여 볼 때 하나님의 디아코니아에 전문적으로 참여하는 자를 목회자라 일컬을 수 있을 것이다. 일반적으로 우리는 목사 혹은 전도사, 선교사 등을 흔히 목회자라고 한다.[111]

목회자란 누구인가? 목회자란 목회하는 사람, 목회로 부름을 받은 사람이다. 다른 측면에서 말하면, 하나님으로부터 목회로 부르심을 받은 사람이다. 우리는 이것을 흔히 소명이라 한다. 즉 하나님의 목회로 소명 받은 자가 목회자다. 교회가 하나님의 디아코니아에 적극적으로 참여하도록 구약의 예언자처럼, 초대교회의 일곱 집사, 사도들 그리고 바울 사도를 도와 교회를 섬기고 목회했던 사람들처럼 하나님의 말씀을

---

111 목사 안수를 받지 않았을지라도 일반 성도가 자신의 본래 직업을 접고, 본격적으로 하나님의 디아코니아에 참여할 때 우리는 그를 평신도 선교사 혹은 목회자로 부를 수 있을 것이다. 왜냐하면 그는 자신의 모든 것을 이 사역에 헌신하고 있기 때문이다. 목사만이 목회자는 아니기 때문이다. 우리는 바울을 비롯한 초대교회의 사역자들이 이런 근거에서 충분히 그들을 목회자라고 말할 수 있다. 반면 신학교육을 받고 목사로 안수 받았어도 그가 우리가 말하는 전문 영역에서 사역을 하지 않을 때는 그를 목회자라고 말할 수 없을 것이다.

선포하고 가르치고, 어려운 백성들을 구제하고 돌보는 일에 전문적으로 참여하는 사람들이 바로 목회자다. 디아코니아와 목회의 상관관계 속에서 우리는 다시 한번 질문을 던진다. 목회를 한다는 것은 무엇을 말하는 것인가?

앞에서 말한 대로 목회하는 목회자가 성도들이 하나님의 디아코니아에 참여하도록 돕고 교회를 세우고 이 세상에서 하나님의 뜻을 이루어 가도록 하는 총체적인 사역이 모두 목회다.[112] 그러므로 목회 현장은 교회 안에서만 제한되어서는 안 되고 세상이 목회 현장이다. 또한 그 대상은 인간만이 아니라 모든 피조 세계이다.[113] 앞에서 시도한 구약과 신약에서의 디아코니아의 의미를 밝힌 것을 현실 속에서 구체화하는 모든 시도와 노력이 바로 목회이다. 하늘에서 이루어진 하나님의 뜻이 이 땅에서 구체적으로 이루어지도록 하는 교회의 디아코니아적인 사역이 목회인 것이다. 이것이 바로 예수의 목회였다.[114]

그러므로 목회자는 자신의 욕망을 제어하고 철저히 하나님의 통치 안에서 그분의 뜻을 이루어 가는 목회가 되도록 성령의 도우심과 인도하심을 구해야 한다. 그래야만 우리의 목회가 하나님께 영광이 되고 세상을 바르게 섬김으로 많은 사람을 기쁘게 하여 온전히 하나님의 디아

---

112 김형태는 "목회적 교육"에 대해서 말한다. 그는 그의 저서 『목회적 교육』에서 이를 다음과 같이 정의하고 있다. "목회적 교육은 교회의 돌봄과 배움의 교역을 가리키는 것으로, 교역에 있어서 하나님의 뜻이 무엇인지를 연구하고 실천하는 것이다(김형태, 『목회적 교육』, 서울: 한국장로교출판사, 2003, 122)." 그러면서 목회적 교육의 신학적 과정을 "개인과 교회를 갱신하여 사회문화를 변혁시키고, 하나님 나라를 이 세상 속에 실현시키는 성령의 선교적 활동에 참여하는 것이다."라고 강조한다(김형태, 『목회적 교육』, 127).

113 이점에 대해서는 이사야서와 시편 145편 9절, 로마서 8장 19절 이하 참조. 폭스는 "긍휼의 범위는 우주적이다."라고 말한다(M. Fox, 『영성-자비의 힘』, 64-65).

114 김명수, "주기도에 관한 문학 비평적 연구", 「신학사상 122 (2003년 가을)」, 167-194, 184-185 참조.

코니아에 참여시키는 목회가 될 것이다.[115] 교회의 신뢰도가 점점 추락해 가는 오늘의 시대에 있어서 우리의 목회는 디아코니아 교회론 정립을 위한 목회가 되어야 할 것이고, 디아코니아 교회론은 사회를 바르게 섬기는 공적 신학을 위한 교회론의 역할을 감당해 나가야 할 것이다.[116]

8. 디아코니아와 선교[117]

삼위일체 하나님의 디아코니아는 세상에 대한 하나님 사랑의 발로이

---

115 유진 피터슨은 바울을 훌륭한 목회자이자 신학자로 보면서 바울의 목회 신학을 통해서 오늘의 목회자가 배워야 할 4가지를 끄집어낸다. 성경에 복종함, 비밀에 대한 인식, 언어 사용 그리고 공동체에 열중함이다(E. Peterson, "바울과 로마: 성경적인 목회 신학을 회복하라", in: E. Peterson. M. J. Dawn, 『껍데기 목회자는 가라』, 차성구 번역, 서울: 좋은씨앗, 2008, 101-130에서 108). 피터슨은 다음과 같이 결론을 맺고 있다. "목회자와 신학이 성경적인 원천에서 분리되고 서로 아무런 상관없이 전문화되면, 공동체의 모든 구성원들은 길을 잃고 헤맬 수밖에 없다. 바울은 로마서에서 유기적이고 성경적인 목회 신학을 회복하는 데 필요한 본질적인 힘이 어떤 것인지 보여 주었다. 그는 자기 자신을 내놓았다. 성경에 철저히 복종하고, 하나님의 비밀에 대해 열려 있었고, 은유적인 언어들을 생동감 있게 사용했으며, 공동체의 상황을 끈기 있게 보살폈다(E. Peterson, 『바울과 로마: 성경적인 목회 신학을 회복하라』, 130)."

116 임성빈 외 13인 지음, 『공공신학. 한국 교회의 사회적 섬김에로의 초대』, 기독교윤리실천운동 엮음, 서울: 예영커뮤니케이션, 2009 참조. 목회론과 디아코니아의 균형 잡힌 관계에 대해 김한옥은 매우 타당하고 설득력 있게 잘 정리했다. "목회와 사회봉사는 교회의 돕는 활동에서 서로 불가분의 관계에 있다. 사회봉사가 구제활동이나 제도 개선을 위한 행위라면, 목회는 신학적인 돌봄의 사역이다. 사회봉사가 목회의 과제를 제시하고, 목회는 사회봉사활동에 대한 내용과 의미를 부여한다. 목회와 사회봉사는 교회의 돕는 사역 안에서 각자의 영역을 차지하면서 하나님 나라와 그리스도의 몸을 세우는데 서로 협력한다(김한옥, 『기독교 사회봉사』, 32)"

117 선교에 대한 성경적 이해에 대해서는 안승오. 박보경, 『현대 선교학 개론』, 서울: 대한기독교서회, 2008, 15-90 ; 홍기영, 『통전적 선교』, 서울: 도서출판 물가에심은나무, 2008, 19-117 참조.

기에 이것은 곧 하나님의 선교이다.[118]

"선교는 삼위일체 하나님 자신의 행위 속에 근거를 두고 있기에 교회의 선교 이전에 하나님의 선교 행위에서 출발한다. 선교의 근원적인 주체는 하나님 자신이다."[119]

아들 예수의 순종으로 하나님의 선교는 교회를 통해 펼쳐진다. 이 세상을 향한 하나님의 사랑은 하나님의 형상대로 지음 받은 인간과 모든 피조 세계를 향한 하나님의 구원 행동을 지향한다.[120] 이러한 하나님의 디아코니아를 수행해 가는 분이 바로 성령이다.

"삼위일체 하나님은 선교하는 하나님이고, 삼위일체 하나님의 선교는 성령

---

118 이광순은 선교신학에서 가장 많은 논쟁을 불러 일으켰던 "하나님의 선교" 개념에 대한 역사를 서술하면서 하나님의 선교 개념이 갖고 있는 장단점을 정리하고 우리 교단의 통전적인 선교신학을 제안한다. 이에 대한 자세한 것은 이광순, 『선교의 특수성과 보편성』, 서울: 미션아카데미, 2000, 9-51 참조. 소기천, "누가복음에 나타난 하나님 나라의 선교와 제자도", 『하나님 나라와 선교』, 서정운 명예총장 은퇴기념 출판위원회, 서울: 대한기독교서회, 2001, 56-76에서 56-57 참조. 소기천은 누가복음에서 하나님 나라의 선교는 제자도와 연결됨을 강조한다. 이것은 교회의 디아코니아와 연결시켜 볼 때 매우 중요하다. 일찍이 하나님의 선교와 디아코니아는 호켄다이크(Johannes C. Hoekendijk)에 의해 선교신학적으로 사용되어 왔다. 서정운, "한국 교회와 한국인 디아스포라의 선교적 의미", 위의 책, 91-102; 노영상, "이사야서에 나타난 전 지구적 샬롬(the Global Shalom)의 개념과 선교전략", 위의 책, 222-243를 참조하라. 또한 "하나님의 선교"에 대한 균형 있고 설득력 있는 해석으로 L. Newbigin, 『다원주의 사회에서의 복음』, 서울: IVP, 2007, 243-263 참조.

119 한국일, 『세계를 품는 선교-선교 중심 주제』, 서울: 장로회신학대학교출판부, 2004, 72.

120 D. J. Bosch, "선교의 성경적 모델에 관한 고찰", 『선교신학의 21세기 동향 (전호진 박사 한국 복음주의 선교학회 30년 성역 기념 논총)』, 한국복음주의신학회 선교분과회 편역, 서울: 이레서원, 2000, 275-295에서 286 이하와 김이곤, "교회와 하나님의 백성", 「신학사상 110 (2000년 가을)」, 34-52, 52 참조.

님을 중심으로 일어나는 성령론적 선교이기도 하다."121

    하나님의 디아코니아는 역사 속에서 당신의 형상대로 지음 받은 백성을 향한 하나님의 자기 계시의 성격을 띤다. 이 하나님의 자기 계시는 그리스도의 몸인 교회를 통해 세상에 구체적으로 드러난다. 이런 측면에서 교회, 디아코니아 그리고 선교는 밀접한 관련이 있다.122 물론 이 하나님의 자기 계시가 교회의 전유물이라는 말은 아니다. 하지만 신구약성경은 일관되게 구약의 하나님 백성과 신약의 하나님 백성으로서의 교회를 통해 하나님이 당신의 디아코니아를 세상에 알리고 계심을 강조한다. 이 하나님의 디아코니아를 우리는 선교라고 부를 수 있다.123

    우리가 하는 것 같지만 기실 교회는 성령의 인도하심과 이끄심에 순종하며 참여하는 것이다. "교회는 하나님의 계시의 담지자와 증언자로서 케리그마와 모든 인류를 하나님과의 교제로 초청하는 코이노니아,

---

121 임희모, "생명 봉사적 통전 선교", 156; 배재욱, "생명", 117 참조. 레슬리 뉴비긴, 『레슬리 뉴비긴의 삼위일체적 선교』, 최형근 옮김, 인천: 도서출판 바울, 2015, 138-141 참조. 뉴비긴은 『오픈 시크릿』에서 삼위일체적 선교에 대해 구체적으로 전개했다(L. Newbigin, 『오픈 시크릿. 마침내 드러난 하나님의 비밀. 선교』, 홍병룡 옮김, 서울: 복 있는 사람, 2012.

122 이에 대한 고전적인 논의를 담은 책으로 H. Kraemer, 『평신도 신학』, 홍병룡 옮김, 서울: 도서출판 아바서원, 2014, 특히 141-182 참조. 자세한 것은 황홍렬, "사회복지 디아코니아 / 사회봉사와 선교", 『선교와 디아코니아 5 (2001)』, 11-62, 특히 53-61 참조. 이것과 관련된 바람직한 교회론을 위해 M. Frost / A. Hirsch, 『새로운 교회가 온다』, 지성근 역, 서울: IVP, 2009; C. Smith / J. Pattison, 『슬로처치』와 이도영, 『페어 처치』, 서울: 새물결플러스, 2017 참조.

123 하나님은 이스라엘 백성과 교회를 선택함으로 하나님의 선교를 이루어간다. 이 점을 노영상은 구약 이사야서를 선교와 연결시켜 논함으로 잘 보여 준다. "하나님은 이스라엘을 분리적으로 선택하심으로써, 세상 속에서 자신의 구원의 기획을 알리고 계신 것으로, 그 선택은 하나의 하나님의 선교적 행동으로 보아야 한다(벧전 2:9-10). 선교는 이스라엘 백성의 행동(activity)이기보다는, 세상 속에서 이스라엘 백성 안에 거하시는 하나님의 현존(presence)에 근거하는 것이다(노영상, "샬롬의 개념과 선교전략", 240)."; J. Blauw, 『교회의 선교적 본질』, 전재옥 외 2인 옮김, 서울: 대한 예수교장로회총회출판국, 1988, 43-48 참조.

하나님 사랑의 실천을 위한 디아코니아를 수행하는 참여적 주체로서 자신의 선교적인 역할을 수행해야 한다. 교회는 이와 같은 하나님의 선교에 참여하도록 세워진 선택적 도구이며 동역자이다."[124] 만약 교회가 선교를 중단한다면 그것은 교회 스스로 교회임을 부정하는 것이고 동시에 살았지만 죽은 교회라 할 수 있다.[125]

성령의 이끌림 속에서의 역동적인 참여, 이것은 곧 철저한 자기 부인과 하나님에 대한 신뢰를 요구한다. 피동적인 것 같지만 이보다 더 적극적이고 역동적인 것은 없다. 만약 우리 교회가 전적으로 하나님의 디아코니아에 순복하여 하나님을 전적으로 신뢰하며 나아갈 때 어쩌면 교회의 선교는 우리가 도저히 예상치 못한 방향으로 지금보다 더 효율적이면서도 생산적인 방향으로 진전될 수 있을 것이다.

"로버트 허드너트(Robert K. Hudnut)는 교회의 수동성 회복이야말로 교회

---

124 한국일, 『세계를 품는 선교』, 74. 또한 한국일, 『선교적 교회의 이론과 실제』, 서울: 장로회신학대학교출판부, 2016 참조. 선교적 교회론의 신약성경적 논의에 대해 박영호, "만인제사장론과 선교적 교회: 베드로전서 2장 9절의 해석을 중심으로", 『선교와 신학 43 (2017)』, 175-210, 특히 201-202 참조.

125 이런 측면에서 태생적으로 교회는 선교적 교회이다. 선교적 교회론에 대한 포괄적인 논의에 대해, 한국선교신학회 엮음, 『선교적 교회론과 한국 교회』, 서울: 대한기독교서회, 2015 참조. 전 세계교회협의회(WCC) 총무 에밀리오 카스트로(Emilio Castro)는 선교 공동체로서의 교회에 대해 다음과 같이 말한 바 있다. "선교는 우리 그리스도인의 삶의 근본적인 현실이다. 우리들은 인류 전체를 향한 하나님의 목적을 성취하기 위해 그분과 동역하도록 그분에 의해 부름 받았다. 이 세상에서 우리의 삶은 선교를 수행하는 삶이다. 삶은 단지 그것이 선교적인 차원을 가지는 한에서만 어떤 목적을 가진다(변창욱, "교회와 선교", 『교육교회 397 (2011년 1월)』, 46-51에서 51에서 재인용)." 서정운은 다음과 같이 교회와 선교의 관계를 강조한다. "교회는 선교적일 때에만 진정한 교회로 존재한다. 교회의 머리되신 예수 그리스도가 선교적인 하나님(missionary God)이시며, 교회가 근거하고 있는 진리의 계시인 성경은 전체적으로 선교적인 문서(missionary book)이다(서정운, "사회 선교에 대한 선교신학적 이해", 유의웅 편저, 『현대교회와 사회봉사』, 서울: 예영커뮤니케이션, 1997, 81-106 중 81.)."

가 진정 하나님의 선교에 참여하는 것이며 교회의 역할을 회복하는 것이라고 상기시킨다."[126]

이것은 곧 아브라함 요수아 헤셸(Abraham Joshua Heschel)이 말한 바와 같이 공간을 정복하고 시간을 성화하는 것이기도 하다.[127] 이것은 나를 죽이고 철저히 일하시는 하나님의 소망 안에 기뻐할 때 가능하며, 끊임없는 자기 회개, 자기 변화와 부단한 자기 갱신을 지향한다. 바로 이 지점에서 교회는 하나님의 말씀이 요청하고 있는 개혁으로의 부르심을 발견하고 거기에 책임적인 주체로서 바르게 부응하게 된다. 이를 게을리하거나 무시할 때 교회의 선교는 하나님의 선교가 될 수 없음을 선교 역사와 교회 역사는 보여 주고 있다.[128] 이런 관점에서 한국일의 지적은 옳다.

"선교에 참여하는 교회는 필연적으로 자기 갱신을 촉발한다. 왜냐하면 선교는 교회를 자기 안에 안주하는 것으로부터 일깨워 타자를 향해 나아가도

---

126 한국일, 『세계를 품는 선교』, 9.

127 A. J. Heschel, 『안식』, 김순현 옮김, 서울: 복 있는 사람, 2007, 181-182. "창조는 하나님의 언어이고, 시간은 그분의 노래이며, 공간의 사물은 그 노래에 담긴 자음이다. 시간을 성화하는 것은 하나님과 한목소리로 모음들을 노래하는 것과 같다. 공간을 정복하고 시간을 성화하는 것이야말로 인간에게 주어진 과제다. 우리는 시간을 성화하기 위해 공단을 정복해야 한다. 우리는 한 주 내내 공간의 사물을 이용하여 삶을 성화하고, 안식일에는 시간 한 가운데 있는 거룩함을 함께 나누어야 한다."

128 선교학자 대럴 구더(Darrell L. Guder)는 오늘날 교회의 선교의 문제점을 "감축주의(reductionism)적 경향"을 벗어나지 못하고 있음을 지적하면서, 교회 편의주의적인 발상에 대한 전환과 회개를 말한다(D. L. Guder, *The continuing Conversion of the Church*, Grand Rapids: Eerdmans, 2000, 97ff 참조. 노영상, 『샬롬의 개념과 선교전략』, 230에서 재인용).

록 촉구하기 때문이다. 선교와 교회 갱신은 서로 맞물려 있다."129

또한 이와 관련하여 손인웅의 말은 주목받을 만하다.

"세상을 향한 몸은 세상을 향한 선교와 관련되어 있다. 월레이(Worley)가
지적한 것처럼 그리스도의 살아 있는 몸은 세상을 위해 보냄을 받은 존재
이다(벧전 2:4-5). 이러한 의미에서 교회의 세상을 향한 섬김과 선교는 몸의
본질적인 사명이다. 세상을 향한 섬김과 선교 없이 그 몸은 존재의 근거를
상실하게 되며 하나님 나라의 선포자와 전령이 될 수 없다."130

한국일은 한국 교회 선교의 과제와 전망을 말하면서 다음과 같이 적
고 있다.

"교회에 주어진 영적 사명과 책임은 이 세상을 떠나서 보이지 않는 영적 차
원으로 피하는 것이 아니라 복음 전도와 사회적 책임 수행을 통해 영적인
것이 세속적인 것에 영향을 미쳐 변화하도록 하는 데 있다. 교회의 선교 과
제는 이와 같이 그리스도 안에서 행하시는 만물을 새롭게 하는 하나님의 새

---

129 한국일, 『품는 선교』, 74. 이광순 역시 교회 갱신과 선교적 사명을 말하면서 교회 갱신의 논
   리적 기초를 "성령의 역사와 성경말씀에 대한 올바른 이해"에 둔다(이광순, "선교의 특수성과
   보편성", 56 참조).
130 손인웅, 『디아코니아』, 333. 또한 한국일, 『세계를 품는 선교』, 76-77 참조. 몰트만은 국가
   가 아닌 교회가 바로 이 사회 선교(혹은 봉사)를 감당해야만 한다고 강조한다. 그렇지 않을
   경우 마치 빛 좋은 개살구처럼 국가에 치여 교회는 제 역할을 하지 못할 것을 경고한다. J.
   Moltmann, 『하나님 나라의 지평 안에 있는 사회 선교』, 정종훈 옮김, 서울: 대한기독교서회,
   2000, 특히 45-48 참조.

창조 사역에 참여하는 것이다."[131]

이러한 하나님의 새로운 창조 사역에 참여하는 방법은 "빛처럼 소금
처럼(마태복음 5장)" 그리고 "모든 민족에게(마태복음 28장)"이다.

독일 하이델베르그대학의 선교학자 순더마이어(T. Sundermeier)는
이 점을 매우 인상 깊게 설명한다.

"빛이 차별 없이 모든 사람을 위해 발하고, 아무런 차별도 만들지 않는 것
처럼 교회도 모든 사람에게 차별 없이 복음을 선포해야 한다. … 창고 속에
보관된 소금은 추악하다. 소금은 나누어져야 한다. 그러나 소금이 차별 없
이 나누어지는 것은 아니다. 어떤 음식은 많은 소금을 필요로 하고, 어떤 음
식은 적은 양의 소금을 필요로 한다. 그러나 소금은 언제나 음식의 맛을 내
고, 음식의 부패를 막는다. 이처럼 교회도 세상 안으로 나누어져야 한다. 교
회는 사라짐으로 존재한다. 바로 이 점을 마태복음의 전체 사신이 다시 종
합되는 두 번째 선교 명령(마태복음 28장)에서도 말한다. 교회는 다양한 문

---

131 한국일, 『세계를 품는 선교』, 292. 교회 전도와 교회의 사회적 책임을 김선태는 "선교복지"
라 부른다. 자세한 것은 김선태, 『선교학개론』, 서울: 도서출판 카이로스, 2006, 239-272. 구
태여 선교와 사회봉사를 분리하여 생각할 필요는 없다. 선교는 영혼의 구원을 위한 복음 전
파와 말씀의 실천을 통한 사회적 봉사와 섬김을 포괄한다(노영상, "샬롬의 개념과 선교전략",
225-226). 이것이 삼위일체 하나님의 디아코니아이다. 김영한, "교회 재산의 공익성", 김영
한, 『21세기 한국 기독교문화와 개혁신앙』, 310-341에서 332-334 참조. 김명용은 오늘의 교
회에 있어서 중요한 사회 선교의 영역을 크게 가난한 이웃에 대한 사랑, 하나님의 정의의 수
립, 하나님의 평화의 수립과 창조 세계에 대한 책임 등을 들고 있다(김명용, "복음과 사회 선
교", 『현대교회와 사회봉사 (유의웅 편저), 서울: 예영커뮤니케이션, 1995, 37-51, 38). 허호
익은 사회 선교로서의 교회의 선교적 과제를 사회봉사적 선교, 사회 계도적 선교 그리고 사회
정책적 선교로 설명한다. 사회봉사적 선교의 대상은 사회적 약자요, 사회 계도적 선교의 대
상은 중산층이고, 사회 정책적 선교의 대상은 지도층이다. 이에 대한 자세한 설명은 허호익,
『기독교신학』, 302-307 참조.

화와 민족에게로 들어가야 한다. 상황이 복잡하면 복잡할수록, 사회적 차이점이 크면 클수록, 교회는 마치 소금처럼 다양하고 탄력적으로 존재해야 한다."[132]

예수는 자신의 살과 피를 다 내어주는 섬김으로 하나님 나라의 기쁜 소식을 전하셨고, 하나님 나라 또한 이 땅에서 구체적으로 나타나는 나라임을 그의 삶 속에서 친히 보이셨다. 예수야말로 종으로 오신 메시아로서 선교의 창시자이자[133] 진정한 화해의 선교사이다.[134] 예수의 말과 선포가 하나님 나라와 밀접하게 이루어진 것처럼 교회의 디아코니아 역시 하나님 나라의 지평 속에서 실행되어져야 한다. 이 점에서 몰트만의 지적은 옳다.

"하나님 나라의 소망이 없다면 사회 선교는 그것의 기독교적인 지평을 상실하고, 그 이론과 실천은 사회복지 국가의 봉사 행위로 전락한다."[135]

임희모는 예수를 녹색 메시아로 보면서 그의 선교를 다음과 같이 이해한다.

---

132 T. Sundermeier, 『선교신학의 유형과 과제』, 채수일 엮어 옮김, 서울: 대한기독교서회, 2001, 290-291.

133 헹엘(M. Hengel)은 예수를 "최초의 선교사"라고 불렀다(Martin Hengel, *Between Jesus and Paul: Studies in the Earliest History of Christianity*, John Boeden 번역, Philadelphia: Fortress, 1983, 62).

134 임희모, "생명 봉사적 통전 선교", 『선교와 신학 22 (2008)』, 141-172에서 157-158 참조.

135 J. Moltmann, 『하나님 나라의 지평 안에 있는 사회 선교』, 정종훈 옮김, 서울: 대한기독교서회, 2000, 24. 여기서 "사회 선교"는 독일어 디아코니(Diakonie)를 번역한 것이다.

"예수님의 선교 방식은 종의 모습으로 인간과 자연을 섬기는 것이었다(막 10:43-45). 예수님 메시아는 섬기는 종의 모습으로 오셨다(사 42:1-9, 50:4-11, 52:13-53:12). 예수님은 이러한 메시아적인 전통에서 섬기는 종의 모습으로 생명 봉사적인 선교를 하셨다. 오늘날 환경 오염이 심해지고 자연이 훼손되고 생태계가 파괴되는 상황에 비추어 보면 예수님은 생명을 살리는 봉사의 생태적인 메시아인 것이다."[136]

이 생태적 메시아 예수 안에서 자연 또한 인간과 하나님과 화해하게 되는 것이다. 예수는 진정 이 땅에 오셔서 배제할 것은 배제하시고 포용할 것은 포용하셔서 화해의 종인 동시에 선교사로서의 삶을 온전히 몸으로 살아 내셨던 것이다.[137]

"선교는 확실히 사람을 통해 이루어지지만 언제나 하나님의 주도권, 특히 그리스도의 사건을 통한 하나님의 주도권에 철저하게 의존해야 한다. 선교

---

136 임희모, "생명 봉사적 통전 선교", 158-159. '녹색 메시아 예수'에 대해 임희모, 『생태선교』, 302-304와 각주 15 참조. 또한 채수일, "'생명의 신학'의 성서적 전거", 채수일, 『도전과 선교』, 105-121. 황홍렬, "21세기 선교의 새로운 패러다임", 『부산장신논총 15집 (2015)』, 259-293 중 생명선교의 중요성에 대해서 285-289 참조.

137 배제와 포용이라는 말은 Miroslav Volf의 책 *Exclusion & Embrace*에서 따 왔다. 그의 이론을 화해로서의 선교의 관점에서 전개한 다음의 논문을 참조하라. 황홍렬, "치유와 화해를 위한 한국 교회의 과제: 화해로서의 선교", 『복음과 선교』, 세계선교연구회 엮음, 서울: 미션아카데미, 2006, 397-432. 이 점에서 최동규는 우리가 행하는 모든 선교는 성육신적이어야 함을 강조한다. 이에 대한 자세한 논의는 최동규, 『미셔널 처치』. 선교적 교회의 도전, 서울: 대한기독교서회, 2017, 243-272와 「백석신학저널 (2014년 봄호)」에 "미셔널 교회와 교회론"의 특집 주제에 실린 김선일, "이웃과 함께하는 사역으로서의 선교적 교회", 최동규, "참된 교회의 성장을 위한 선교적 교회론"과 김은홍, "선교적 교회의 이론과 기초" 등을 보라. 또한 임희모, "하나님 나라와 예수 메시아의 제자도 선교", 임희모, 『예수 그리스도의 제자도 선교. 메시아적 파송과 통전적 영혼 구원 선교』, 서울: 도서출판 케노시스, 2017, 14-35.

는 처음부터 끝까지 예수 그리스도 안에서 우리에게 찾아오시는 하나님께 속해 있다."[138]

교회는 말씀과 성령에 바르게 깨어 있어 우리와 함께 일하시는 그 하나님의 디아코니아에 온전히 응답하는 과제를 늘 안고 있는 것이다. 하나님의 디아코니아는 예수 안에서 완성되었고, 예수는 교회의 선교 모델이다. 세상을 향한 하나님의 선교 중심에 그의 사랑이 있듯이 교회의 선교 중심에도 세상과 구원받을 한 영혼에 대한 마르지 않는 사랑이 있다.[139] 사랑에 근거한 선교는 배제, 폭력, 억압 그리고 차별이 아닌 섬김, 포용, 이해와 친절 등과 함께하는 선교이어야 할 것이다.[140] 이 사랑 없는 선교는 있을 수 없고, 그것은 선교가 아니다. 이 사랑은 끝없는 나

---

138 David J. Bosch,『선교의 성경적 모델에 관한 고찰』, 293.

139 이런 측면에서 교회는 특별히 장애인 선교에 더 많은 관심을 쏟아야 할 것이다. 이에 대해 이 재서, "예수님의 장애치유의 함의와 선교적 효과 연구", 이재서 외 공저,『성경과 장애인』, 서울: 도서출판 세계밀알, 2013, 30-63; 이범성, "장애인신학과 선교", 김옥순 외 공저,『장애인 신학』, 서울: 한국장로교출판사, 2015, 182-211; 황홍렬, "장애인선교신학 정립을 위한 한 시도", 김옥순 외 공저,『장애인신학』, 서울: 한국장로교출판사, 2015, 212-240; 이준우,『장애 인과 함께 가는 교회, 서울: 인간과 복지, 2017, 109-128 참조. 이준우는 장애인 복지선교의 중요성을 다음과 같이 강조한다. "장애인 복지선교는 봉사를 통해 장애인과 비장애인이 연결 되고, 장애인이든 비장애인이든 모든 교인들 서로 간에, 그리고 교회와 장애인이 거주하는 지 역사회 사이에, 더 나아가서 장애인과 하나님 관계에 참된 만남의 중요성을 설명하는 내용을 담고 있어야 한다. 그러므로 디아코니아의 신학적 개념은 장애 복지선교에 있어서 매우 중요 한 이론적 근거를 제시한다고 하겠다(이준우, 위의 책, 128)." 이준우는 장애인 복지선교의 신학적 차원을 창조 신학, 삼위일체 신학, 구원론, 인간론, 선교신학, 그리고 교회론적 관점에 서 전개한다. 유경동의 "삼위일체 신학과 장애인 신학", 한국기독교교회협의회 정의평화위원 회 장애인소위원회 엮음,『장애 너머 계신 하나님. 장애인신학 정리를 위하여』, 서울: 대한기 독교서회, 2012, 95-133도 참조.

140 이영미, "이해와 포용으로서의 선교. 낯선 사람과의 어울림을 실천한 영성들", 한국여성신학 회,『선교와 여성신학 (여성신학사상 8집)』, 용인: 프리칭아카데미, 2010, 16-47 참조.

눔과 헌신으로 이어진다.[141] 선교는 세상을 위한 삼위일체 하나님의 디아코니아에 대한 다함이 없는 경배와 찬양 그리고 감사로 이어져야 한다.[142] 선교는 예수 안에서 우리를 친구로 삼으신 하나님의 신실하심과 은혜에 대한 교회의 공의로운 응답이고 책무이다. 그런 의미에서 "선교의 핵심은 우정이다."[143] 이 우정을 제대로 간직하는 한국 교회가 되기를 기원한다.

9. 디아코니아와 기독교 사회 윤리

디아코니아라는 개념 자체가 단수적인 의미가 아니라 복수적인 의미

---

141 황홍렬, 『사회복지 디아코니아』, 61. "하나님 사랑과 이웃 사랑을 뗄 수 없는 것처럼, 코이노니아와 디아코니아를 분리시킬 수 없는 것처럼, 선교와 디아코니아는 분리시킬 수 없다." 디아코니아와 선교를 효과적으로 연결시켜 활동하고 있는 단체 중에 한아선교회를 들 수 있겠다. 한아선교회는 기독교 정신에 의한 나눔의 사역을 아시아의 다양한 환경에서 기독교 선교 정책과 접합시킨 이상적인 선교단체이다. '한아'는 먼저, 한국과 지리적으로 근접해 있으며 문화와 역사적 맥락들을 많이 공유하고 있는 아시아를 향한 섬김과 나눔의 선교를 시작으로, 특별히 빈곤과 고난, 식민주의의 상처와 후유증 그리고 내란과 혼돈의 질곡에 빠져 있는 메콩강 유역 국가들을 중심으로 그리고 중국, 더 나아가 북한으로 선교의 현장을 넓혀가는 선교정책을 갖고 있다. 창립준비모임을 거쳐 1992년 11월 23일 창립회원 25명이 앰버서더 호텔에 모여, '한아선교봉사회'를 창립하였다. 한아선교봉사회는 한국 교회와 그리스도인들이 선교와 봉사의 정신으로 아시아의 교회들과 협력하여 정의롭고 평화로운 사회로 만들고 발전시키는 데 이바지함을 목적으로 하고 있다. 또한 민필원은 2011년 1월호 「목회와 신학」에서 현대 한국 교회 갱신운동의 사례연구를 통해 바람직한 교회의 모습을 진단하고 평가하면서 그 좋은 모델이 되는 교회와 기관을 소개하고 있다(민필원, "현대 한국 교회 갱신 운동의 사례 연구", 「목회와 신학」, 259 (2011년 1월)」, 107-117 참조. 또한 "섬기며 하나 되고 하나 되어 섬기자!"라는 구호를 내걸고 최근 출범한 (사)한국교회희망봉사단의 활동도 앞으로 기대가 된다. 구호에 걸 맞는 알찬 활동을 하기를 소망한다.

142 L. Newbigin, 『다원주의 사회에서의 복음』, 242. "선교는 곧 행위로 드리는 찬미다. 선교의 속 깊은 비밀이 따로 여기에 있다. 그 목적은 하나님의 영광을 찬미하는 것이다."

143 C. Pohl / C. L. Heuertz, 『약한 자의 친구』, 박세혁 옮김, 서울: 복 있는 사람, 2012, 141.

를 내포하고 있기에 디아코니아는 공동체성을 지향하고 특별히 이것은 타자를 지향한다. 교회의 본질이 디아코니아적이라는 것은 하나님과의 관계에서는 삼위일체 하나님의 디아코니아적인 본질을 닮는 것을 의미하고, 인간과의 관계에서는 하나님이 세상을 향한 하나님의 디아코니아를 계시하신 것처럼 교회는 세상에 대해, 보다 구체적으로는 이웃과 피조 세계에 대해 하나님의 마음으로 대해야 함을 의미하는 것이다. 보프(Leonardo Boff)가 강조한 바, "삼위일체적 교제는 인간 사회에 대한 비판과 영감"[144]이 되어야 한다. 이런 의미에서 밀리오리가 삼위일체와의 관련 아래에서 제시한 윤리적 기준,[145] 즉 "자기 나눔, 타인에 대한 관심, 공동체 형성의 사랑"은 삼위일체 하나님의 디아코니아에 참여하는 교회의 디아코니아를 논할 때 매우 의미 있는 윤리적 함의라 생각된다.

이 점은 본회퍼 사회 윤리에 있어서도 중요한 요소로 자리매김된다. 고재길은 본회퍼의 사회 윤리를 연구한 한 논문에서 다음과 같이 적고 있다.

"본회퍼에게 인격이란 나와 너의 관계성 속에서 살아가는 인간 존재를 의미한다. 사회적인 만남과 관계성의 현실 속에서 살아가는 인간은 타자의 구체적인 요구에 대해 구체적인 응답을 하면서 사는 윤리적인 존재이다. 그 인격은 자기가 속해 있는 공동체의 집단 인격과 더불어 사는 존재로서 그 공동체가 자기에게 제시하는 요구에 대하여 구체적으로 응답하면서 살아가

---

144 L. Boff, *Trinity and Society*, Maryknoll, New York: Orbis Books, 1988, 148(임성빈, 『하나님 나라와 지구화』, 219에서 재인용).

145 임성빈, 『하나님 나라와 지구화』, 220. 임성빈은 한 논문에서 삼위일체론과 책임윤리에 대해서 논한다, 임성빈, "삼위일체론과 책임윤리: 니버의 '응답의 윤리'를 중심으로", 임성빈, 『21세기 책임윤리의 모색』, 서울: 장로회신학대학교출판부, 2002, 28-57, 특히 45-52 참조.

야 하는 윤리적인 존재이다. 그 공동체가 속해 있는 역사적인 실존과 더불어 살아가는 인간의 전 존재를 가리키는 인격의 개념은 본회퍼의 사회 윤리에서 매우 중요한 의미를 가진다."[146]

하나님은 하나님의 거룩함이 교회를 통하여 세상에 전파되기를 원하신다. 그뿐만 아니라 삼위일체 하나님 안에서의 온전한 코이노니아(이것을 샬롬이라고 말해도 좋을 것 같다.)가 세상에서 실현되기를 원하신다. 세상을 향한 이러한 하나님의 비전은 이미 예수 안에서 이루어졌다. 예수 안에서 이루어진 이 하나님 나라의 비전은 생명 구원과 밀접한 관계를 이룬다. 이 하나님 나라의 비전은 곧 성령을 통해 세상에 지속적으로 드러난다. 이런 의미에서 성령의 사역이 윤리적이며 화해론적이고 동시에 구원론적이다.[147] 구원받은 하나님의 백성은 마땅히 이웃에 대해 보다 실천적인 삶을 살아야 한다.[148] 이 실천적인 행동이 바로 교회의 사회와 피조 세계에 대한 구체적인 책임적 실천 윤리이자 에큐메니칼 사회 윤리이다.[149] 이것은 가난하고 헐벗고 병들고 굶주린 고통 받는 우리

---

146 고재길, "디트리히 본회퍼의 사회 윤리에 대한 소고", 「장신논단 37 (2010)」, 117-151에서 131.

147 생명과 윤리에 대해 배재욱, "생명", 105-112 참조.

148 마태는 서기관들과 바리새인들을 신랄히 비판하면서 새로운 행함의 윤리를 제시한다. 행함의 윤리는 마태에게 있어서 "열매신앙에 관심하는 삶"으로 귀결된다. 이에 대한 종합적 연구로 권균한, 『마태와 열매신학』, 서울: 한들출판사, 2007 참조. 특별히 제자도와 섬김을 강조한 165-180 참조. 이 부분에서 기독교 사회 윤리학자인 백소영의 글에서 삶의 실천과 관련된 따뜻하면서도 예리한 예지를 얻는다. 백소영, 『백소영의 드라마 속 윤, 리』, 서울: 꿈꾸는터, 2017.

149 "에큐메니칼 사회 윤리" 개념은 임성빈의 "하나님 나라와 지구화", 『하나님 나라와 선교』, 201-221에서 빌어 왔다. 임성빈도 필자가 디아코니아를 삼위일체 하나님의 일로 본 것처럼 사회 윤리의 기준을 하나님 나라와 삼위일체 모델로 본다(218).

의 이웃에게로 다가가 저들의 필요를 채우며 나의 것을 함께 나누는 적극적인 삶을 의미한다.[150] 또한 이것은 가난하고 억압받는 이웃과[151] 탄식하는 피조 세계와 구체적으로 연대하는 것을 의미한다.[152] 한 단계 나아가 이것이 바로 진정으로 이 땅의 교회가 살아 계신 하나님을 예배하며 하나님 나라를 이 땅에서 종말론적으로 선취하며 누리며 살아가는 축제적인 삶의 온전한 모습이기도 하다.[153] 이것은 세상을 향한 하나님의 긍휼, 평등과 공의에 참여하는 것이다.

김명수는 Q 공동체를 이러한 공동체의 모델로 삼았다.

"마태와 누가 교회 공동체는 그들 주변의 가난한 사람들과 나누는 삶을 통

---

150 레비나스(I. Levinas)는 필립 네모와의 대화를 기록한 『윤리와 무한』에서 이웃과 참된 삶을 위한 삶이란 무엇인가에 대한 것을 윤리와의 연관 속에서 이렇게 답했다. "참으로 사람다운 삶은 있음의 차원에 만족하는 조용한 삶이 아니라는 것이다. 사람답게 사는 삶은 다른 사람에 눈뜨고 거듭 깨어나는 삶이다(I. Levinas, 『윤리와 무한. 필립 네모와의 대화』, 양명수 옮김, 서울: 다산글방, 2000, 158)." 레비나스가 말한 참된 삶은 곧 디아코니아적인 삶을 사는 것과 연결된다고 생각한다. 손봉호는 고통 받는 타자 중심의 윤리로서 약자 중심의 윤리에 주목한다. 이에 대해서 손봉호, 『약자 중심의 윤리-정의를 위한 한 이론적 호소』, 서울: 세창출판사 2015, 특히 101-194 참조.

151 S. B. Ferguson, 『성령』, 26.

152 이혁배 『개혁과 통합의 사회 윤리』, 서울: 대한기독교서회, 2004, 90 이하. G. Brakelmann, 『기독교 노동윤리. 인간은 일하기 위해서 태어났는가?』, 서울: 한들출판사, 2004, 24-26.229-239 참조.

153 S. J. Grenz, 『기독교 윤리학의 토대와 흐름』, 356. "윤리적 삶은 성령의 능력에 의해 그리스도를 통하여 하나님을 섬기는 자유의 삶으로 나타난다. 그리스도인의 삶은 또한 삶을 경축하고 즐기는 것이다. 왜냐하면 우리는 성령 안에서 살 때 삼위일체 하나님의 삶을 경축하며 즐거워하기 때문이다. 그리스도 안에서 우리에게 아낌없이 주신 하나님의 사랑과 자비에 대해 자신을 감사의 산 제물로 드리는 것이 참된 기쁨과 충만한 삶의 통로이다." 이것은 또한 분단의 현실 앞에서 한국의 디아코니아가 극복해야 할 과제이자 사명이기도 하다(김덕환/김인, "한국 디아코니아의 활성화와 실천과제 - 한일 디아코니아 활동을 중심으로", 『21세기 세계 교회의 흐름과 사회의 전망 (김용복 박사 회갑기념논문집 제 2권)』, 김용복 박사 회갑기념 논문집 출판 위원회, 전주: 한일장신대학교출판부, 331-349, 348.

해서 그들의 신앙 전통을 계승하였다. 복음의 제2세대에 속한 마태와 누가 공동체는 더는 사회 경제적으로 가난한 사람들이 구성원의 절대 다수를 이루지도 않았고, 주도적인 역할도 하지 않았을 것이다. 교회 신자들 가운데 상당수가 사회 경제적으로 중산층에 속했을 것이고, 그들에 의해서 교회의 선교 정책이 주도되었을 것이다. 사회 경제적으로 중산층에 속한 제2세대 그리스도인들은 그들 주변에 있는 사회 경제적 약자들과의 연대 및 나눔의 삶을 통해서 예수와의 일체감(一體感)을 가질 수 있게 되었고, 복음의 정체성을 확인할 수 있었다."[154]

김명수의 연구에 기대어 볼 때, 필자가 생각하기로 마태와 누가의 공동체는 하나님의 디아코니아에 근접한 공동체 내에서의 책임 윤리 의식을 갖고 있었다고 볼 수 있다.[155]

당시처럼 오늘날도 교회 주변의 가난한 사람들과 나눔을 통한 함께하는 책임 있는 윤리 의식이 교회에 매우 필요하다. 이것이 곧 교회다움이고, 하나님 나라의 추동하고 변혁하는 모습이다.[156] 말씀에 근거한

---

154 김명수, "초기 기독교 예수운동에 나타난 공(公)경제윤리", 「신학사상 150 (2010년 가을)」, 83-115, 108-109.

155 이에 대해 소기천, 『하나님 나라의 선교와 제자도』, 63-76 참조.

156 최근 미국의 기독교 윤리학자 스탠리 하우어워스(Stanley Hauerwas)의 책이 『교회됨』이라는 제목으로 번역되었다. 그의 윤리이해에서 필자는 교회의 디아코니아의 윤리됨의 한 좋은 모습을 발견했다. 그의 책에 대한 서평에서 노영상은 다음과 같이 하우어워스의 윤리를 소개한다. "그(하우어워스)는 예수의 내러티브 그 자체를 따르는 것이 사회 윤리적이며 정치적인 성격을 가지는 것임을 강조한다. 또한 세속의 윤리와 교회의 윤리 곧 예수의 윤리가 결코 동일할 수 없으며, 세속적 사회 윤리의 잣대로 예수의 윤리를 평가하려 해서는 안 된다고 말한다. 이러한 예수의 윤리는 세속 윤리가 알지 못하는 전혀 색다른 윤리로서, 우리는 세속 윤리에 맞추어 세상을 변화시키려고 해서는 안 되며, 예수 윤리에 충실한 공동체가 됨으로써 세상을 변혁해야 한다고 주장한다. 이에 기독교 사회 윤리는 사회적, 정책적 대안을 제시하려는 윤리여서는 안 되며, 세상의 윤리와는 전혀 다른 차원의 교회윤리, 곧 교회다운 교회로

통렬한 교회의 질적인 회개와 자기 변화가 어느 때보다도 절실하다. 이 점에 대해 신약성서 윤리학의 입장에서 정확하게 본 헤이스(Richard B. Hays)의 관점은 오늘날 한국 교회의 나아갈 윤리 방향을 매섭고 날카롭게 제시하고 있다고 생각한다.

"신약 윤리학의 총체적 비전은 교회의 근본적인 변화를 요청한다. 그것은 세상을 향한 하나님의 치유하시는 변화를 예시하는 하나님의 종말론적인 백성이라는 교회 정체성의 회복을 요구한다. 교회는 십자가의 패러다임에 맞추어 살아가며, 그에 따라 하나님이 약속하신 새 창조의 표시로 서 있는 공동체가 되어야 한다."[157]

우리는 예수의 하나님 나라 운동도 책임 있는 기독교 사회 윤리의 관점에서 해석할 수 있다.[158] 하나님 나라는 메시아인 예수와 함께 이 땅에 임한 나라이기 때문이다. 그리고 그의 메시아로서의 사역 중심에 바로 사회적 약자가 위치해 있기 때문이다. 예수가 걸어 간 그의 삶의 이야기가 곧 사회 윤리이다.[159]

서의 대안 공동체를 그리스도인들이 이룸을 통해 사회를 변화시키는 윤리임을 말한다(노영상의 S. Hauerwas, 『교회됨』, 문시영 옮김, 서울: 북코리아, 2010의 서평, 「목회와 신학 259 (2011년 1월)」, 180-183, 183)."

157 R. B. Hays, 『신약의 윤리적 비전』, 유승원 옮김, 서울: IVP, 2002, 707.

158 임성빈, 『하나님 나라와 지구화』, 219-220; 김정우, "예수께서 선포하신 복음적 윤리에 대한 소고", 김정우, 『그리스도교의 윤리』, 248-278 참조. 박철수, 『하나님 나라』, 228-250.

159 S. Hauerwas, 『교회됨』, 문시영 옮김, 서울: 북코리아, 2010, 81-113 참조. 그는 "교회의 사회 윤리적 책무는 예수 이야기를 바르게 말해 주는 공동체가 되는 것이다."라고 강조한다 (113). 종교개혁자 칼뱅을 중심으로 프로테스탄트 공동선의 개념에 기초하여 교회의 공공성의 회복을 사회 윤리적 시각에서 정리한 책으로 최근에 나온 송용원, 『칼뱅과 공동선. 프로테스탄트 사회 윤리의 신학적 토대』, 서울: IVP, 2017을 함께 참조.

김명수는 예수의 하나님 나라 운동을 "사(私)의 공유화(公有化) 질서"[160]로 해석하면서 다음과 같이 쓰고 있다.

"그것은 연대(solidarity)를 넘어선 나눔(sharing) 운동이었다. 먹을 것과 입을 것을 함께 나누는 밥상 공동체 운동이자 무상(無償) 치유 운동이었다. 가난한 사람들은 복음의 뿌리이며 상수(常數)이다. 그리스도교는 가난한 사람들에게 복음의 빚을 지고 있음으로 잊어서는 안 된다."[161]

이러한 사(私)의 공유화(公有化) 질서를 지향한 김명수의 성서 해석은 분명 공공신학을 위한 성서적인 근거를 제공한다. 공공신학은 이웃 사랑의 실천과 같이 보편적이어야 하며 동시에 지구적인 시민 사회를 위한 신학이어야 하기 때문이다.[162]

이러한 의미에서 기독교 사회 윤리는 일면 환대(hospitality)와 그 맥을 같이 한다. 환대는 낯선 자뿐만 아니라 모든 신자와의 나눔과 교제와 밀접하게 연결되어 있기 때문이다. 환대는 건강한 신앙 공동체를 새롭게 창조하는 추동력을 지닌다. 하나님은 나그네로 있었던 이스라엘 백성을 환대하사 당신의 백성으로 삼으셨고, 예수는 사회의 주변부에 있었던 사람들을 포용하고 환대하셔서 사랑 받는 새로운 하나님의 가족이

---

160 김명수, 『기독교 예수운동』, 109.
161 김명수, 『기독교 예수운동』, 109.
162 임성빈, "한국 교회의 사회참여와 공공신학(Public Theology)", 임성빈 외 13인, 『공공신학』, 15-32에서 31 참조. 최근 이상은은 독일 신학자 후버(Wolfgang Huber)의 관계적 정의를 교회의 공공성과 연결하여 살폈다. 이상은, "관계적 정의: 후버(W. Huber)가 말하는 다원 사회 안에서의 교회적 구심점", 「신학사상 178 (2017 가을)」, 117-152.

되게 하셨다.[163]

삼위일체 하나님의 디아코니아는 이렇게 건강한 공동체를 이루어 간다. 교회의 디아코니아 역시 나그네를 환대하여 사회를 섬김으로 건강한 사회, 즉 하나님 나라의 진보에 기여하는 것이다.[164] 이러한 환대에 대해 "환대의 신학"을 연구한 코에닉은 다음과 같이 역설한다.

"환대는 모르는 이들을 포함한 형제와 자매 신도들에게 전달하는 수단이 되고, 그래서 물건과 봉사의 새로운 분배가 하나님 섭리의 보호 아래 생겨난다."[165]

---

163 호슬리(R. A. Horsley)는 예수에게서 계약갱신을 읽어 내었다. "예수는 사람들에게 새로운 희망을 불어 넣는 임박한 하느님 나라의 축복들을 선언한 후에, 그들의 심금을 울릴 수 있었던 서로 나눔과 협동의 근본적인 계약 원칙들을 다시 확인시킨다. 그러나 이것은 단순한 가르침이 아니다. 왜냐하면 이것을 통해 사람들은 하느님에 대해 새롭게 결단하며, 연대성과 상호 돌봄의 공동체로서 서로에 대해 새롭게 결단하도록 만들기 때문이다(Richard A. Horsley, 『예수와 제국. 하느님 나라와 신세계 무질서』, 김준우 옮김, 고양: 한국기독교연구소, 2004, 199-200)." 반재광은 누가-행전에 나타난 환대의 식탁을 연구하면서 예수의 식탁 환대를 통해 배타적 경계(사회/경제적 장벽)가 허물어지고 "예수를 계승한 초기 교회는 유대인과 이방인 신앙 공동체 사이의 장벽을 허물기 위해 배타적 음식 및 사람의 경계를 완화하였다(반재광, "환대의 식탁", 578)."고 결론짓는다. 그리고 이러한 환대는 철저히 하나님이 주체가 되어 이끌어 가셨다고 설명한다. "예수의 '환대의 식탁'에서 구체화된 것은 우리를 향한 하나님의 환대이다. 그로 인해 우리는 그 환대를 다른 사람에게까지 확장할 수 있을 것이다(반재광, "환대의 식탁", 580)." 이에 대한 자세한 것은 반재광, "누가의 '환대의 식탁' 연구", 「신약논단 24/3 (2017 가을호)」, 553-585; 고재길, "남북한의 문화통합과 한국 교회의 과제", 『신학과 선교 51』 (2017), 159-190, 특히 184-186 참조.
164 J. Sacks, 『사회의 재창조』, 269. "구약성경이 함축하고 있듯이, 건강한 사회는 변경으로 밀려난 사람들, 가난한 자들, 가족이 뿔뿔이 흩어진 사람들 그리고 이방인들(오늘날 우리가 소수민족이라 부르는 자들)이 공동의 축제에서 배제되지 않는 사회이다." 12세기 율법학자 마이모니데스(Maimonides)는 "먹고 마시는 일에 있어서도 이방인, 고아, 과부 그리고 다른 가난한 자와 불운한 자를 부양하는 일은 너의 의무이다."라고 했다(Maimonides, *Mishneh Torah, Laws of Festival Rest, 6: 18*, J. Sacks, 『사회의 재창조』, 268에서 재인용); 또한 신명기 16장 14절 참조.
165 J. Koenig, 『환대의 신학』, 31.

또한 그는 결론적으로 이렇게 말한다.

"우리는 환대를 복음의 교제를 창조하고, 계속해 가는 촉매라고 부를 수 있다."[166]

이런 측면에서 환대와 선교는 밀접하게 서로 연관되어 있다.[167]

선교신학자 임희모는 그의 "타자와 환대의 선교"라는 제목의 논문에서 순더마이어의 "콘비벤츠"[168]의 신학을 비평적으로 고찰한 후에 "환대 선교"에 대해 말한다. 그에 의하면 "환대 선교는 삼위일체 하나님의 선교로서 자기 비움과 자기희생을 통하여 섬김과 나눔을 이루는 선교이다."[169]

또한 김명수는 부자와 나사로 비유의 핵심이 "어떻게 하면 부자도

---

166 J. Koenig, 『환대의 신학』, 31.

167 이에 대해 H. Rusche, *Gastfreundschaft in der Verkündigung des Neuen Testaments und ihr Verhältnis zur Mission*, Münster: Aschendorff, 1959와 J. B. Mathews, *Hospitality and the New Testament Church*, Th.D. diss. Princston Theological Seminary, 1964를 참조. 또한 C. Smith / J. Pattison, 『슬로처치』, 287-309 참조.

168 임희모는 순더마이어의 콘비벤츠 개념을 다음과 같이 소개하고 있다. "콘비벤츠는 라틴아메리카의 가난한 사람들, 슬럼가의 사람들, 해방적 실천을 하는 사람들이 서로 협동하고 서로 배우고 공동으로 축제를 즐기는 삶의 경험을 순더마이어가 선교학적으로 신학화한 것이다(임희모, "타자와 환대의 선교-레비나스 철학과 선교신학의 만남", 『기독교신학논총 56 (2008)』, 189-211, 196)." 콘비벤츠의 구조는 "주변부 사람들과 가난한 사람들의 지평과 시각에서 일어나는 연대적 나눔과 배움과 축제의 태도에서 구체화된다. 이것은 상호간 지원(나눔)으로, 상호 교환적으로 일어나는 배움으로, 그리고 공동체적인 축제로 일어난다(T. Sundermeier, 『선교신학』, 98)."

169 임희모, "타자와 환대의 선교", 205. 그는 다음과 같이 결론을 맺는다. "환대선교는 기독교인의 향유적 삶 속에서 타자에 대한 대속적 섬김과 나눔을 구체화한다. 이러한 자기 비움과 대속을 중심에 두는 환대선교는 세계시민사회와 교회에 대안적 비전을 제공한다(207)." 이러한 임희모의 환대선교는 삼위일체 하나님의 디아코니아와 같은 맥락에 있다고 할 수 있다. "디아코니아 교회론"의 선교는 "환대선교"라고도 말할 수 있을 것이다.

구원받을 수 있는가? 나누는 삶을 통해서이다."를 보여 주려는 데 있다고 본다.[170] 그러므로 교회가 디아코니아를 보다 체계적으로 행할 때 이러한 교회의 디아코니아를 통해 가난한 자가 점점 없어지고 함께 연대할 수 있는 평등한 하나님 나라가 확장되는 것이다. 교회의 디아코니아와 책임 있는 사회 윤리는 물질적 · 사회 경제적인 상황을 고려한다.[171] 한 단계 더 나아가 교회는 이웃과 피조물이 하나님과 화해할 수 있도록 중재하는 역할을 감당해야 한다. 이것 역시 하나님의 디아코니아이기 때문이다. 이것은 곧 교회가 화해자로서 뿐만 아니라 화평하게 하는 자의 삶을 사는 것을 의미한다. 이것은 샬롬 공동체를 지향한다.[172] 이것이 진정으로 그리스도가 우리 안에 살아 역사하는 바른 삶의 모습일 것이다.[173] 신구약성경이 말하고 있는 언약에 기초하여 "하나님이 보시기

---

170 김명수, 『기독교 예수운동』, 109

171 성경에서는 히브리어로 카시다(chasidah), 즉 '동정심 많은 자'라는 뜻의 이름을 가진 황새를 추정한 동물이라 규정한다. 한 랍비에게 제자가 그토록 아름다운 이름을 가진 동물이 어째서 부정한 동물인지 물었다. 그 랍비는 "그것은 자신의 새끼들에게만 동정을 베풀기 때문이다."라고 했다(J. Sacks, 『사회의 재창조』, 280-281). 그리스도인의 윤리적 책임의 중요성을 일깨워 주는 좋은 예화이다. Sacks는 책임의 문화의 중요성을 강조하면서 "위대한 변화는 우리들 공동의 노력을 필요"로 함을 역설한다(281).

172 후버(W. Huber)는 평화를 위한 평화윤리에 대해 말한다. "하나님의 평화적 긍정은 인간에게 삶의 태도로서의 평화의 차원을 열어줍니다. 그것은 폭력을 종식시키며, 정의를 촉구하며, 자연과의 화해를 포함합니다. 성서적 평화의 소식은 화해의 약속에서 요약됩니다. 그것은 원수 사랑의 실천 태도를 마련합니다. 우리가 평화에 대한 교회의 기여에 대하여 묻는다면, 우리는 무기를 지닌 평화를 떠올릴 수 없습니다. 무기의 언어에 의지하는 통치적 평화는 자유롭고, 정의로운 삶을 가능하게 할 수 없습니다. 기독교인의 일은 샬롬을 지향하며, 폭력을 극복하며, 인간이 서로 말하도록 하는 목표를 지닙니다. 무기는 입을 다물게 만들고 인간은 말하게 하는 것이 우리가 의도하는 것입니다(W. Huber, "평화를 위한 평화 윤리모색", 『말씀과 교회 48 (2010)』, 185-203에서 193)." 후버는 하나님의 평화와 이 세상에서의 인간의 평화를 위한 노력을 구분하는 것의 중요성을 강조하면서 이것이 복음적 평화윤리의 핵심이라고 말한다.

173 브라켈만(G. Brakelmann)은 이 점과 관련하여 루터의 탁월한 요약을 다음과 같이 소개한다. "… 그리스도인은 자기 자신 안에서 사는 것이 아니라, 오히려 그리스도 안에 그리고 이웃

에 좋았더라."라고 하실 수 있는 그러한 세상을 만들어 가는 책임이 그리스도 안에 있는 새 언약에 기초해 탄생한 오늘의 교회에 있는 것이다.[174] 평생 낯선 자와 소외된 모습으로 살 수 밖에 없는 인간이 예수 안에서 하나님의 은총에 의해 구원받은 하나님의 새로운 친 백성이 된 것이다. 팔머(Parker Palmer)는 이것을 다음과 같이 적절히 잘 표현했다.

"나그네의 공생애는 우리들의 사적인 생애에 영적인 지침서가 된다. 낯선 이를 통한 자아와, 세계와 하나님에 대한 우리들의 견해는 깊어지고 확장된다. 그리고 낯선 이를 통해 하나님은 우리를 찾으시고 우리들의 소원한 삶 가운데서 총체적인 선물을 제공하신다."[175]

이것이 하나님의 디아코니아이고 환대이다. 이러한 엄청난 선물을 교회가 받아 누리고 있다. 교회의 디아코니아적인 책임 윤리는 바로 이러한 하나님의 은총에 책임 있게 응답하는 교회의 절대적인 순종의 자리이다. 이런 의미에서도 세계 어느 나라보다도 큰 복을 받은 한국 교회에 온전한 디아코니아학의 정착이 시급히 요청된다고 하겠다.

안에서 산다. 신앙을 통해서 그리스도 안에, 사랑을 통해서 이웃 안에 산다(G. Brakelmann, 『기독교 노동윤리』, 230)."

174 J. Sacks에 의하면 언약은 권리가 아닌 책임을 강조하는 사회를 만들 뿐만 아니라, 언약은 타인의 권리가 곧 나의 책임임을 환기시키기 때문이다(『사회의 재창조』, 303).

175 P. Palmer, *The Company of Strangers: Christians and the Renewal of America's Public Life*, New York: Crossroad, 1981, 70, J. Koenig, 『환대의 신학』, 234에서 재인용.

10. 디아코니아와 기독교 교육[176]

하나님의 디아코니아는 이스라엘 백성을 교육한다. 광야에서 이스라엘 백성을 향한 하나님의 교육 방법이 디아코니아인데 왜 하나님은 광야에서 저들을 만나로 먹이셨는가? 신명기 8장 3절은 그 이유를 다음과 같이 분명히 말씀하고 있다.

"너를 낮추시며 너를 주리게 하시며 또 너도 알지 못하며 네 조상들도 알지 못하던 만나를 네게 먹이신 것은 사람이 떡으로만 사는 것이 아니요 여호와의 입에서 나오는 모든 말씀으로 사는 줄을 알게 하려 하심이니라."

이것은 인생을 살아가는 참 지혜의 근원이 말씀이고, 그 말씀은 다름 아닌 하나님의 입에서 나오는 그 말씀임을 분명히 밝히고 있다. 또 신명기 8장 16절은 이렇게 적고 있다.

"네 조상들도 알지 못하던 만나를 광야에서 네게 먹이셨나니 이는 다 너를 낮추시며 너를 시험하사 마침내 네게 복을 주려 하심이었느니라."

결국 삶의 모든 것의 근원이 살아 계신 하나님과 그분의 말씀임을 아는 것이 복이라는 사실을 하나님은 이스라엘의 고난 가운데 은혜로 간

---

[176] 다음 세대를 위한 총체적인 기독교 교육에 관한 논의를 위해서 김도일(책임편집), 『미래 시대, 미래 세대, 미래 교육』, 서울: 도서출판 기독한교, 2013에 실린 논문들을 참조. 디아코니아와 기독교 교육의 상관성에 대해서는 임창복, "초대교회 교역과 교육 사이의 상호긴밀성", 임창복, 『기독교 교육과 신학』, 서울: 장로회신학대학교출판부, 2001, 267-301 참조.

섭하셔서 구체적으로 깨닫게 하신다. 이것이 바로 하나님의 디아코니아이다. 이를 임창복은 다음과 같이 말한다.

"이스라엘에 대한 하나님의 교역은 이와 같이 하여 그 백성들이 하나님께 대항할 때든지 혹은 하나님 자신이 이스라엘로부터 실망할 때든지 혹은 그들이 하나님으로부터 분리되어 있을 때든지 혹은 그들이 하나님께로 되돌아올 때든지 여하한 환경 속에서도 그들과 인격적인 관계를 갖고 그들 삶의 상황에 깊이 관여한다는 데 그 특성이 있다."[177]

이것은 하나님의 놀라운 교육이다. 이런 의미에서 광야는 이스라엘 백성의 특별한 교육 현장이라고 말할 수 있다. 멜커트(C. F. Melchert)의 표현처럼 "교육은 교역의 한 형태"이다.[178] 이 경우, 교육은 하나님의 디아코니아를 이루어 가는 하나의 형식이라고 할 수 있다. 특별히 구약성경에 나타난 섬김의 의미는 진정으로 오늘의 교육 현장에 바르게 정착되어야만 할 특징이다. 하나님의 디아코니아는 하나님이 택하신 당신의 백성과 피조 세계를 온전하고 거룩한 하나님의 백성과 소유되게 하시려는 것이다.[179] "나 여호와가 거룩하니 너희도 거룩할지니라."라는

---

177 임창복, "초대교회 교역과 교육", 271. 또한 Chales F. Melchert, "What is the Educational Ministry of the Church?", *Religious Education, Vol. 73, No. 4* (1978), 429-439도 참조.

178 C. F. Melchert, , "What is the Educational Ministry of the Church?", 433.

179 임창복은 그의 논문에서 디아코니아를 "교역"으로 번역하여 사용한다. 임창복은 하나님의 디아코니아의 교육적 의미를 다음과 같이 적고 있다. "이스라엘에 대한 하나님의 교역 속에는 사실 하나님의 고양된 의도가 있다. 이 의도는 언약 백성인 이스라엘이 하나님과 올바른 관계 속에서 온전한 인간으로서 삶을 살게 하는 데 있다(임창복, "초대교회 교역과 교육", 267-301, 270)." 또한 임창복 외 2인 공저, 『21세기 교회의 선교교육』, 서울: 한국기독교 교육교역연구원, 2007, 특히 38-91 참조.

말씀은 교육적 측면에서의 하나님의 거룩함을 본받으라는 의미이기도 하다. 이런 의미에서 기독교 교육은 윤리 교육과 무관하지 않다.

하나님의 디아코니아는 하나님의 풍성함에 참여하며 하나님의 의를 이루기 위함이다. 따라서 삶의 모든 영역에서 구현되어야 한다.[180] 이를 위해서 교회 역시 하나님의 디아코니아를 삶의 모든 영역 속에서 대를 이어 가도록 그 교육적 사명을 감당해야 한다.[181] 교회가 감당하는 교육적 사명은 안으로는 신앙인들에게 하나님의 디아코니아를 바르게 전달하여 삶 속에서 구체적으로 실천할 수 있도록 안내하고 돕고, 밖으로는 세상이 하나님의 디아코니아를 알아 그 디아코니아에 참여하여 하나님의 백성으로 온전한 삶을 살도록 해야 한다.

임창복은 이 부분에서 이스라엘을 향한 하나님의 디아코니아를 바르게 읽었다.

"하나님의 교역은 이스라엘 백성들이 하나님과 그들 밖의 사람들을 사랑하도록 하는 데까지 확산된다."[182]

---

180 손인웅, 『디아코니아』, 333. "교회의 디아코니아 사역은 인간 삶의 모든 차원을 포함하는 전인적인 차원의 사역이 되어야 한다. 그리고 한 개인의 차원을 넘어서 사회나 국가 그리고 창조 세계 전체를 향한 사역이 되어야 한다". 그러면서 손인웅은 구체적으로 이웃, 창조 세계 보존과 생명, 직업과 소명, 정의와 평화 그리고 통일, 문화 등을 총체적으로 논의한다(333-340 참조).

181 이 점에 대해 스마트(J. D. Smart) 박사는 그의 주저 『교회의 교육적 사명』에서 다음과 같이 강조한다. "교회는 하나님이 그리스도 안에서 사람을 자기에게 연결시키고 동시에 인간들을 피차 연결하게 하실 때에 생기는 인간의 사귐이다. 이처럼 연결하는 힘은 진리와 사랑과 성령의 힘으로 인간의 마음속에 거하시는 하나님 자신의 힘이다. 사람이 교회 안에 있는 것은 하나님이 그들을 교회 안으로 불러들인 까닭이다. 교회로서의 임무는 하나님이 예수 그리스도로 계시하신 구속의 목적을 수행하기 위한 인간의 기관이 되는 것이다(J. M. Smart, 『교회의 구속적 사명』, 장윤철 옮김, 서울: 대한 기독교 교육협회, 2000, 116)."

182 임창복, "초대교회 교역과 교육", 271.

이런 의미에서 기독교 교육과 디아코니아는 매우 중요한 관계가 있다. 결국 대를 잇는 참 신앙 교육은 진정한 디아코니아를 삶 속에서 행할 때만이 가능하다. 하지만 그 이전에 반드시 이루어져야 할 것이 바로 하나님의 말씀 속에서 하나님의 디아코니아를 정확히 배우고 이해하고 깨달아 아는 것이다. 어떠한 행함도 사역도 가르침도 성경 위에 있을 수 없다.[183]

그러므로 교회는 항상 성령의 인도하심에 귀를 기울여야 하고 성령의 가르침에 순복해야 한다. 그럴 때만이 교회가 누구인지에 대한 바른 정체성을 갖고 바른 방향으로 나아갈 뿐만 아니라 교회를 불러 세우신 하나님의 뜻을 올곧게 이루어 갈 수 있다. 성령은 우리의 참 교사이다. 성령에 의해 성경의 가르침을 배우려는 교회가 진정한 교회다. 성령보다 앞서가는 교회가 되어서는 안 된다. 그것은 하나님의 디아코니아가 아니라 사람의 일이 되기 쉽다. 그렇게 일하는 사람은 나중에는 결국 지쳐 쓰러지게 될 뿐이다.

그렇다면 오늘 한국 사회 속에서 대를 잇는 참 신앙 교육의 관점에서 강조되어야 할 실천적인 교육은 무엇일까? 이것을 디아코니아와 관련지어 생각할 때 그 주요 영역을 몇 가지로 정리해 볼 수 있다. 이것은 곧 예수가 교육한 하나님 나라의 교육, 즉 교육의 공공성과 관련된 것이다.[184]

---

183 존 스토트는 배우는 교회를 강조한다. "그러므로 우리는 무엇보다도 먼저, 살아 있는 교회는 배우는 교회 즉 사도들의 가르치는 권위에 복종하는 교회라고 단언한다(John Stott, 『살아 있는 교회』, 30)."

184 이 점에 대해 박상진/장신근/강영택/김재웅 지음, 『기독교학교의 공공성』, 서울: 예영커뮤니케이션, 2014 참조.

첫째, 분단된 한반도를 위한 평화와 통일 교육이다.[185] 이 평화와 통일 교육은 우리의 자녀들에게 일하시는 하나님, 즉 하나님의 디아코니아를 제대로 가르칠 수 있는 중요한 신학적 근거로서의 가치가 충분하다. 그뿐만 아니라 분단된 한국의 상황에서 이것이 매우 중요하기 때문이다. 하나님의 디아코니아 핵심은 바로 분단을 하나로, 갈등과 대립을 화해로, 전쟁을 평화로 만드는 것이다(사 2:1-4; 겔 37:15-28; 미 4:1-3). 한마디로 하나님의 디아코니아는 샬롬을 지향한다. 이 샬롬이 예수의 삶 속에서 온전히 이루어졌다(엡 2:11-18).

예수의 디아코니아적인 삶의 중심은 바로 십자가로 담을 허무는 일이었음을 기억할 필요가 있다. 그의 이름이 곧 평화이다(미가서 5장 5절, 에베소서 2장 14절 참조).

---

185 이 점에 대해서 김성은, "분단된 한반도를 위한 기독교 민족역사교육의 문제", 「신학사상 148 (2010년 봄)」, 237-267. 김성은은 결론에서 다음과 같이 강조한다. "한민족의 역사 속에서 일하시는 하나님을 교육의 핵심으로 하는 것이 필요하다. 그러나 지금까지의 한국의 기독교 교육은 한반도 역사를 비하하거나, 무시하거나, 그 중요성을 약하게 취급하는 경향이 있었으며, 이는 심층심리학적인 민족열등감이 작용하지 않았나 의심을 하게 된다. 서양 역사 속에서 하나님이 일하신다는 것에 대해서는 의심할 바 없이 수용하고, 유럽의 세속적인 역사가 곧 하나님의 일하시는 역사라고 하는 전제에 대해서 거의 무조건적으로 수용하는 심리가 작용하는 부분이 있었다. 한반도 평화통일과 화해 공존을 지향하는 평화교육을 위해 민족의 역사를 재해석하고 재구성하는 전환은 이제는 미룰 수 없는 시급한 과제인 것이다(김성은, 264)." 또한 정종훈의 제안 즉 "한국 교회는 하나님 나라를 추구하고, 희년의 비전을 한반도에 실현하고, 동북아 공동체와 세계 공동체에 메시아적인 희망을 담아내는 남북통일을 신앙의 과제로 설정해야 한다."는 것을 교회는 오늘의 긴급한 신앙교육의 과제로 삼아야 할 것이다(정종훈, "독일 교회에 비추어 본 한국 교회의 남북통일을 위한 과제", 「한국기독교신학논총 68 (2010)」, 257-285에서 281. 이 분야의 최근 논의를 위해서 남태욱, 『한반도 통일과 기독교 현실주의: 라인홀드 니버를 중심으로』, 서울: 나눔사 2012; 백충현, 『삼위일체적 평화통일 신학의 모색』, 서울: 나눔사, 2012; 김정형, 『탈냉전 시대 분단 한국을 위한 평화의 신학』, 서울: 나눔사 2015; 이동춘, 『한반도 통일논의의 신학담론, 정치신학에서 화해신학으로』, 서울: 나눔사 2017 등을 참조. 또한 공적신학과 교회연구소에서 펴낸 논문집 『하나님 나라와 평화』, 책임편집 박경수), 서울: 대한기독교서회, 2017을 참조하되 평화교육과 관련해서는 그 안에 있는 정지석, "국경선평화학교의 평화통일운동-철원에서 평화통일을 준비하는 국경선평화학교 이야기", 335-346 참조.

대를 잇는 기독교 신앙 교육의 가장 중요한 내용은 바로 이 샬롬의 교육을 우리 자녀들이 삶 속에서 생활화할 수 있도록 해야 하는 것에 있다. 이는 또한 공동체를 소중하게 여기는 '함께 사는 삶'의 가치가 중요함을 더불어 가르칠 수 있는 좋은 기회가 될 것이다.[186] 참 샬롬은 말할 수 없는 상태에 있는 극도의 인권 사각지대에 있는 소수자까지도 함께 할 수 있을 때 우리 가운데 이루어진다. 이것이 차별 없는 삼위일체 하나님의 디아코니아의 핵심인 동시에 본질이다.

둘째, 지구 환경 생태 교육[187]을 포함한 연약한 이웃, 즉 소년소녀가장, 장애인,[188] 외국인 다문화 가정,[189] (독거)노인들[190] 그리고 남한에 정착해 있는 북한이탈주민 등에 대한 지속적인 배려와 교육이다.[191]

자연과 환경을 포함한 소수자에 대한 존중과 사랑은 우리 시대의 총

186 이원규, 『한국 사회 문제와 교회 공동체』, 서울: 대한기독교서회, 2002 참조.

187 손성현, "미래 세대와 기독교 생태교육", 김도일(책임편집), 『미래 시대. 미래 세대. 미래 교육』, 서울: 도서출판 기독한교, 2013, 559-586; 김수연, "억압된 타자, 소수자로서의 자연: 물의 위기 상황에서 지구-행성의 신학을 모색하며", 한국문화신학회 엮음, 『소수자의 신학』, 서울: 동연, 2017, 271-290과 이 책에 실린, 장윤재, "동물 소수자의 신학", 291-315도 참조.

188 특별히 디아코니아의 실천과 관련된 이 분야의 저서로 김도현, 『장애학 함께 읽기』, 서울: 그린비, 2009 참조.

189 이규민, "2011년 한국 사회의 전망과 한국 교회의 새로운 방향", 『교육교회 397 (2011년 1월호)』, 14-20 참조.

190 노인 기독교 교육과 관련해서는 임창복의 연구를 참조하라. 일찍이 임창복은 이 부분에 대한 깊은 기독교 교육학적 관심을 갖고 연구해 왔다. 임창복은 노년기 여가 프로그램, 성경적 관점에서 근거한 죽음맞이 교육, 고령화 시대의 교회 교육적 대안 등에 대해 자세하게 제시한다. 임창복, 『노인 기독교 교육』, 서울: 한국장로교출판사, 2004; 또한 조성돈, "기독교 성인교육의 가능성과 전망", 『기독교학의 과제와 전망』, 한중식/ 한석환 엮음, 서울: 숭실대학교 출판부, 2004, 591-613 참조.

191 최근에 이 부분에 관한 주요한 연구 논문집이 『소수자의 신학』이라는 이름으로 출간되었다. 이 책에 있는 자연을 포함한 소수자에 대한 논문들을 참조하기 바란다. 한국문화신학회 엮음, 『소수자의 신학』, 서울: 동연, 2017.

제적인 위기를 극복하기 위한 최고의 처방이라고 생각한다.[192] 그러므로 이 처방과 연관하여 단순한 물질과 마음의 나눔이 아닌 좀 더 조직적이고 체계적인 교육에 대한 충분한 만족과 동시에 차분하고 꾸준한 배려와 참여가 중요하다. 왜냐하면 디아코니아가 단순한 교회의 사회봉사차원도, 한 교단의 사회부에서만 감당해야 할 차원도 넘어서기 때문이다. 이것은 교파와 교단을 넘어 기독교 사회 교육과 평생 교육의 차원에서 보다 넓고 깊은 총체적인 접근과 보완을 의미한다.[193] 이렇게 할 때, 더 효과적으로 예수 안에 계시된 하나님의 디아코니아와 하나님 나라가 이 땅에 건강하게 세워지고 확장될 것이다.[194]

셋째, 코이노니아(친교, 교제, 나눔)의 중요성을 강조하는 교육이다. 하나님의 코이노니아와 디아코니아는 동전의 앞뒤와 같아 결코 분리할 수 없다. 삼위일체 하나님의 코이노니아를 교회가 배우는 것이 무엇보다 중요하다. 코이노니아는 우리가 그리스도인으로서 함께 갖고 있는 것이다. 이것은 존 스토트가 지적한대로 "두 가지 상보적인 진리, 즉 우리가 공유하는 것(share in)과 함께 나누는 것(share out) 이 둘 모두를 증거한다."[195]

교회는 개인의 소유를 교회의 디아코니아를 위해 무조건 바치라고

---

192 안교성은 한 논문에서 한국적 생명신학의 연구 판도를 개괄적으로 검토하였다. 안교성, "생명신학: 한국 생명신학은 왜, 언제, 어떻게 시작되었고 어디로 향하고 있는가?", 안교성, 『한국 교회와 최근의 신학적 도전』, 서울: 장로회신학대학교출판부, 2017, 86-120.

193 곽미숙은 그녀의 논문에서 미국에서 경제정의와 기아문제를 해결하기 위한 일환으로 교회 공동체들의 에큐메니칼 연합 프로젝트인 "미가서 6장 프로젝트 (The Micah 6 Project)"를 한국 교회가 벤치마킹하여 수용할 것을 제안한다(곽미숙, "삼위일체론과 그리스도인의 실천", 156과 각주 52 참조).

194 이를 위해 고용수, 하나님 나라 구현을 위한 "교육목회", 『하나님 나라와 선교』, 279-301. "하나님 나라는 예수님의 교육 명령을 따르는 교회의 궁극적 목적이 되어야 할 것이다(287)."

195 J. Stott, 『살아 있는 교회』, 31. 이에 대한 좀 더 자세한 논의에 대해서는 101-113 참조.

| 4장 ◆ 디아코니아와 신학 안에서의 인접분야와의 관계 | 217

강요해서는 안 되고, 성도 개인 역시 자신의 소유를 자신의 것으로만 고집해서도 안 된다. 왜냐하면 물질은 하나님으로부터 주어진 것이기 때문이다. 그러므로 여기에는 긴장이 있는데, 교회는 한 개인이 갖고 있는 이 긴장을 그야말로 스트레스를 받는 부정적 긴장이 아닌 참다운 코이노니아와 디아코니아에 참여할 수 있는 거룩한 긴장으로 변환해 갈 수 있어야 한다. 이를 위해 성령의 이끄심에 순종하는 교육이 필요하다. 이러한 교육은 거시적인 안목에서 한 개인이 하나님의 디아코니아라는 목적에 교회 공동체의 구성원으로서 참여하려는 결단, 헌신 그리고 비전을 갖도록 한다. 그리하여 오늘날의 교회는 성경에 나오는 가난한 예루살렘 교회를 도왔던 안디옥 교회와 마게도냐 교회처럼 자발적인 나눔의 원리가 성도의 삶을 지배할 수 있도록 해야 한다.[196]

이미 앞에서 여러 번 강조한 것처럼, 하나님의 디아코니아는 예수 안에서 온전히 계시되었다. 이 말은 그의 삶 속에서 드러났다는 것이다. 예수는 항상 말씀과 그의 삶으로 직접 제자들과 그를 따르는 백성에게 본을 보이셨다. 예수의 교육은 말과 행함이 일치된 교육이었고, 그의 교육 현장은 삶과 자연 그 자체였다. 예수의 교육은 또한 그를 보내신 하나님이 어떠한 분이시고 그가 어떠한 일을 행하셨는가를 사람들이 깨달아 알도록 하는 데 있었다. 이를 통해, 자신은 자신을 이 세상에 보내신 하나님의 뜻 안에서 그의 일을 순종함으로 감당할 뿐이라고 말씀하시면서 예수의 나라가 아닌 자신을 보내신 하나님 나라를 위해 일하는 모습을 보여 주셨다. 그 사역의 결과, 이 땅에 하나님 나라 곧 하나님의 통치

---

196 J. Stott, 『살아 있는 교회』, 33. "그러므로 살아 있는 교회는 돌보는 교회(caring church)다. 관대함은 항상 하나님 백성의 특성이었다. 우리의 하나님은 너그러우신 하나님이시므로, 그분의 교회 역시 너그러워야 한다."

가 임한 것이다.

이 하나님의 통치는 다름 아닌 하나님의 디아코니아이다. 예수는 죽기까지 철저히 섬김으로 몸소 하나님 나라를 전하셨고, 그 나라가 어떤 나라인지 자신의 삶 속에서 나타내 보이셨다.[197] 예수로 말미암아 이 땅에 도래한 하나님 나라는 철저히 사랑과 섬김의 나라였던 것이다. 오늘 우리 시대의 교회는 바로 이 예수 안에 나타나 완성된 하나님의 디아코니아를 바르게 전해야 할 과제를 안고 있다.[198]

기독교 교육의 과제는 각 교회의 부흥도 아니고, 신앙 교육을 받은 자가 세상에서 어떻게 하면 물질적으로 잘 먹고 잘 사는지를 가르치는 것도 아니다. 기독교 교육은 철저하게 인간과 피조 세계를 긍휼과 친절로 사랑하고 섬기시는 그 하나님의 사랑과 사랑의 디아코니아를 삶의 모든 영역에서 전인적으로 가르쳐 지키는 데 있다.[199] 이것이 하나님이

---

197 임창복, "초대교회 교역과 교육", 272-284.

198 임창복, "초대교회 교역과 교육", 284. "예수는 제자들에게 그의 하나님 나라의 복음과 가르침들을 위탁한다. 이와 같이 하여 이스라엘로부터 시작되어 예수 안에서 성취된 하나님의 교역이 그의 부름을 받은 제자들에게 위탁된다."

199 김기숙은 한 논문에서 기독교대학의 통전적 교육을 위한 사상적 기초를 위해 코메니우스의 범지사상을 논한다. 김기숙은 코메니우스의 범지사상이 철저히 하나님을 근간으로 하고 있다고 보면서 그의 범지사상에서 기독교대학의 정체성을 확립하는 데 필연적으로 해결해야 할 신앙과 학문의 통합에 대한 이론적 기초를 발견한다. 김기숙은 코메니우스의 사상에 있어서 "지식의 올바른 사용(chresis)"을 강조한다. 코메니우스에게 있어서 이 사용은 실천과는 구별되는 것으로서 사용의 목적이 궁극적으로 하나님의 뜻대로 사용되어야 하는 것을 말하고 있다고 김기숙은 본다. 그리고 다음과 같이 크레시스와 범지사상을 관련지어 설명한다. "코메니우스가 의미하는 범지혜인은 크레시스(chresis)를 소유한 인간으로서 세계를 하나님의 통치로 옮기는 일에 도움을 주는 봉사자이며, 하나님을 섬기는 사람이 되는 것이다. 이러한 사람은 곧 세계에 하나님을 나타내 보이는 것으로서, 다시 하나님이 부르신 그 부름의 목적을 알아 그것을 성취하는 사람이다(김기숙, "기독교대학의 통전적 교육을 위한 교육사상적 기초 ", 『21세기 기독교육의 과제와 전망 (고용수 총장 화갑기념논문집)』, 서울: 예영커뮤니케이션, 2002, 376-413, 410). 양금희는 코메니우스의 기독교 교육의 목적을 다음과 같이 말한다. "하나님의 창조 세계를 개선하는 것, 즉 오늘날의 신학적 용어로 표현하면 하나님 나라를 건설하는 것이 그의 범교육의 목적인 것처럼 그의 교육은 어느 특정의 지역을 넘어서

원하시는 하나님 나라의 통전적인 영적 삶이다.[200] 그러할 때만 기독교 교육에 미래가 있고 소망이 있다. 이런 의미에서 기독교 교육은 디아코니아학과 매우 밀접한 관계에 있다 하겠다.[201]

이 두 학문은 교회와 삶의 현장에 밀접하게 연관되어 있는데, 이론과 실천의 통합을 연구함으로 세상을 향한 하나님의 디아코니아에 발전적으로 기여할 수 있는 신학의 영역이 될 뿐만 아니라 디아코니아 교회론의 미래이기도 하다.[202]

서 모든 사람을 포괄하며, 모든 사람을 서로 엮는 교육이다. 교육은 바로 세계 안에 예수 그리스도가 시작하신 하나님 나라를 확장하는 것이고, 이것에 세계의 모든 사람들이 동참해야 하는 것이 그의 기독교 교육의 목적이다(양금희, 『근대 기독교 교육 사상』, 서울: 한국장로교출판사, 2001, 140)." 기독교 교육학자는 아니지만 참된 전인적인 공동체교육을 위해서 V. A. Sukhomlinsky, 『선생님들에게 드리는 100가지 제안』, 수호믈린스키 교육사상연구회 편역, 파주: 도서출판 고인돌, 2010 참조.

200 손원영은 예수를 기독교 교육의 모범적 스승으로 보고, 예수가 품고 있던 영성을 다섯 가지로 정리한다. 첫째, 예수의 영성은 통전성(wholeness)의 영성이다, 둘째, 예수의 영성은 성례전성(sacramentality)의 영성이다, 셋째, 예수의 영성은 실천(praxis)의 영성이다, 넷째, 예수의 영성은 잉여성(moreness) 및 타자성(otherness)의 영성이다, 다섯째, 예수의 영성은 십자가(cross)의 영성이다(손원영, 『영성과 교육』, 서울: 한들출판사, 2004, 125-133을 참조). 손원영은 기독교 교육 교사가 갖추어야 할 자질로 '영성'과 '전문성'을 든다(이에 대해서 손원영, 『영성과 교육』, 133-142).

201 이를 손승희는 교회의 선교적 사명과 기독교 교육의 사명은 일치한다고 보았다. 이에 대한 자세한 논의는 손승희, "제3세계에서의 기독교 교육", 『한국기독교신학논총 1 (1987)』, 66-102, 77-99 참조.

202 이런 의미에서 손원영의 연구는 그 의의가 있다. 그는 신학교육의 모델들에 대해 검토하면서 '프락시스'의 측면에서 한국적 신학교육 모델로서의 "서울 모델"을 제안한다. 그의 서울 모델은 신학교육을 대화적 프락시스 신학, 해방적 프락시스 신학 그리고 영성적 프락시스 신학 등으로 삼분한다. 이에 대한 자세한 논의는 손원영, "신학교육의 모델들", 『한국기독교신학논총 70 (2010)』, 253-275와 손원영, "후기현대시대의 통전적 신학교육", 『한국문화와 영성의 기독교 교육』, 서울: 대한기독교서회, 2009, 218-235 참조. 또한 교육과 사회변화를 위한 프레이리와 호튼의 대화록인 『우리가 걸어가면 길이 됩니다』, 서울: 도서출판 아침이슬, 2007 참조. 요즘 활발히 연구되고 있는 "공공신학(Public Theology)"과의 연관 속에서도 기독교 교육과 디아코니아학의 연계에 대해 생각해 볼 수 있을 것이다. 이를 위해 장신근, "그리스도인의 삶과 공공성-공적 삶에 기여하는 그리스도인을 양육하는 기독교 교육", 임성빈 외 13인, 『공공신학』, 119-135 참조. 최근 세월호 침몰 사건과 관련하여 삶에서의 교육과 하나님의 디

11. 디아코니아와 예배[203]

하나님 사랑의 디아코니아가 있었기에 이 땅에 하나님의 백성이 있었고, 이 하나님의 백성이 하나님과의 관계에 있어서 최우선적으로 해야 할 것이 예배이다. 주승중은 다음과 같이 예배에 대해 설명한다.

"하나님이 먼저 우리를 사랑하셨고, 먼저 우리를 찾아오셨다. 성자 예수 그리스도는 우리를 구원하시기 위해 십자가에 스스로 자신을 내어 주셨다. 하나님은 지금까지 우리를 지켜 주셨고, 지금도 지키고 계시며, 또 앞으로도 계속 지키실 것이다. 그러므로 우리는 우리를 향한 하나님의 사랑에 감사하며 마땅히 영접하고 응답해야 한다. 그 행위가 바로 예배이다."[204]

이 예배는 다른 의미에서 삼위일체 하나님과의 사귐이다(요일 1:3).[205] 하나님은 출애굽한 이스라엘 백성이 당신을 예배하기를 원하신다(출 3:12, 18; 7:16; 8:1, 8, 20, 25; 9:1, 13 등).[206] 즉 하나님의 백성은 태생적

아코니아를 연결시킬 수 있는 산교육 현장으로 "도보순례"에 대해서 쓴 오현선의 논문은 자못 의미가 크다 하겠다. 자세한 것은 오현선, "'기독교 생명과 정의의 도보순례'의 신학교육적 성찰", 「한국여성신학 80 (2014년 겨울)」, 61-85.

203 이 부분에 대해서 김한호, 『디아코니아와 예배』, 경기도 광주: 서울장신대학교 디아코니아연구소, 2016과 서울장신대 디아코니아연구소에서 발행하는 잡지인 『디아코니아 5 (2017)』에 실린 이경환, "디아코니아적 관점에서 본 예배에 관한 연구-춘천동부교회를 중심으로", 127-164를 참조. 이 자료는 디아코니아를 어떻게 예배라는 현장과 접목시킬 것인가에 대한 유익한 사례를 제시한다.

204 주승중, 『다시 예배를 꿈꾸다』, 서울: 사단법인 두란노 서원, 2014, 31.

205 3절의 사귐은 코이노니아의 번역이다. 하나님의 디아코니아가 하나님의 백성과의 사귐 곧 코이노니아를 가능하게 한다.

206 하나님은 처음부터 애굽에서 종살이하는 이스라엘 백성을 "예배자"로 부르셨다. 모세를 통해 아브라함의 자손들이 애굽에서 나와 먼저 해야 할 일이 하나님을 예배하는 일인 만큼 출애

으로 예배 공동체이다. 교회 역시 예수 그리스도 안에 있는 하나님의 백성으로 하나님을 예배한다. 하나님은 신령과 진정으로 당신을 예배하는 자들을 찾으신다. 하나님의 찾아오는 사랑의 디아코니아와 코이노니아에 대한 인간 최고의 응답이면서 하나님께 드릴 수 있는 최고의 가치가 곧 예배이다.[207] 무엇보다도 하나님의 백성인 교회는 예배의 자리에서 하나님께 영광을 돌린다고 할 수 있다.[208]

하나님의 디아코니아에서 제외되는 사람은 없다. 하나님은 사람을 차별하지 않으신다. 누구나 다 이 하나님의 디아코니아에 배제되지 않고 참여할 수 있다. 하나님의 디아코니아에 하나님의 백성 역시 예배함으로 응답한다.

예배와 관련하여 교회가 감당해야 할 디아코니아는 어떠해야 하는가? 차별 없는 하나님의 은혜를 입은 교회 역시 누구나 살아 계신 하나님을 예배할 수 있도록 평등하게 배려해야 할 것이다.[209] 이것은 세상을 향한 하나님의 환대에 대한 교회의 공의로운 반응이다. 당연한 말 같지

굽 사건은 세속적인 정치적 사건이 아니라 "하나님이 함께하시는 신적 혁명"이다(김회권, 『하나님 나라 신학으로 읽는 모세오경』, 서울: 도서출판 복 있는 사람, 2017, 453).

207 김기현, 『예배, 인생 최고의 가치』, 서울: 죠이선교회, 2011, 22-30 참조. 또한 박은규, 『21세기의 예배, 서울: 대한기독교서회, 2004, 28-57 참조. 예배신학자 슈메만(A. Schmemann)은 인간만이 하나님을 송축하는 존재라고 본다(슈메만, 『세상에 생명을 주는 예배』, 19-21 참조). 또한 톰 라이트, 『톰 라이트 예배를 말하다』, 최현만 옮김, 평택: 에클레시아북스, 2012, 15-29 참조. 또한 최성수, 『예배와 설교 그리고 교회』, 서울: 예영커뮤니케이션, 2018 참조.

208 예배 신학자 김운용은 이 점을 강조한다. "예배는 하나님께 영광 돌릴 뿐만 아니라 교회를 교회답게 하고 세우는 행위입니다. 예배는 온 교회가 하나님의 엄위와 광휘에 잠기게 해 줄 뿐 아니라 하나님의 생활 방식을 실천하는 공동체로 교회를 세워가고 우리가 그리스도의 아름다움과 영광을 보게 하는 스테인드글라스와 같이 된다면 세상은 교회가 하나님 나라의 영토이며, 대안 공동체임을 발견하게 될 것입니다(김운용, 『예배, 하늘과 땅이 잇대어지는 신비』, 서울: 장로회신학대학교출판부, 2015, 13. 예배의 신학적 이해에 대해 특히 85-178 참조).

209 김한호, "디아코니아와 예배", 17.

만, 이런 측면에서 예배는 공동체성을 지향한다.[210]

예배와 관련되어 갓난아기를 두어 예배를 제대로 드리지 못하는 어머니와 다양한 장애가 있는 장애인을 위한 교회의 '환대의 디아코니아'가 필요하다. 이 부분에 있어서 이재서는 한 논문에서 교회 안에서 보장되어야 할 장애인 평등권에 주목했다. 그는 먼저 신구약성경 안에서 장애인 평등권에 대해 논한 후에 한국 교회 장애인 불평등의 여러 현실을 언급했다. 예배와 관련하여 이재서는 다음과 같이 설명한다.

"성도가 하나님께 예배 드리는 것은 구속받은 성도로서의 책임이기도 하지만 천국 백성으로서 당당히 누려야 할 권리이기도 하다. 아무도 이 권리를 방해하거나 제한해서는 안 된다. 장애인 역시 당연히 이 권리를 부여받고 있고, 그래서 장애인이 그 권리를 누리고 보장받을 수 있도록 도와야 하는 것이 온당하다. 그것은 교회와 목회자의 의무이며 책임이다. 그러나 실상은 많은 장애인이 그 당연한 권리를 누리지 못하거나 제약당하고 있다."[211]

김옥순은 "건강한 교회는 노인과 젊은이, 병자와 건강한 자, 장애인

---

210 유재원, 『이머징 예배 뛰어넘기』, 서울: 도서출판 하늘향, 2016, 137.194-198 참조.

211 이재서, "한국 교회의 장애인 평등권에 관한 연구", 이재서 외 공저, 『하나님 나라와 장애인』, 서울: 도서출판 세계밀알, 2015, 281-317 중 296-297에서 인용. 이재서는 구체적으로 지적장애인, 시각장애인, 청각장애인 그리고 지적장애인의 예배권 제약에 대해 언급하고 있다. 이에 대해서는 위의 논문, 297-303 참조. 필자는 이재서가 언급한 장애인 예배권 제약에 대해 디아코니아 차원에서 교회는 각 지역 교회의 형편에 맞춰 여러 제약을 해결하는 데 최선을 다해야 할 것이다. 이것이 곧 하나님의 환대를 체험한 교회가 감당해야 할 사회적 약자에 대한 디아코니아적 환대라고 할 수 있을 것이다. 환대와 장애인신학에 대해서 장승익, "장애인신학을 위한 성경적 근거로서의 환대", 이재서 외 공저, 『성경과 장애인』, 서울: 도서출판 세계밀알, 2013, 224-252. 김옥순, "디아코니아 관점에서 본 장애인과 함께하는 교회 공동체", 김옥순 외 공저, 『장애인신학』, 서울: 한국장로교출판사, 2015, 288-296 참조.

과 비장애인들이 함께 통합되는 공동체인 것이다. 이와 같은 맥락에서 만일 장애인들이 예배에서 소외되어 교회에 장애인이 없다면, 교회는 하나의 장애 교회로서 이는 건강한 교회가 아님을 의미할 수 있다. 그러 므로 교회들은 장애인들이 예배와 사회로 통합될 수 있도록 이들을 돌 보는 여러 가지 노력을 기울여야 한다."[212]고 강조한다.

예배 신학자 김세광은 그의 저서 『예배와 현대 문화』에서 예배의 개 혁 신학적 이해를 "그리스도의 사건", "하나님 나라의 사건" 그리고 "하나님 백성의 공동체 사건" 등 세 가지로 압축해서 설명한다.[213] 예배 에 대한 이러한 개혁 신학적 이해는 세상을 향한 삼위일체 하나님의 디 아코니아에 대한 해석의 산물이다.

이렇게 예배가 예배되게 하는 것을 가능하게 하는 것이 삼위일체 하 나님의 디아코니아이고, 동시에 하나님의 디아코니아를 본받는 교회가 감당해야 할 디아코니아인 것이다. 이 경우 교회의 디아코니아를 통해 예배와 선교가 만난다. "선교는 참된 예배의 자연스런 결과"[214]인데 이 것이 교회의 바른 디아코니아를 통해 이루어지게 된다.

삼위일체 하나님의 디아코니아는 죄로 물든 세상에 대한 하나님의 환대이다. 이 환대에 의해 교회가 하나님의 소유된 거룩한 백성이 된 것 이다. 교회는 태생적으로 공동체성을 띠었다. 물론 인간 역시 남자와 여

---

212 김옥순, "디아코니아 관점에서 본 장애인과 함께하는 교회 공동체", 296. 김한호는 장애인과 비장애인의 통합 예배의 중요성에 대해 주목한다. 김한호, "디아코니아 신학과 장애인신학", 김옥순 외 공저, 『장애인신학』, 서울: 한국장로교출판사, 2015, 242-267 중에서 특히 263-266 참조.

213 김세광, 『예배와 현대 문화』, 서울: 대한기독교서회, 2005, 228-230 참조.

214 안승오, "선교와 예배", 한국선교신학회엮음, 『선교학개론 (증보판)』, 서울: 대한기독교서회, 2008, 231-246중 238. 안승오는 예배와 선교의 역동적인 바른 실천을 주목한다.

자로 지음을 받은 공동체이다. 인간과 삼위일체 하나님과의 관계는 이와 같이 근본적으로 공동체 성격을 갖고 있다. 우리의 예배 역시 함께 모여 하나님을 예배한다.

하나님의 환대에 빠지거나 배제되거나 차별당한 인종, 계층, 성별은 없다. 하나님은 하나님의 형상대로 지음 받은 인간이 당신을 영과 진리로 예배하기 원하신다. 교회의 디아코니아는 이 하나님의 환대를 모르는 세상이 환대를 알아 살아 계신 하나님을 바르게 예배하도록 돕는 역할을 맡았다. 하나님을 예배하는 데 있어서 교회는 그 어떤 걸림돌이나 장애물도 만들어서는 안 된다. 장애인이나 젖먹이 아이가 있는 어머니나 아픈 사람이나 그 어느 누구도 예배의 자리에서 제외될 수 없고 하나님을 예배하려는 그 인권을 방해받을 수 없다.

하나님의 형상대로 지음 받은 모든 인간이 개인의 조건과 형편을 넘어 하나님을 기쁨으로 온전히 예배할 수 있도록 교회는 모든 배려를 아끼지 않아야 할 것이다. 하나님은 이것을 기뻐하신다.

12. 디아코니아와 젠더

삼위일체 하나님의 디아코니아는 차별이 없다.[215] 하나님은 인종, 성,

---

215 젠더 문제를 삼위일체 하나님과의 연관 속에서 해석한 안경승, "성경적인 성정체성의 회복: 하나님의 형상을 중심으로", 『복음과 상담 25/2 (2017)』, 45-81중 66-67참조. "남자와 여자는 하나님의 삼위적 관계의 유비를 닮으면서 남성성과 여성성의 독특함이 드러난다. 남성성과 여성성의 특징은 내면 안에 새겨져 있고 그들 각자의 관계 맺는 방식을 통해 여성답고 남성다움이 표현된다(안경승, "성경적인 성정체성의 회복: 하나님의 형상을 중심으로 ", 67)." 성경적 남녀관계에 대해서 L. Crabb, 『래리 크랩의 에덴남녀』, 서울: 복 있는 사람, 2014; 김

지위, 계급 그리고 역할 등 모든 것을 넘어 그 어느 누구도 분리하거나 차별하지 않으신다. 하나님의 디아코니아 원리는 공의, 평화, 긍휼과 진리이다. 하나님의 디아코니아에 폭력, 억압, 차별 등과 같은 불의함이 있을 자리는 없다. 하나님의 디아코니아는 언제나 참됨이었고, 이 참됨은 곧 자유와 해방과 함께 작동된다.

나는 이 차별, 편견과 분리가 없는 삼위일체 하나님의 디아코니아를 일관되게 삼위 안에서의 코이노니아와의 연관 속에서 살펴보았다. 사람(남성과 여성)에 대한 삼위 하나님의 생각은 사람을 만드신 창조 기사에서 찾을 수 있다. 이를 위해 창세기 1장 26-28절로 돌아가 생각해 보자.

창세기 1장 26절을 보면 "하나님이 이르시되 우리의 형상을 따라 우리의 모양대로 우리가 사람을 만들고"라고 기록되어 있다. 이어 27절에는 "하나님이 자기 형상 곧 하나님의 형상대로 사람을 창조하시되 남자와 여자를 창조하시고"라고 쓰고 있다. 나는 이 창세기 본문(사람을 만드는 내용)을 삼위일체 하나님의 디아코니아와 코이노니아의 관점에서 읽고자 한다. 이 본문에서 주목하고 싶은 말씀은 26절, "하나님이 말씀하시기를 '우리의 형상을 따라 우리의 모양대로 우리가 사람을 만들고'라는 내용과 27절, "하나님의 형상대로 사람을 창조하시되 남자와 여자를 창조하시고"이다.

삼위일체 하나님의 코이노니아와 디아코니아가 어떻게 작동되는지를 이 간단한 말씀에서 확인할 수 있다. 삼위일체 하나님의 완벽한 내적 사귐에서의 대화와 소통에 근거하여 합의하고 그 어떠한 이견이나 갈등

세윤, 『그리스도가 구속한 여성. 성경적 남녀 관계와 여성 리더십』, 서울: 두란노, 2016; G. Edwards, 『하나님의 딸들』, 임정은 옮김, 서울: 죠이선교회, 2017 참조.

없이 사람이 창조된 것이다. 다음으로 생각할 것은 '이 사람이 어떠한 존재인가?'라는 점이다. 적어도 이 창세기 본문에서 보면, 사람은 전지전능하신 완벽한 하나님의 작품으로 사람 안에 하나님의 형상이 있다는 것이다. 비록 죄로 인해 이 형상이 파괴되었다는 학설이 있지만 성경적으로 보면, 성령에 의한 예수 그리스도를 통해 새로운 피조물로 회복이 되었다. 분명한 것은 죄를 지었든 간에 본래 하나님이 사람을 만드셨을 때는 삼위하나님의 생각대로 사람에게는 삼위 하나님의 형상이 있다는 것이다. 하나님의 형상과 모양대로 남자와 여자를 만드셨다. 남자에게만 하나님의 형상과 모양이 있는 것이 아니라 여자에게도 있는 것이다.

하나님의 형상이란 무엇을 말하는 것인가? 삼위 안에 있는 관계성, 닮음 그리고 서로의 사역을 존중하면서 위임한다는 의미로 볼 수 있을 것이다. 일체 하나님은 남녀와 동일하게 각각 관계를 맺고 계시고, 남자와 여자는 삼위일체 하나님을 닮았고, 삼위일체 하나님의 권위를 또한 남자와 여자에게도 맡기셨다는 것을 알 수 있다. 이를 통해 삼위일체 하나님 안에서 삼위가 완벽하게 조화와 균형 가운데 사역을 하시고 있는 것처럼, 부분적이지만 사람 안에 즉 남자와 여자 안에도 삼위일체 하나님의 그 내적 통일성과 외적 일하심이 내재하고 있다는 것을 알 수 있다. 이런 맥락에서 삼위 하나님은 남자와 여자를 결코 차별하여 분리하여 만드시거나 살아가도록 허락하지 않으셨음을 알 수 있다. 만약 우리가 인종, 성, 계급 등 그 어떤 외부 조건에 의해 사람을 차별한다면 우리는 하나님의 창조 질서를 깨는 것일 뿐만 아니라 사람 안에 있는 삼위 하나님의 존엄성을 훼손했다고 볼 수 있다. 남성이든 여성이든 그 어느 누구도 모든 면에서 차별이나 분리되는 불의한 상황에 놓여서는 안 될

신학적인 근거가 사람을 창조하신 이 말씀에 담겨 있는 것이다.[216]

나는 만약 우리가 여성을 이유 불문하고 그 어떤 형태로라도 차별한다면, 하나님의 디아코니아를 방해하는 성령 훼방 죄를 범한 것이라고 감히 말하고 싶다. 왜냐하면 그것이 하나님의 뜻이 아니기 때문이고, 하나님은 그렇게 일하시는 분이 아니시기 때문이다.

끝으로 한 가지 더하고 싶은 것은 삼위일체 하나님 안에서의 권력 구조에는 갑을 관계가 작동하지 않는다는 사실이다. 완벽한 코이노니아에 부정적인 권력이 들어갈 자리는 없다. 이것은 무엇을 말하는가? 하나님의 형상대로 지음을 받은 인간의 모든 관계도 그러해야 함을 보여 주는 것이라고 나는 확신한다. 남성과 여성 사이에도 그 어떤 상하 위계 권력이 작용되어서는 안 될 것이다. 오직 공의와 사랑에 의한 겸손과 온유의 섬김만이 최고 그리고 최선의 원리로 자리매김 되어야 할 것이다. 이것이 교회가 본받아야 할 삼위일체 하나님의 디아코니아이기 때문이다.

세상을 향한 하나님의 디아코니아 완성은 예수 그리스도이다. 삼위 하나님은 어떤 특정 나라, 인종, 계층 그리고 남자에게만 예수를 알도록 계획하지 않으셨다. 예수 그리스도의 공생애를 보면 하나님의 디아코니아가 이 세상에서 어떻게 움직이고 있는지 알 수 있다. 하나님의 일차적인 관심이 연약하고 가난하고 억눌린 이웃에 있듯이, 예수의 행동반경의 중심에도 소수자들이 자리하고 있다.

복음서에 나타난 예수의 공생애 족적을 따라가 보면 그가 만났던 사람 역시 가난하고 병들고 소외당한 채 살아가는, 사회 주변부에 있는 자

---

216 이 부분에 대해서 M. J. Dawn, 『내가 알아야 할 모든 것은 창세기에서 배웠다』, 김순현 옮김, 서울: IVP, 2013, 148-158 참조.

들과 많은 여성이었음을 쉽게 확인할 수 있다. 예수는 이들을 존중했고, 고쳐 주셨고 또한 저들의 필요를 채워 주셨다. 예수의 차별 없는 사역을 통해 하나님 나라가 사회적인 약자의 삶의 중심에까지 이르게 되었다. 이런 의미에서 백소영이 하나님 나라와 페미니즘을 같은 선상에서 읽은 것은 매우 적절하다.[217]

예수의 사역에 여성이 제외된 적이 있었는가?[218] 예수는 병든 베드로의 장모를 고쳐 주셨고, 외아들을 잃고 슬퍼하는 과부의 그 자식을 살리셔서 과부의 눈물을 씻어 주셨다. 예수는 12년 동안 혈루증으로 고생했던 여인, 간음 현장에서 잡혀 온 여인에게 자유를 주셨다. 유대인들이 근처에도 가지 않는 사마리아 지경으로 들어가셔서 대낮에 여인과 이야기를 나누며 복음을 전하시고, 여인이 참 해방의 기쁨을 누리게 하심으로 그녀가 마을로 들어가 담담하게 복음을 전하도록 하셨다. 마리아와 마르다를 방문하여 함께 식사하셨고, 마리아는 예수의 발밑에서 그분의 말씀을 경청토록 하셨다. 수많은 여인이 예수를 따르고 그를 섬기도록 하셨다. 예수의 주변에 수많은 여인이 있었고, 분명 이 여인들은 초대교회에서 지도자 역할을 감당했다고 볼 수 있다.

예수 안에 나타난 하나님의 디아코니아를 우리 시대에 교회가 계속

---

217 백소영, 『페미니즘과 기독교의 맥락들. 젊은 페미니스트 크리스찬을 위한 길라잡이』, 서울: 뉴스앤조이, 2018. 백소영은 진정한 페미니스트 선언은 하나님 나라 통치 질서를 선포하는 것이라고 보았고(위의 책, 51), 하나님 나라에 참여해 가는 시각과 운동이 페미니즘이라고 설명한다(위의 책, 109).

218 우리가 흔히 알고 있는 신약성경에 있는 여성 차별적인 말씀에 대한 바른 성경신학적 시도를 위해서 조석민, 『신약성서의 여성. 배제와 혐오의 대상인가?』, 논산: 도서출판 대장간, 2018을 참조. 특히 바울 서신에서 여성의 안수 및 교역과 관련한 구절에 대하여 바르고 유용한 성경적 해석을 담고 있다. 평생 여교역자로 교역을 섬겼던 분들의 삶과 목회 이야기를 담은 『여교역자로 살다』, 임희국 엮음, 서울: 새물결플러스, 2017도 참조.

감당해야 하는데, 오늘날 최대 화두 중 하나인 젠더와의 연관 속에서 교회가 수행해야 할 적실한 디아코니아는 어떠해야 할까? 이 부분에 대한 나의 답변은 이미 앞에서 창세기 기사 설명으로 밝혔듯이 교회는 삼위일체 하나님의 디아코니아를 본받아 겸손히 사역해야 한다는 것이다.

시대별로 젠더 이슈는 다양한 양상을 띠며 변화하고 있다. 이때 교회는 성령의 지혜를 구하면서 이 시대의 모습과 악에 편승하지 않고, 하나님 나라를 이 땅에 세우는 일을 궁리하는 지혜를 발휘해야 할 것이다. 이것은 페미니즘과 젠더의 영역에도 예외가 될 수 없다는 것이 나의 생각이다.[219]

페미니스트 신학이 제시하는 내용과 디아코니아 신학이 추구하는 내용과 방향성은 많은 부분에 있어서 겹친다. 강남순은 페미니스트 신학이 제시하는 것을 다음과 같이 설명한다.

"페미니스트 신학이 제시하고 있는 것은 인간관계란 인간의 상호성과 상호연관성에 근거하여 형성되어야 한다는 점 그리고 다양한 차원에서의 권력이란 사실상 '지배하는 권력'이 아니라 '봉사하고 깨어짐을 치유하는 힘으로의 권력'이 되어야 한다는 전적으로 새로운 권력에 대한 이해와 관계성의 패러다임이다."[220]

이러한 강남순의 페미니스트 신학에 대한 이해와 맞물려 생각해 볼

---

219 페미니스트 신학에 대한 종합적 논의에 대해 강남순, 『페미니스트 신학』, 서울: 한국신학연구소, 2002 참조.

220 강남순, 『페미니스트 신학』, 353. 그녀에게 있어서 페미니스트 신학은 "해방의 프락시스"이자 기독교 공동체가 지향해야 할 "실천적 비전"이다.

때 디아코니아 신학이 페미니즘과 젠더의 학문적 논의에 기여할 수 있는 여지가 있음을 알 수 있다. 다음과 같이 몇 가지 근거를 들 수 있다.

첫째, 페미니즘과 젠더의 영역 역시 인간과 밀접한 관계를 갖고 있기 때문이다.[221] 하나님의 디아코니아는 인간과 관계있는 모든 영역에서 다루어져야 한다는 것이 필자의 생각이다.

둘째, 페미니즘이 나오게 된 배경이 억압, 폭력과 차별 등 불의와 무관하지 않기 때문이다. 이는 삼위일체 하나님이 역사에 개입하게 된 배경과 무관하지 않다. 하나님의 창조와 구원 사역의 핵심에 억압, 폭력 그리고 모든 차별로부터의 해방이 놓여 있기 때문이다.

셋째, 여전히 페미니즘과 젠더 문제는 소수자와 밀접하게 논의되고 있기 때문이다. 삼위일체 하나님의 디아코니아의 주된 관심의 대상은 여전히 소수자에 있다.

넷째, 페미니즘이 나오게 된 주된 배경 중 하나가 폭력적이고 권위주의적인 가부장제와 권력에 있기 때문이다.[222] 하나님의 디아코니아는

---

[221] 최근 페미니즘의 주된 흐름 중 하나가 남성성에 대한 연구이다. 오랫동안 남성 위주의 사회에서 억압당해 왔던 여성의 입장에서 남자 혹은 남성성을 연구하고 이해하는 것은 인간 그 자체를 이해함과 동시에 남성성을 새롭게 읽음으로써 차별과 폭력 없는 보다 발전된 성숙한 미래 사회의 밑그림을 그리는 데 매우 유용할 것이다. 정작 남자도 잘 모르는 남자 안에 내재하고 있는 남성성, 여자 안에 있는 남성성 그리고 양성 평등 등에 대해 들여다보는 것은 존재 그 자체로서의 인간에 대한 배려와 이해를 위해 필요한 작업이다. 또한 이를 통해 그동안 우리 사회에서 남성성, 가부장제 그리고 자본주의의 간계 사이에 작동하고 있는 권력의 구조를 파헤치는 데 도움이 될 것이다. 이에 대해 권김현영 외 공저, 『남성성과 젠더』, 서울: 자음과모음, 2011; 권김현영 엮음, 『한국 남성을 분석한다』, 서울: 교양인, 2017; B. Hooks, 『남자다움이 만드는 이상한 거리감. 페미니스트가 말하는 남성, 남성성 그리고 사랑』, 서울: 한솔수북, 2017 등과 젠더 전반적인 주제에 대해서는 (사)한국여성연구소 엮음, 『젠더와 사회. 15개의 시선으로 읽는 여성과 남성』, 파주: 도서출판 동녘, 2014 참조.
[222] 정희진, "한국 남성의 식민성과 여성주의 이론", 권김현영 엮음, 『한국 남성을 분석한다』, 서

기존 권력 구조를 깨뜨리면서 참 권력은 약함과 비움, 즉 십자가에서 나타남을 세상에 선포한다.

예수 안에 계시된 삼위일체 하나님의 디아코니아를 받아들인 사람, 즉 그의 은혜를 입은 자들은 함께 모여 "에클레시아", 즉 초대교회 공동체를 이루었다. 초대교회는 가히 급진적인 공동체였다. 왜냐하면 전통을 무시하지 않으면서도 넘어 섰고 다름과 차이를 인정하면서 새로운 변화와 변혁의 길을 걸어갔다. 이것이 어떻게 가능했는가? 예수가 십자가로 중간에 막힌 담을 허셔서 둘을 하나가 되게 하셨다는 것을 믿음으로 받아들였기 때문이다. 바울은 이런 사람을 그리스도 안에 있는 "새로운 피조물"로 규정했다. 이 새로운 피조물의 특징 중 하나가 갈라디아서 3장 26-29절이 선포하고 있는 것처럼 다름은 존재하더라도 그 어떠한 차별도 용납하지 않는 것이다.[223]

"너희가 다 믿음으로 말미암아 그리스도 예수 안에서 하나님의 아들이 되었으니 누구든지 그리스도와 합하기 위하여 세례를 받은 자는 그리스도로 옷 입었느니라 너희는 유대인이나 헬라인이나 종이나 자유인이나 남자나 여자나 다 그리스도 예수 안에서 하나이니라 너희가 그리스도의 것이면 곧 아브라함의 자손이요 약속대로 유업을 이을 자니라."

이들은 공동체 안에서 모일 때마다 서로를 인정하고 물건을 통용하

울: 교양인, 2017, 27-66 참조.

223 Thomas R. Schreiner, *Galatians*. Grand Rapids: Zondervan, 2010, 257-259 참조.

고 서로의 소유를 나누어 줌으로 공동체 안에 가난한 사람이 없었다. 삼위일체 하나님의 디아코니아로 인해 서로에 대해 높은 벽을 쌓고 살았던 유대인과 이방인, 종과 자유자, 남자와 여자들이 이제는 모든 담을 헐고 상호 인정과 교류를 하게 된 것이다. 오늘날의 비판적인 사회 철학 용어로 재해석하자면 초대교회는 사랑과 정의에 근거를 둔 "분배"와 "인정"이 통합을 이루는 사회를 이루었던 것이다.[224]

페미니즘, 젠더 그리고 가부장제를 연결하는 핵심 키워드는 '몸'과 '계급'이다. 여성의 몸이 폭력에 의해 학대당하고, 몸과 마음이 차별로 상처 입고 급기야 몸은 고통과 억압 가운데 신음하며 죽어간다. 소위 사회 최하위 계층이라 불리는 "서벌턴(Subaltern)"[225]의 몸은 말로 다할 수 없는 고통 가운데 갇혀 살다가 죽는 것이다. 하지만 우리가 이 관계 속에서 심층적으로 들여다보아야 할 것은 몸을 조정하고 통제하는 신자본주의가 갖고 있는 권력이다.[226] 자본의 힘이 가부장제가 갖고 있는 힘과

---

224 "분배"와 "인정"은 오늘날 비판적 사회철학 안에서 여전히 논쟁적인 주제이다. 이 주제의 한복판에 프레이저(N. Fraser)와 호네트(A. Honneth)가 있다. 이에 대한 자세한 논의는 두 사람 사이의 토론을 정리한 책인 N. Fraser. A. Honneth, 『분배냐, 인정이냐?』, 김원식/문성훈 옮김, 고양: 사월의책, 2014 참조. 또한 "분배"와 "인정"의 통합적 차원을 논구한 프레이저의 입장을 더 참조하기 위해서는 K. Olson 엮음 / N. Fraser 외 지음, 『불평등과 모욕을 넘어. 낸시 프레이저의 비판적 정의론과 논쟁들』, 서울: 그린비, 2016, 24-68 참조. 프레이저는 젠더 문제에 있어서 "재분배(redistribution)"와 "인정(recognition)"의 통합적 측면을 정의의 문제로 해결하는데, 이때 그가 제시한 정의는 "사회주의적 경제"와 "해체주의적 문화정치"의 긍정적 조합이다(프레이저, "재분배에서 인정으로? '포스트 사회주의' 시대 정의의 딜레마", K. Olson 올슨 엮음 / N. Fraser 외 지음, 『불평등과 모욕을 넘어. 낸시 프레이저의 비판적 정의론과 논쟁들』, 24-68중 57-68 참조. 또한 N. Fraser, "분배냐, 인정이냐? 불완전한 정의에 대한 비판", N. Fraser. A. Honneth, 『분배냐, 인정이냐?』, 27-54중 47-54 참조.

225 서벌턴은 이탈리아 좌파 사상가 그람시(A. Gramsci)가 처음 사용했고, 스피박(G. Spivak)이 인도 하층 여성의 삶의 정황과의 연관 속에서 발전시킨 개념으로 지배 계급에 종속되어 있는 최하위 계층을 말한다.

226 억압을 당하는 "사회적 약자의 몸"과는 다른 맥락에서 자본에 의해 휘둘리는 상품화된 과잉 몸 담론, 즉 또 다른 차원에서 소비자본주의에 의해 차별과 고통을 당하는 경쟁화된 몸에 대

전통적 권위의 불의와 교묘하게 결탁하여 인간과 자연을 억압하고 착취하는 것이다.[227] 이것을 흩으면서 돈의 힘을 무력화시킬 수 있는 것은 사랑, 공평과 긍휼에 근거를 둔 하나님의 디아코니아 밖에는 없다.

하나님의 디아코니아는 생명, 자유, 공의와 평화 지향적이다. 제대로 된 페미니즘이라면 참 인간 중심(인격 중심)으로 나아가야 하고, 동시에 자유, 평화와 공의를 지향해야 할 것이다. 그래야만 앞으로의 페미니즘이 단순히 여성 인권 중심으로만 움직이는 것이 아니라, 여성과 남성 등 성차별, 인종과 직업을 넘어 보편적으로 적용될 수 있을 것이다. 이 점에 있어서 페미니즘에 대한 김희강의 관점은 다시 새겨볼 만하다.

"페미니즘은 여성의 억압 이외에 다른 집단이 겪고 있는 억압에도 관심을 기울여야 하며, 이는 페미니즘이 여성만을 위한 이론이 아닌, 소외당하는 다른 집단을 위한 이론이 아닌, 소외당하는 다른 집단을 위한 사회 정의론의 성격을 띠어야 한다는 것을 암시한다. 다시 말해 페미니즘 이론은 남성과의 관계에서 여성에게 절대적인 특권을 주어야 한다는 주장이 아니라, 사회 구성원 모두에게 도움이 되는, 즉 사회 변화의 기조를 제공할 수 있어야

해서도 주목할 필요가 있다. 이에 대해서 김양선, "신자유주의 시대 경쟁하는 몸", (사)한국여성연구소 엮음, 『젠더와 사회. 15개의 시선으로 읽는 여성과 남성』, 파주: 도서출판 동녘, 2014, 273-296 참조. 몸에 대한 보다 깊은 철학적 사유를 위해 장애인인 수나우라 테일러와 철학자이자 페미니스트인 주디스 버틀러와의 대화가 실린 A. Taylor, 『불온한 산책자. 8인의 철학자, 철학이 사라진 시대를 성찰하다』, 한상석 옮김, 서울: 도서출판 이후, 2012, 313-355 참조.

227 나의 생각에 이 부분을 정확하게 간파한 학자는 소위 에코페미니스트로 불리는 미즈(M. Mies)이다. 그녀는 이 점을 매우 상세하게 "자본주의적 가부장제"라는 관점으로 분석했다 (M. Mies, 『가부장제와 자본주의. 여성, 자연, 식민지와 세계적 규모의 자본축적』, 최재인 옮김, 서울: 도서출판, 갈무리, 2014). 특히 "1장 페미니즘이란?", 46-116을 참조.

한다는 것이다."[228]

하나님의 디아코니아와 페미니즘은 인간과 세상을 섬기는 방향으로 나아가야 하는 것이다. 이 섬김은 억눌려 있는 사람들을 자유와 해방으로 인도한다. 이것이 곧 복음의 능력이고, 이 복음은 생명을 지향하고 있다고 말할 수 있다.[229] 하나님의 디아코니아는 인간과 자연을 살리는 살림 그 자체이다. "살림"은 "있음 그 자체"를 소중하게 여기는 것이다. "있음 그 자체"에 그 어떤 폭력, 억압과 차별을 가하지 않는 것이다. 하나님의 디아코니아의 절정은 인간의 몸을 입고 이 땅에 오셔서 고난당하고 죽은 것이기에 "몸"과 디아코니아는 매우 밀접한 관계에 있다. 예수는 몸을 입고 이 땅에 오신 하나님이시다. 인간의 육체적 몸을 입고 이 땅에 오신 하나님이시면서 참 사람이신 아들 예수의 몸은 고난으로 점철되었고, 십자가를 지고 걸으면서 채찍과 모욕으로 만신창이가 되어 결국 십자가에 못 박혀 죽으셨다.

여성의 몸 역시 억압당했고, 고통당했고 그리고 차별을 당해 왔다. 여성은 분명 사회적인 약자로서 살아 왔다.[230] 그럼에도 불구하고 여성

---

228 김희강, "서구 페미니즘과 한국 페미니즘", 강정인 엮음, 『현대 한국 정치사상. 탈서구중심주의를 지향하며』, 서울: 아산서원, 2014, 298-333 중 315-316.

229 W. Wink, 『사탄의 체제와 예수의 비폭력』, 한성수 옮김, 고양: 한국기독교연구소, 2004 참조.

230 억압과 차별을 당해 온 여성의 역사에 대해서 이남희, "여성주의 역사와 젠더 개념의 등장", (사)한국여성연구소 엮음, 『젠더와 사회. 15개의 시선으로 읽는 여성과 남성』, 파주: 도서출판 동녘, 2014, 21-59 참조. 김수아는 한국언론학회가 주관하는 세미나에서 "한국 사회 사이버 공간과 젠더정치"라는 제목의 논문을 발표했는데, 여기에서 한국 여성이 사이버 공간에서도 억압과 차별받는 약자라는 것을 다양한 통계를 중심으로 설명했다. 『한국 사회의 디지털 미디어와 문화』, 2011. 7., 109-131 참조. 또한 자세한 논의에 대해 윤혜린, 『지구화 시대 여성주의 철학』, 서울: 철학과현실사, 2009에서 특히 "2장 사이버 공간의 여성 체험"과 윤영민, 『사이버 공간의 사회』, 서울: 한양대학교 출판부, 2003, 115-203을 참조. 윤영민은 사이버 공간이 전통적인 가부장 제도를 타파할 수 있는 가능성을 제공한다고 본다(위의 책, 201). 이

은 모든 시대에서 뛰어난 역량을 발휘했다.[231] 성경적으로 보면, 삼위일체 하나님의 일하심은 고난 받는 여성을 통해 더 역사하시는 것이다.[232] 물론 나는 여기서 고난 받는 여성을 비롯한 이 땅의 서벌턴의 고난과 아픔을 조금도 합리화하거나 가볍게 생각하는 것이 아니다. 단지 삼위일체 하나님의 창조와 구원을 이루어 가시는 디아코니아의 핵심이 성육신과 십자가에서 절정을 이루었기 때문이고, 이것이 바로 십자가의 지혜

지은, "사이버 공간의 몸: 미술, 권력 그리고 젠더", 『서양미술사학회논문집 21 (2004년 6월)』, 219-244도 참조. 이지은은 이 논문에서 사이버 공간에서 예술이 어떻게 전통적 시각을 넘어서 촉각적 커뮤니케이션과 아바타를 만들면서 전통적인 권력과 젠더의 한계를 극복하고 새로운 예술로 나아갈 수 있는지를 기존의 여러 사례를 중심으로 모색했다. 젠더, 몸 그리고 권력의 상관성과 연동된 사이버 공간에서의 새로운 예술적 시도 역시 그 나름대로 낙관론과 비관론이 교체하고 있음을 보여 준다. 이지은은 사이버 공간을 포함한 우리의 모든 일상생활에 영향을 미치는 자본의 논리가 사이버 공간의 예술적 영역에서도 작동하고 있음을 간과하지 않았다(위의 논문, 235). 최근의 엄기호는 "보편성의 정치와 한국의 남성성"이라는 논문에서 '강남역 사건' 이후 새롭게 등장한 남성성 즉 '우리도 피해자'라는 한 흐름을 소개한다. 이에 대해 자세한 것은 엄기호, "보편성의 정치와 한국의 남성성", 권김현영 엮음, 『한국 남성을 분석한다』, 서울: 교양인, 2017, 155-184.

231 16세기 종교개혁 시대에 여성이 얼마나 큰 역할을 했는지에 대해 키르시 스티예르나, 『여성과 종교개혁』, 박경수/김영란 옮김, 서울: 대한기독교서회, 2013과 M. T. Malone, 『여성과 그리스도교』, 서울: 바오로딸, 2012 참조. 또한 여성주의 관점에서 기독교 여성사 전반을 정리한 정용석, 『기독교 여성사』, 서울: 이화여자대학교출판문화원, 2017도 참조. 다소 오래 된 감은 있지만 저자의 관점이 오늘날에도 유효하기에 인용한다. "교회 역사를 돌이켜 볼 때, 여성은 언제나 변화의 수행자이며 역사를 이끌어 나가는 자였다. 여성들이 교회의 모든 생활에 참여하기 시작함에 따라 교회 공동체는 서구 문화의 가치를 비판적으로 평가하게 되었다. 여성들은 자연 세계를 약탈하고 파괴적인 무기를 신뢰하며 경제적인 불평등을 일삼고 권세와 경제적인 척도로만 사람을 평가하는 등의 현실에 비판적인 발언을 시작한 것이다. 그들은 계속 이러한 역할을 도맡을 것이다(B. J. Machaffie, 『기독교 전통 속의 여성』, 손승희 옮김, 서울: 이화여자대학교출판부, 1995, 221)." 여성의 교역에 대한 유용한 논의를 위해서 최근에 나온 S. McKnight, 『파란 앵무새』, 전의우 옮김, 서울: 성서유니온, 2018, 217-304를 참조. 이 책에서 맥나이트(McKnight)는 여성의 교회 사역에 대한 성경적 구절을 해석하기 쉽지 않은 구절의 범주에 넣었는데(그의 저서에서는 이런 종류의 구절을 파란 앵무새로 명명했다.), 이런 구절을 교회가 보다 진지하게 읽고 성찰해야 함을 주장했다.

232 이 점에서 나는 여성의 경험과 성령과의 교통에서 나오는 변혁적 성경읽기를 제안한다. 페미니즘 해석학에 대한 다양한 이해에 대해서 Anthony C. Thiselton, 『해석의 새로운 지평. 변혁적 성경읽기의 이론과 실제』, 최승락 옮김, 서울: SFC출판부, 2015, 549-627 참조.

이기 때문이며, 또한 바울이 고백한 약함 속에서 그리스도 예수의 능력이 최고로 강하게 역사하는 원리가 되기 때문이다. 참된 자유, 평등과 평화의 나라인 하나님 나라는 예수의 십자가 고난과 부활을 통해서만 이 땅에 도래하기 때문이다.[233] 우리는 이것을 예수의 삶에서 본다.

하나님은 사회적 약자와 소수자를 최우선적으로 돌보시고 관심을 갖고 있기에 삼위일체 하나님의 디아코니아를 다루는 데 있어서 비켜갈 수 없는 우리 시대 최대의 화두 중 하나가 바로 페미니즘과 젠더 문제임을 고민하면서 간단히 살펴보았다.[234]

페미니즘과 젠더 문제가 초미의 관심사로 떠오른 이 시대를 살아가는 목회자이자 신학자인 모든 그리스도인과 오늘의 교회는 보다 진지하게 삼위일체 하나님의 마음과 생각을 품고 오늘 우리에게 주어진 이 숙제를 현명하게 풀어 가야 할 것이다.[235] 성령이 우리에게 하늘의 지혜와 능력을 허락해 주시기를 간절히 기도한다.

---

[233] 이 점을 톰 라이트는 그의 저서 곳곳에서 설득력 있게 강조한다. 이를 위해 N. T. Wright, 『마침내 드러난 하나님 나라』, 양혜원 옮김, 서울: IVP, 2009, 특히 309-315와 동일 저자, 『하나님은 어떻게 왕이 되셨나』, 243-287 참조. 라이트는 "그(예수)의 고난에 동참하는 것이 이 세계에 그의 나라를 확장시키는 방법이다."라고 강조한다(라이트, 『하나님은 어떻게 왕이 되셨나』, 279).

[234] 최근 페미니즘에 대한 문제 제기와 균형 잡힌 담론과 제안에 대해서 박가분, 『포비아 페미니즘』, 고양: 도서출판 인간사랑, 2017 참조.

[235] 이런 점에서 요즘 우리 시대 최고의 화두 중 하나인 미투(#MeToo) 운동에 대한 오해와 치우침이 없는 공의로운 이해와 적용이 절실히 요청된다고 하겠다. 가부장제, 권력, 계급 그리고 자본이 교묘하게 결탁하여 여성과 사회적 약자를 억압하는 슈퍼 괴물이 된 것을 제대로 파악하여 피해자의 처지에 서서 바른 진단과 해결이 모색되어야 할 것이다. 최근 메노나이트 교단의 신학자 요더(John H. Yoder)의 성폭행과 권력남용에 대한 메노나이트 교단의 반응이 책으로 나왔다. 이 책을 통해 앞으로 한국 교회와 사회가 이 문제를 어떻게 지혜롭게 풀어가야 하는가에 대한 지혜를 얻을 수 있을 것이다. John D. Roth 편집, 『야수의 송곳니를 뽑다. 존 하워드 요더의 성추행과 권력남용에 대한 메노나이트의 반응』, 김복기 옮김, 논산: 도서출판 대장간, 2018.

13. 디아코니아와 사이버 공간(cyberspace)[236]

오늘날의 사회를 한마디로 "네트워크의 시대"라고 규정할 수 있을 것이다. "네트워크의 시대'란 글자 그대로 네트워크에 의해 엮어져 움직이는 시대라는 말이다. 카스텔에 의하면 네트워크 사회란 "사회 조직, 사회 변화, 디지털 정보와 커뮤니케이션 기술을 위주로 형성된 기술 패러다임이 상호 작용한 결과로 나타난 사회구조"[237]이다. 사람들은 다양한 인터넷 매체와 이와 관련된 다양한 프로그램을 통하여 관계를 맺는다. 가상 공간에서의 만남은 상호 연관된 노드(Nodes)에 의해 가능하다. 노드는 네트워크를 가능하게 하는 교차점이다.[238] 노드 없이는 네트워크가 작동될 수 없다.

사람들은 물리적인 공간에서의 개별 인간의 만남보다는 이제 물리적 거리를 넘어 그야말로 시공간을 초월하여 한 사람이 소위 사이버 공간에서 여러 사람들과 여러 일을 동시에 하면서 살아간다. 이러한 네트워크 역시 생명을 떠나서 생각할 수 없다.[239] 개인, 기업 그리고 국가는 빠

---

236 가상공간(cyberspace)이라는 단어는 깁슨(Gibson)이 자신의 과학소설 『뉴로맨서 (Neuromancer)』에서 처음 사용했다. 이에 대한 자세한 것은 심영보, 『사이버 신학과 디지털 교회』, 파주: 한국학술정보(주), 2008, 33이하 참조. 커뮤니케이션 학자 수잔 반즈는 가상 공간을 다음과 같이 정의한다. "가상공간은 기술과 대인 관계의 상호작용을 혼합함으로써 만들어진 공간 구조이다(S. B. Barnes, 『사이버 커뮤니케이션 이론』, 권상희 옮김, 서울: 성균관대학교 출판부, 2009, 73)."

237 M. Castells 엮음, 『네트워크 사회. 비교문화 관점』, 박행웅 옮김, 파주: 도서출판 한울, 2009, 11.

238 M. Castells, "정보화주의, 네트워크, 네트워크 사회.-이론적 청사진", M. Castells 엮음, 『네트워크 사회. 비교문화 관점』, 박행웅 옮김, 파주: 도서출판 한울, 2009, 20-78 참조.

239 M. Castells, "정보화주의, 네트워크, 네트워크 사회", 21. 카르텔은 네트워크 시대에서 기존 사회, 공간 및 시간의 물질적인 기초가 흐름의 공간과 무시간적 시간을 중심으로 변화하며 조직되고 있다고 설명한다. 그의 관점에서 기존의 공간과 시간은 무시간성에 적합한 공간으로

르게 변화하는 네트워크 시대에서 기존 패러다임에 적절한 변화를 끌어 내야 할 것이다. 네트워크 시대에서 기존의 신자본주의 경영은 한계를 보이고 있다. 기존의 자본주의와 가부장제의 교묘한 상호 이익 중심적 사고방식은 모르는 사이에 서서히 종말을 맞고 있다.

필자는 리프킨(J. Rifkin)이 제시한 보다 지속 가능한 공의롭고 민주적 인 "협력적 공유 사회"로의 대전환이 이미 한계 비용 제로 사회를 살고 있는 오늘날 네트워크 시대의 대안이라고 생각한다.[240] 이는 개인, 기업 그리고 국가에만 해당되는 것이 아니라 교회에도 동일하게 적용된다.

오늘날의 목회 역시 근본적인 대전환이 필요하다. 목회와 선교의 대 상이 바로 네트워크 시대, 사이버 공간 그리고 한계 비용 제로 시대를 살고 있는 사람들이기 때문이다.[241] 현대인은 한마디로 사이버 공간에 접속하며 살아간다. 네트워크 시대는 곧 "접속의 문화 시대"이다.[242] 이 러한 접속의 문화는 많은 경우 물리적인 시간과 공간을 넘어서 있다. 신

탈바꿈하게 된다. 전 세계 사람들은 인터넷 공간에서 동시에 상호의존하며 복합적으로 정보 를 공유한다. M. Castells, 『네트워크 사회의 도래』, 김묵한/박행웅/오은주 옮김, 서울: 한울, 2003, 특히 556-616 참조.

240 J. Rifkin, 『한계비용 제로 사회, 안진환 옮김, 서울: 민음사 2014. 이광석은 그의 책 『데이 터 사회 비판』에서 "공유경제의 사활은 재화와 노동 흐름의 민주적 배치가 원활히 이뤄지는 수많은 대안 플랫폼들을 시민 스스로 설계하고 실현하는 데 달려 있다."고 강조한다(이광석, 『데이터 사회 비판』, 서울: (사)한국물가정보, 2017, 135). 이광석은 이를 위해 시민 주도의 "기술정치학"을 제안한다(이광석, 위의 책, 173 참조). 이와 연동하여 독일의 심리학자 슈푸르 르크가 오늘날의 세계화를 바벨탑에 갇힌 세계화로 본 것은 의미심장하다. "사회경제적 변화 를 제대로 조절할 책임은 시민에게 있다. 이를 정치경제 엘리트에게만 맡겨서는 안 되며, 또 맡길 수도 없다(P. Winterhoff-Spurk, 『바벨탑에 갇힌 세계화』, 배명자 옮김, 파주: 21시개 북스, 2010, 7)."

241 이 부분과 관련해서 총체적으로 생각해 볼 만한 좋은 논문집으로 김기태. 박진석 외, 『디지 털 시대의 교회와 커뮤니케이션, 서울: 한들출판사, 2017을 참조.

242 J. Rifki, 『소유의 종말』, 이희재 옮김, 서울: 민음사, 2001. 최연구는 미래 시대를 "문화"라는 코드로 풀어간다. 최연구, 『4차 산업혁명시대. 문화경제의 힘』, 서울: 중앙경제평론사, 2017 참조.

학적으로 볼 때 성령에 의해 크로노스와 카이로스라는 시간과 공간의 예측할 수 없는 흐름 속에서 인간은 하나님과 접속한다.

이제 디아코니아도 더는 물리적인 의미에서의 인간과의 만남 속에서만 작동되는 것이 아니라 어떻게 이 사이버 공간에서 접속하며 네트워크 시대를 살고 있는 사람과 사회 속에서 디아코니아를 실천 적용해 볼 수 있는가에 대해 함께 고민해야 할 시대가 온 것이다.[243] 우리의 일상 자체가 이제 사이버 공간을 떠나서 생활할 수 없게 되었기 때문이다. 한 걸음 더 들어가 보면, 사람들은 이제 싫든 좋든 물리적인 공간보다는 가상 공간 안에서 더 많은 사람을 만나고 시간을 보낸다. 그 안에서 기쁨을 찾기도 하지만 슬퍼하기도 하고 스트레스를 받기도 하고 심지어는 자살 사이트에서 만나 함께 죽음을 모의하고 동반 자살하기도 한다.

디아코니아는 생명을 위한 섬김이다. 억압, 착취, 폭력과 불의에 시달린 사람들에게 복음을 전하고 그들을 섬김으로 살리는 사역이다. 사람들이 익명으로 은밀하게 소위 사이버 공간에서 여러 개의 이름을 갖고 활동하는 것 같지만 여전히 사이버 공간 역시 공적인 영역이 되어 버렸다. 아이러니이다. 개인적으로 혼자 은밀히 자신만이 아는 공간에서 다양한 익명을 갖고 생활하는 것이다. 사이버 공간과 디아코니아의 문제는 이제 새로운 기독교 인간학과 윤리의 시공간이 된 것이다.[244]

---

243 연세대학교 미디어 아트연구소는 21세기 급변하는 새로운 디지털 환경 속에서 인문학이 어떻게 적용할 수 있는가를 모색하는 학문적 작업을 해 왔다. 임정택 외, 『소통 기계와 네트워크 인문학』, 서울: 연세대학교 출판부, 2011 참조.

244 사이버 공간과 윤리의 문제에 대한 논의를 위해 최인식, 『예수 그리고 사이버 세계. 사이버 문화신학 이야기』, 서울: 대한기독교서회, 2001과 박용범, "사이버네틱스 시대의 기독교윤리", 『한국신학논총 15 (2016)』, 9-31; 이상은, "신학과 인공지능", 『한국신학논총 15 (2016), 33-61; 김기석, "인공지능과 신학적 인간학", 『한국신학논총 15 (2016)』, 63-87 참조.

말이 사이버 공간이지 개별 인간 없는 사이버 공간이란 의미가 없다. 아직까지는 이러한 사이버 공간 역시 "나"라는 개별 주체 없이는 이해할 수 없고 작동될 수 없고, 설령 작동되더라도 보편적 인간으로서의 "나"가 없는 공간이란 이제 의미를 띤 공간이라고 볼 수 없다. 즉 사이버 공간 역시 아직은 인간을 떠나서는 생각할 수 없다.[245] 이 부분에 있어서도 몸이 중요한 역할을 한다고 볼 수 있다.

사이버 공간 역시 이런 측면에서 하나의 가상 사회를 이루고 있다. 이 가상 공간 안에서 사람들은 상호 작용, 즉 소통하면서 더 나은 가치를 추구하며 이야기하곤 한다. 이러한 사람들 사이에서 소통은 또한 새로운 권력 구조로 '재전유(reappropriation)'되기도 한다. 권력을 가진 이들 혹은 권력에 식상한 사람들이 이 사이버 공간 안에서 새로운 차원에서 권력과 연관된 새로운 패러디를 통한 권력의 재전유화 과정을 새롭게 이루어 가는 것이다.[246]

이런 생활은 이제 우리 시대에 낯선 풍경이 아니다. 우리는 사이버 공간을 떠나서 삶을 이야기할 수 없는 시대에 이른 것이다.[247] 이 사이버 시대에 사이버 공간에서 사람들이 공의롭게 더불어 평화를 누리며 즐겁게 잘 지내면 좋겠지만 현실은 그리 녹록하지 않다.

---

245 "사이버 공간은 신체적 인지적, 관념적 공간 개념의 혼합(S. B. Barnes, 『사이버커뮤니케이션 이론』, 85)"이기에 새로운 사회 환경을 창출하는 효과를 만든다.

246 여기에 유전공학 기술의 발전도 한 몫 한다고 볼 수 있다. M. Castells, 정보화주의, 네트워크, 네트워크 사회, 26. 33 참조. 대표적인 권력으로 국가가 사이버 공간에 지나치게 개입 통제하는 것을 들 수 있을 것이다. 이 부분에 대해서는 홍성태, 『현실 정보사회와 정보사회운동』, 파주: 도서출판 한울, 2009,99-105 참조. 사이버 공간과 연계된 데이터 권력에 대한 비판과 대안적 성찰에 대해 이광석, 『데이터 사회 비판』, 2017 참조. 이지은, "사이버 공간의 몸: 미술, 권력 그리고 젠더", 234.

247 카스텔은 네트워크 사회의 공간을 "흐름의 공간"으로 명명한다(M. Castells, 『정보화주의, 네트워크, 네트워크 사회』, 67 이하 참조).

소위 복음을 전한다는 측면과 예배의 측면에서도 이제 사이버 공간은 전혀 낯설지 않은 공간이다. 사람들은 직접 모이는 공간으로서의 예배당에 가서 굳이 예배하지 않아도 되고, 사이버 공간에서 예배하고 설교도 듣는다. 사이버 공간에서 듣고 싶고 부르고 싶은 찬양을 얼마든지 자율적으로 선택하여 듣고 부를 수 있다. 지금 청소년과 청년들에게 있어서 사이버 공간은 어쩌면 물리적인 공간보다 더 안락하고 편안하고 쉼과 안식과 즐거움을 더해 주는 공간이 되었다고 볼 수 있을 것이다.

이뿐 아니라 이제 사이보그 시대로 들어왔다. 다양한 형태의 사이보그와 함께 생활하고 예배하고 교제하는 시대인 것이다. 분명 사이보그는 우리가 갖고 있는 고정관념을 넘어서 있다. 몸, 장애와 죽음 등에 대한 인간의 한계와 경계를 넘어서려는 인간의 생각과 기술의 진보가 합쳐져 기계와 유기체의 혼합인 사이보그가 탄생한 것이다.[248]

사이버 공간을 이야기할 때, 사이버 공간에서의 공동체를 빼놓을 수 없다. 소위 "가상 공동체가 참된 공동체인가?"라는 의문을 가질 수 있지만, 분명 인터넷을 통해 온라인 공동체가 형성되고 있고, 이 공동체는 동시에 개별적인 만남도 가능한 개별 공동체의 성격도 띨 수 있다는 것이다.[249] 이렇게 앞으로의 디아코니아는 물리적 공간과 시간을 넘어 감당해야 할 다양한 사회 영역과 익명의 사람들을 전제해야 할 것이다.

---

[248] 사이보그에 대해서, G. Valentine, 『공간에 비친 사회, 사회를 읽는 공간』, 박경환 옮김, 파주: 한울, 2014, 84-87과 앤 마리 발사모(A. M. Balsamo), 『젠더화된 몸의 기술. 사이보그 여성 읽기』, 김경례 옮김, 홍천: 도서출판 아르케, 2012 참조.

[249] 사이버 공동체에 대해서는 B Wellmann. M. Gulia, "공동체로서의 가상공동체. 혼자 다니지 않는 통신망 이용자", M.A. Smith. P. Kollock 편, 『사이버 공간과 공동체』, 조동기 역, 서울: 나남출판(주), 2001, 327-371 참조. 가상 공동체와 관련된 논의에 긍정적인 대안을 제시하고 있는 벤클러(Y. Benkler)의 논의를 위해서 Y. Benkler, 『네트워크의 부: 사회적 생산은 시장과 자유를 어떻게 바꾸는가』, 최은창 옮김, 서울: 커뮤니케이션북스, 2015 참조.

이러한 시대 속에서 교회의 디아코니아와 코이노니아가 어떤 역할을 할 수 있는가에 대한 물음은 매우 중요하다.[250] 인간을 압도하는 지능을 가진 인공 지능 시대에서 신학을 한다는 것은 어떠한 의미가 있는가에 대한 도전 앞에 교회는 직면해 있는 것이다. 무조건 사람들에게 물리적인 공간으로 나오라고만 할 수 있겠는가?

지금은 더는 그럴 수 없는 때이다. 그리스도인을 포함한 거의 모든 사람이 스마트폰을 위시해서 일상을 사이버하며 살아가기 때문이다. 교회 대부분이 인터넷을 활용하고 있고, 목회자나 신학자 누구 할 것 없이 거의 모든 성도는 인터넷 가상 공간을 효과적으로 활용하면서 신앙생활의 도움을 받고 같은 물리적인 공간 안에서는 도저히 할 수 없는 일들을 하고 있는 상황이다. 현대인은 인터넷을 통해 자신만의 고유한 시간과 공간을 연속적으로 만들어 간다. 이제 교회는 그들의 삶에 대한 깊은 성찰과 더불어 바른 이해에 토대를 둔 성찰적인 지혜를 근거로 대안을 모색할 때이다.[251]

---

250 홍성태는 오늘날과 같은 현실 정보사회에서 시민들이 "좋은 사회"로 만들기 위한 자구적 노력의 산물로 "정보사회운동"에 대해 말한다. 홍상태, 『현실 정보사회와 정보사회운동』, 8. 디아코니아 역시 정보를 받아 누리는 인터넷의 위력을 제대로 파악하여 공평과 정의에 근거한 건강한 정보사회를 일구는 역할을 해야 할 것이다. 또한 정보의 사각지대에 놓여 있는 매스미디어 약자를 섬기는 사역도 생각해 볼 수 있을 것이다.

251 심영보는 그의 책, 『사이버 신학과 디지털 교회』에서 교회가 하루 속히 사이버 신학, 사이버 교회, 사이버미션으로 패러다임 전환할 것을 강조한다(위의 책, 10. "사이버스페이스는 영적 생명력의 근원으로서 기여할 수 있는 능력을 유지하는 한 시공간의 제약을 무시한다. 디지털 교회는 전적으로 새로운 맥락에서 영적 공동체를 위한 초대교회 선교 전략을 테크놀로지 형태로 요청하고 있다. 글로벌 도메인 속으로 영적 경험의 확대는 변화의 자연스런 비상경로의 일부가 되는 것도 당연하다. 사이버스페이스는 새롭고 중요한 영적 통찰들을 지니고 있는 영적 에너지들을 경험의 사회 문화적 영역들 속으로 출력시킨다."). 심영보는 "태초에 말씀이 있었다."를 "태초에 웹이 있었다."로 재해석했고, WWW와 인터페이스를 "사이버 성령"으로 명명했다(위의 책, 186). 또한 그의 책 전체를 참조.

이런 사이버 시대에 삼위일체 하나님의 디아코니아와 코이노니아를 말한다는 것은 무슨 의미가 있는가? 사이버 공간에서 어떻게 하면 사람들을 돕고 섬기고 생명을 불어넣으며, 동시에 어려운 이웃을 돌아보도록 접근할 수 있겠는가?[252]

이지은은 사이버 공간에서의 권력, 젠더 그리고 몸의 주제를 예술과의 연관 속에서 검토하면서 여전히 사이버 공간에서도 생물학적 성결정론을 벗어나지 못하는 권력지향적인 요소들이 내재하고 있음을 지적한다. 사이버 공간의 하이퍼 테스트와 하이퍼 현실에서도 온전한 상호 주체적인 소통이 이루어지지 않고 성별의 차별과 분리가 이루어지는 것이다. 사이버 공간 역시 여전히 권력을 쥐고 있는 사람들에 의해서 감시받고 통제되고 있는 것이다.

또한 빼놓을 수 없는 것은 오늘의 테크놀로지 분야 역시 여전히 서구 중심, 서구 편향적이라는 사실이다. 사이버 공간도 자본이 갖는 힘과 권력의 논리에 의해 움직인다. 더 안타까운 현실은 억압과 종속의 식민지성이 이 사이버 공간에서마저도 그대로 작동되고 있다는 것이다.

---

252 공간과 사회의 상관성에 대해 연구하는 한 분야 중에 "사회지리학(Social Geography)"이 있다. 사회지리학자 박경환은 사회지리학을 다음과 같이 정의한다. "사회지리학은 다양한 사회이론(social theory)을 도구로 공간의 사회적 생산과 소비 과정을 규명하려는 학문이다. 또한 역으로 말해서, 사회지리학은 공간이라는 창을 통해 사회적 지배, 교섭, 저항의 과정을 규명해 이의 기저가 되는 권력 및 욕망 관계를 드러내려는 실천이기도 하다(G. Valentine, 『공간에 비친 사회, 사회를 읽는 공간. 사회지리학으로의 초대』, 파주: 도서출판 한울, 2014, 5)." 사회지리학에 대해서는 질 밸런타인의 책을 참조. 신학과 목회를 하는 목회자라면 꼭 읽어야 할 책이라고 생각한다. 나는 이 책의 제목에서 아이디어를 얻어 나의 디아코니아 신학을 폭넓게 "디아코니아 사회지리학"으로 명명하고 싶다. 사회지리학이 공간과 사회와 관련된 모든 분야를 연구하는 분과학문인 것처럼 하나님의 디아코니아 역시 공간과 시간을 넘어 사이버 공간 그리고 사이보그에까지 적용 가능한 학문이기 때문이다. 밸런타인(Gill Valentine)은 위의 책에서 실제로 신체 그리고 페미니즘과 연관해서 사이보그를 다루었다(위의 책, 84-87 참조). 특별히 "디아코니아와 몸"과의 상관성을 위해 신체에 대해 논구한 위의 책 2장(29-89)을 참조.

이런 상황이기에 사이버 공간에서도 삼위일체 하나님의 디아코니아를 본받는 이 땅의 교회가 할 일이 있는 것이다. 우리가 놓쳐서는 안 될 것은 사이버 공간에 참여하고 있는 사람 역시 물리적인 오프라인 공간에서 생활하고 있는 몸을 가진 사람이라는 것이다. 물론 그중에 사이버 공간에서만 일하고 활동하는 사람들도 상당할 것이다. 또한 실직자나 직업을 구하는 과정에서 사이버 공간을 이용하는 사람도 많을 것이다.

하지만 분명한 사실은 이 모든 사람도 평범한 인간이기에 사이버 공간에서도 마음이 지치고 힘들고 상하는 사람이 많다는 것이다. 다른 한편으로는 탐욕적으로 공세하여 물리적인 공간뿐만 아니라 사이버 공간에서도 사람을 지배하고 착취하며, 조절 혐오하며 불의한 방법으로 불법을 행하고 돈과 권력을 취하려는 사람도 꽤 있을 것이다. 사이버 공간이 때로 익명성으로 시간과 공간을 동시에 넘어 수많은 사람과 접속하는 장점이 있음에도 불구하고 그 공간 역시 물리적인 인간이 만든 공간이고, 그 사람이 활동하는 공간에 불과하다는 것이다.

그러므로 우리가 예언자적인 영적 감수성을 갖고 현실을 하나님의 마음과 눈으로 들여다보듯이 이 사이버 공간 역시 가상 텍스트로서 그런 마음으로 주석하는 예언자적인 지혜가 수반된다고 하겠다. 삼위일체 하나님의 일하심은 사이버 공간이라고 예외는 아닐 것이다. 무엇보다도 이 공간을 만들어 가는 주체가 사람이고, 이용하는 주체도 사람이다. 이들은 하나님의 피조물이다. 삼위일체 하나님은 사람들을 통해서 사이버 공간에서도 일하신다. 중요한 것은 삼위일체 하나님의 마음을 먼저 깨달은 예언자적인 영적 감수성을 소유한 기독인들이 사이버 공간에서도 다양한 방식으로 사람을 섬기고, 사랑하는 하나님의 디아코니아와 코이노니아를 실천해 나가야 한다는 점이다.

정기묵은 "사이버 공간과 선교"[253]라는 논문에서 사이버 시대는 비트의 시대로서 시간과 공간을 뛰어넘는 시대이기에 선교에 있어서도 새로운 패러다임의 전환이 요청된다고 본다. 그는 강력한 변화의 공간인 사이버 시대 역시 하나님이 허락하신 것이고, 당연히 하나님이 주관하고 계신다고 강조하면서 하나님의 시각으로 이 세상과 문화의 변화를 바라볼 것을 제안한다.[254] 정기묵은 "사이버 공간은 하나님이 21세기를 사는 기독교인에게 주신 나눔과 봉사, 선교를 위한 공동체 공간"인 동시에 "교류의 공간"이 됨을 주목한다.[255] "선교를 주도하시는 분은 성령이시다."[256] 그러하기에 "성령은 오늘도 우리를 사이버 공간으로 보내시며, 사이버 공간에서 살고 있는 사람들에게 그리스도를 알게 하시고 구원의 빛을 보내시며 선교를 주도 하신다."[257]

사이버 공간에서도 하나님의 살아 계심과 하나님이 얼마나 세상을 사랑하고 계시고 세상과 관계를 맺고 싶어 하시는 지를 제대로 전달하는 지혜가 우리에게 필요하다. 단지 나를 더 알리거나, 개교회주의, 특정 선교 단체나 기관을 키우거나 더 많은 권력을 독점하기 위해 사이버 공간으로 진출해서는 안 될 것이다. 사이버 공간에는 무수히 많은 글이 있고 이러한 글에 대해 셀 수 없을 정도의 댓글이 있다. 이 댓글 속에는

---

253 정기묵, "사이버 공간과 선교-사도행전 27장의 상황을 중심으로", 『선교와 신학 27 (2011년 2월)』, 79-307.

254 정기묵, "사이버 공간과 선교", 284-285. 그는 마르틴 루터가 인쇄술의 발명을 가리켜 "하나님이 주신 최고의 선물"이라고 말한 것을 인용하면서 사이버 공간 역시 복음 전파를 위해 하나님이 허락하신 최고의 선물임을 강조함과 더불어 이 공간에서도 하나님의 뜻이 이루어지도록 관리할 책임이 있음에 주목한다("사이버 공간과 선교", 286).

255 정기묵, "사이버 공간과 선교", 300.

256 정기묵, "사이버 공간과 선교", 301

257 정기묵, "사이버 공간과 선교", 302.

어느 정도 글을 쓴 사람의 생각, 감정과 심리 상태가 녹아 있다. 이러한 사이버 공간에서의 댓글을 통해 그 사람의 심리 상태를 읽어냄으로써 힘든 사람들에게 희망과 위로의 댓글을 줄 수 있고, 이 가상 공간에서의 만남이 일상의 물리적인 공간으로까지 연결되어 복음을 전하고 위로할 수도 있을 것이다. 이것이야말로 가상 공간에서의 참된 섬김의 사역이라고 볼 수 있을 것이다.

세상을 향한 하나님의 디아코니아의 주목적이 사람을 살림으로 하나님 나라가 확장되어 하나님께 영광이 되는 것이듯이 사이버 공간에서 교회의 디아코니아 사역 역시 그러해야 할 것이다. 사람을 살리고 더불어 생명을 누리며 살아가는 희년과 하나님 나라를 사이버 공간에서도 확장하기 위해 기도하며 준비하는 깨어 있는 참 하나님의 사람이 더욱 많아지기를 기원한다. 우리는 지금 사이버 공간에서도 일할 수 있는 디아코니아 전문가가 절실히 요청되는 시대를 살아가고 있다.

14. 디아코니아와 장애[258]

삼위일체 하나님의 디아코니아 핵심에 몸이 있다. 왜냐하면 이미 밝

---

[258] 장애와 장애인신학의 총체적 이해를 위해서, 장애인 선교단체인 세계밀알에서 펴내고 있는 "장애인신학 시리즈"인 『신학으로 이해하는 장애인 (2009)』, 『성경과 장애인 (2013)』, 『하나님 나라와 장애인 (2015)』과 한국기독교교회협의회 정의평화위원회 장애인소위원회가 엮은 『장애 너머 계신 하나님 (2012)』과 예장총회 사회봉사부 장애인신학준비위원회가 편집한 『장애인신학 (2015)』과 김홍덕, 『장애신학』, 대전: 도서출판 대장간, 2010년과 Nancy L. Eiesland / Don E. Saliers 편집, *Human Disability and the Service of God, Reassessing religious practice*, Nashville: Abingdon Press, 1998 등을 참조.

힌 대로 삼위 하나님의 디아코니아 정점에 몸을 입고 이 땅에 오신 하나님의 아들 예수가 계시기 때문이다. 하나님은 장애를 입고 몸이 있는 인간으로 이 땅에 오셨다. 하나님은 전능하신 분으로 영으로서 일하실 수도 있었겠지만 그 방법을 취하지 않으시고 유한한 인간의 몸을 입고 이 땅에 오셨다. 하나님이 인간이신 아들 예수 안에서 당신을 계시하셨다.[259] 이것은 무엇을 의미하는 것인가?

무엇보다 부인할 수 없는 사실은 이것이 하나님이 일하시는 방법이라는 것이다. 많은 경우에 자칫 영 혹은 정신과 육체의 이원론에 근거하여 육을 무시하거나 폄훼할 수도 있지만, 신학적으로 볼 때 그것은 하나님의 뜻과는 맞지 않는다. 성육신 사건을 믿음으로 받아들이는 하나님의 은혜가 절대적으로 필요한 지점이다. 영과 정신도 중요하지만 몸 역시 중요하다. 몸을 입은 인간의 모습으로 하나님이 이 땅에 오셨다는 것은 몸이 얼마나 중요한 것인가에 대한 역설적 반증이라 할 수 있다.

하나님이 성육신한 아들 예수를 통해 일하신다는 것은 약함을 통해 일하신다는 것을 의미하는 것일 뿐만 아니라 하나님은 연약한 자의 대변인이자 보호자가 되신다는 것을 의미한다. 역설적으로 약함 속에서 하나님의 강함이 계시된다.[260] 예수 역시 몸을 가진 인간으로 살면서 수

---

259 이 부분에 대한 조직신학적 논의를 위해서 M. Welker, 『하나님의 계시. 그리스도론』, 오성현 옮김, 서울: 대한기독교서회, 2015. 또한 L. Newbigin, 『변화하는 세상, 변함없는 복음』, 홍병룡 옮김, 서울: 도서출판 아바서원, 2014. 53-72 참조.

260 이에 대해 자세한 논의는 김동수, "그리스도 안에서 약함의 강함", in: 이재서 외 공저, 『하나님 나라와 장애인』, 서울: 도서출판 세계밀알, 2015, 145-180; 최대열, "바울의 장애신학(고후 12:1-10)", 최대열, 『성서, 장애 그리고 신학』, 도서출판 나눔사, 2015, 227-243; 장승익, "바울 서신서에 나타난 장애 이해", 이재서 외 공저, 『신학으로 이해하는 장애인』, 서울: 도서출판 세계밀알, 103-132 참조. 또한 M. J. Dawn, 『세상 권세와 하나님의 교회』, 노종문 옮김, 서울: 복 있는 사람, 2008도 참조.

많은 연약한 장애인의 고통을 친히 몸으로 느끼셨을 뿐만 아니라[261] 그들을 고치셨다.

몸은 한계가 있고 약하고 때로 학대당하기도 하고 고통을 느낀다.[262] 몸의 특징은 몸이 쉽게 장애를 입는다는 것이고, 언제라도 장애를 입을 가능성을 내재하고 있다는 것이다. 하지만 이 몸은 동시에 인간이 존재하는 모든 것에 대한 인식과 깨달음을 통해 방향을 갖고 살아가도록 한다. 몸 없이 인간은 인지하거나 느낄 수 없다. 한마디로 말하자면 몸 없이 인간은 세상과 소통할 수 없다.

교회는 유기체로서 예수 그리스도의 몸이다. 이 말은 태생적으로 교회는 장애를 입고 있다는 것이다. 예수가 장애를 입은 하나님이듯이 그리스도의 몸인 교회 역시 장애 입은 유기적 공동체로서 장애인이다. 장애를 안고 살아가는 나그네로서 하나님의 백성이 곧 교회이다. 이 말은 교회가 육체적 장애를 입은 이 땅의 장애인과 분리되어 살아갈 수 없는 운명 공동체라는 의미를 담고 있는 것이다.[263] 본질적으로 장애인 없이

---

261 예수의 이러한 고통을 받아들이는 긍휼은 헬라어 "스프랑크니조마이"라는 단어를 통해 알 수 있다. 이 단어는 쉽게 말하면 애간장 태울 정도로 고통을 받아들인다는 의미이다. 장애인과 고통을 당하는 수많은 사회적인 약자들에 대한 예수의 이 영적, 육적 감수성은 그가 친히 몸으로 감당했던 부분이다.

262 S. Wendel, 『거부당한 몸. 장애와 질병에 대한 여성주의 철학』, 강진영. 김은정. 황지성 옮김, 서울: 그린비, 2013, 306-330 참조.

263 조직신학자 정승원은 "장애인들은 메시아 공동체의 담지자"라고 말하면서 장애인과 메시아 공동체로서의 교회와의 관계에 대해 다음과 같이 설명한다. "오히려 장애인은 교회의 주인공이 되어야 한다. 장애인이 메시아 사역의 핵심이었다는 사실은 장애인은 교회의 주인공이 되어야 함을 암시한다(정승원, "장애인을 위한 언약공동체 신학", 이재서 외 공저, 『신학으로 이해하는 장애인』, 서울: 도서출판 세계밀알, 2009, 133-172 중 165) 또한 정승원, "하나님 나라 주역으로서의 장애인", 이재서 외 공저, 『성경과 장애인』, 서울: 도서출판 세계밀알, 2013, 93-129도 참조.

교회 또한 존재할 수 없다.[264] 장애인을 보면서 함께하는 영적 감수성이 없는 사람은 그리스도인이라고 할 수 없다. 왜 그러한가? 그 사람 안에 예수가 없기 때문이다. 만약 예수가 내주하는 교회로서 그리스도인이라면 당연히 고통이든 즐거움이든 그 어떤 것을 장애인과 함께 나눌 수 있기 때문이다.

예수는 몸을 가진 디아코노스(종)로서 세상에 오셔서 인간의 모든 식탁에 시중드는 디아코니아적인 삶을 살다가 십자가에 달려 죽으셨다. 그는 장애를 입은 참 하나님이신 동시에 참 사람으로 오셔서 장애인을 비롯한 무수히 많은 사회적 약자를 섬기다가 하나님의 보좌 우편에 앉으셨다.[265]

몸의 장애를 입고 이 땅에 오신 예수 그리스도의 삶 속에서 하나님의 창조와 구속은 종말론적으로 현존할 뿐만 아니라, 지금도 성령을 통해 장애인의 삶 속에서 여전히 역사하고 있다. 이 말은 장애는 세상을 향한 하나님의 창조와 구속 사역과 뗄 수 없을 정도로 밀접한 관련이 있다는 것이다. 한 걸음 더 나아가 우리의 이성으로는 온전히 다 이해할 수 없을지라도 하나님의 창조와 구속의 완성에 장애가 중요한 신학적 기제로

---

264 이 점에 대해 이범성은 다음과 같이 주장한다. "장애인을 위해서 교회가 있어야 될 것 같지만, 실은 교회를 위하여 장애인이 있다. 교회를 교회되게 하는 것은 장애인의 현존이다. 장애인의 삶이 보이지 않는 교회는 하나님 나라가 이 땅위에서 실재하는 모습을 나타낼 수가 없다(눅 4:18). 가난한 자와 더불어 장애인은 언제까지나 우리 가운데 있기 때문이다(마 26:11). (이범성, 에큐메니칼 『선교신학 II』, 서울: Dream & Vision, 2016, 203-4)." 장애인신학과 교회론에 대해서 최대열, "장애(인)신학의 교회론", 이재서 외 공저, 『성경과 장애인』, 서울: 도서출판 세계밀알, 2015, 130-164 참조.

265 구체적인 예수의 장애인 사역에 대해 최대열이 쓴 『성서, 장애 그리고 신학』에 실린 예수와 장애 관련 논문들을 참조, 또한 김옥기, "요한복음 9장의 제자도 신학과 재활선교 공동체", 이재서 외 공저, 『성경과 장애인』, 서울: 도서출판 세계밀알, 2015, 64-92 참조.

작동되고 있음을 우리는 인식해야 할 것이다.[266] 이 하나님의 일하심은 곧 새롭게 하심이고, 회복이며, 또한 종말론적인 샬롬을 의미한다고 하겠다.

인간의 몸을 입고 이 땅에 오신 하나님이신 예수 없이 우리는 장애를 생각할 수 없다. 마찬가지로 장애 없이 디아코니아를 말한다는 것은 어불성설이다. 그러므로 그리스도의 몸인 교회가 하는 장애와 장애인이 배제된 채 디아코니아를 논한다는 것은 비성경적이며 말도 되지 않음을 알아야 할 것이다. 우리가 아는 바 예수의 디아코니아는 곧 선교이다. 그러므로 예수, 장애, 선교와 디아코니아는 분리되어 생각할 수 있는 성격이 아니라, 마치 동전의 양면처럼 통합적으로 함께 이해해야 할 것이다.[267]

교회는 예수 그리스도를 본받고 그를 따르는 제자 공동체이다. 그렇다면 특별한 교회나 그리스도만 장애와 장애인에 관심을 갖고 말하고 목회하는 것이 아니라 모든 교회 공동체는 마땅히 최우선적으로 장애와 장애인에 대해 관심을 가져야 한다.[268] 예수가 행한 위무(慰撫)의 디

---

266 이에 대해 김희석, "이사야서에 나타난 장애 관련 표현의 신학적 함의", 이재서 외 공저, 『성경과 장애인』, 서울: 도서출판 세계밀알, 2013, 8-29; 김홍현, "창조신학에서 '몸(*바사르*)의 공존'으로서 장애(인)신학 제고 - 이사야 35장을 중심으로", 이재서 외 공저, 『하나님 나라와 장애인』, 서울: 도서출판 세계밀알, 2015, 219-251. 김홍현은 장애신학에 대해 다음과 같이 강조한다. "장애신학은 창조신학이면서 동시에 구원신학이라는 신학적 보편성을 확보하면서 우리가 예수 그리스도가 오실 때까지 이 어그러진 세상에서 용기를 가지고 전진하는 신앙의 힘이다(김홍현, 위의 논문, 248)."

267 이에 대한 자세한 논의를 위해서 이범성, "장애인신학과 선교"와 황홍렬, "장애인선교신학 정립을 위한 한 시도"를 참조. 또한 김옥순, "디아코니아 관점에서 본 장애인과 함께하는 교회공동체"와 동일 저자, "칭의와 구원의 기초, 디아코니아", 「복음과 상황 326 (2018년 1월)」, 43-55와 장승익, "삼위일체 관점에서 본 예수의 디아코니아", 「복음과 상황 326 (2018년 1월)」, 66-77 참조.

268 수산 웬델은 장애를 가진 사람들의 경험을 최우선적으로 고려하는 것이 무엇보다 중요함을

아코니아는 교회가 반드시 해야 할 사역이다. 이것이 바로 이 세상 속에서 교회가 회복해야 할 거룩한 일상이다. 이러한 사랑의 실천적인 행위를 통해서 교회는 세상에서 참된 대조 사회(Kontrastgesellschaft)[269]로서의 본질을 드러내는 것이다. 행여 이 일에 관심이 없다면 우리는 예수 그리스도를 무시하는 것이고, 예수 우리 주와 관련 없는 일을 교회는 하고 있는 것이다. 이 보다 큰 낭패가 세상에 또 어디에 있단 말인가?

오늘의 한국 교회와 모든 그리스도인은 이제부터라도 "교회는 이런 공동체일 뿐만 아니라 내가 곧 교회구나."라는 의미를 바르게 제대로 알고 깨달아 복음에 걸맞는 분명한 사역을 감당해야 할 것이다. 이러한 사역은 하나님 나라를 앞당기는 최고의 길라잡이인 장애인과 함께할 때 더욱 풍성하고 빛이 날 것이라 확신한다. 예수가 "율법을 섬기는 종"[270]으로서의 길을 온전히 걸어가심으로 하나님의 뜻을 이룬 것처럼 교회는 하나님이 허락하신 "화해의 직무(디아코니아 테스 카탈라게스)"[271]를 비뚤어지거나 구부러지지 않게 바르게 감당해야 할 것이다. 나는 오늘의 교회가 이 사역을 성령 안에서 충분히 만족스럽게 하면서 차분하고 꾸준히 감당하기를 간절히 기원한다.

강조한다(웬델, 『거부당한 몸』, 328-329).

269 대조사회(Kontrastgesellschaft)라는 개념은 신약학자 로핑크(G. Lohfink)가 그의 책 『예수는 어떤 공동체를 원했나』, 정한교 옮김, 왜관: 분도출판사, 1985에서 사용한 개념이다. 그에 의하면 예수는 제자들에게 여느 사회에서 상례로 통하는 것과는 다른 방식으로 서로 교제하기를 요청했는데, 이러한 예수가 요청한 사회를 로핑크는 대조사회로 명명했다(그의 책, 92 참조). 또한 그의 책, G. Lohfink, *Braucht Gott die Kirche*, Herder: Freiburg, 2002, 153-249 참조.

270 바울은 로마서 15장 8절에서 예수를 "할례의 추종자(디아코노스 페리토메스)"라고 일컫고 있다.

271 고린도후서 5장 18절 참조.

5
장

결론

신구약성경에 나타난 디아코니아의 의미를 갈무리하는 이 시점에서 나는 우리의 주제와 관련하여 유대교의 한 핵심 단어 "체다카"에 대해 잠시 생각해 보고자 한다. 이 "체다카"라는 말을 한마디로 번역하기가 쉽지 않다. 이 단어에 자선과 정의의 개념이 복합적으로 결합되어 있기 때문이다. 나는 이 체다카를 예수 섬김의 원리로 보고 싶다. 왜냐하면 예수 안에서 이 두 가지가 조화를 이루며 만나기 때문이다.

　단순히 말로 설명하기는 쉽지 않지만, 예수가 살면서 당시 주류 사회에서 소외당했던 사람들, 즉 가난한 민중, 여인들, 세리들, 창녀들, 병든 자, 장애를 가진 자, 어린아이 등을 만났고 또한 저들의 필요를 채워 주셨다. 그의 이러한 행보가 바로 체다카의 삶이다. 그가 살아 선포했던 이야기들과 비유에도 역시 체다카의 정신이 그대로 촉촉하게 스며들어 있다. 마태복음 20장에 나오는 포도원 품꾼의 비유에서 보면, 주인은 아침 일찍 들어와 하루 종일 일했던 사람에게나 저녁나절에 들어와 한 시간 일한 사람에게나 동일한 하루치 임금을 지불했다. 나는 이 비유에서도 역시 한 유대인으로서의 예수의 체다카를 은유적으로 읽는다.

조나단 색스는 체다카를 다음과 같이 설명한다.

"체다카는 흔히 '사회 정의'라고 부르는 것으로 누구나 삶의 기본 요건을 갖추며 살아야 하며 필요한 것보다 많이 가진 자들은 잉여의 일부를 덜 가진 자들과 나누어야 한다는 뜻을 담고 있다. 이는 이스라엘 백성이 열망하던 사회, 즉 누구나 존엄한 삶을 살 기본권을 가지고 있고 모두가 하느님의 주권 아래 언약으로 맺은 공동체에서 평등한 시민이 되는 사회를 이루는 데 절대적으로 필요한 조건이다."[1]

색스에 의하면 체다카에는 자원의 공정한 분배와 가난한 사람을 부끄럽지 않게 하면서 그에게 넉넉히 베푸는 인간의 기본권을 존중해 주는 깊은 통찰까지 포함한다.[2] 유대교에 있어서 체다카는 자선이라는 선택 사항이 아닌 율법이 강제하는 의무라는 것을 우리는 기억할 필요가 있다.[3]

그러므로 필자의 견해로는 적어도 우리가 하나님 자녀로서의 교회라면 반드시 예수가 걸어가신 그 길, 바로 체다카의 길을 가야한다는 것이다. 즉 디아코니아는 교회가 걸어가야 할 수많은 것 가운데 선택하는 것이 아니라 교회라면 의무적으로 반드시 걸어가야 할 길이라는 것이다. 예수가 걸어갔던 이 체다카의 길은 바로 살아 계신 하나님을 예배하는

---

1   J. Sacks, 『차이의 존중』, 196.
2   J. Sacks, 『차이의 존중』, 202-205 참조.
3   J. Sacks, 『차이의 존중』, 208 참조. 체다카와 유대교의 사회봉사를 구체적으로 논의한 글로 김옥순, 『디아코니아학 입문』, 226-249 참조.

것일 뿐만 아니라 그의 계명을 온전히 지키는 길이다.[4] 이것이 곧 하나님을 사랑하고 피조물을 포함한 이웃을 사랑하는 삶이다.

2010년에 귀국하여 그해 12월 31일에 가족들과 고(故) 이태석 신부의 일대기를 다룬 다큐멘터리 영화 "울지마 톤즈"를 보았다. 영화를 보는 내내 그의 삶에 깊고 진한 감동을 받았을 뿐만 아니라, 목회자로서 나 자신의 부족하고 부끄러운 모습을 돌아볼 수 있었다. 지구상에서 정말 가난하고 비참하게 살아가는 톤즈 사람들과 한센인들이 있는 라이촉 마을 사람들을 진정으로 사랑했고 섬겼던 고 이태석 신부의 삶은 체다카 그것이었다. 그의 삶에서 체다카의 향기가 은은하지만 강하게 퍼진다. 그의 다음과 같은 말을 들어 보자.

"내 삶의 향기는 어떤 향기일까? 얼마나 강한 자기장을 지닌 향기일까? 나 스스로 맡을 수도 없고 그 세기도 알 수 없지만 그 향기에 대해 나 스스로 책임을 져야 하지 않나 생각하게 된다. 우리의 삶에 향기를 만들어야 한다."[5]

오늘의 교회가 그리고 나 자신이 악취가 아닌 그리스도 예수의 향기를 발하는 하나님의 자녀가 되기를 열망해 본다. 오늘날 교회마다 "지역 사회와 함께하는 교회"라는 구호를 내걸고 있지만, 자칫하면 이것이 정작 실속은 없는 구호의 요란함에 치우치기 쉽다. 왜냐하면 체다카와 디아코니아, 즉 섬김과 봉사는 말과 구호가 아닌 몸으로 앞서 보여 주는

---

4   이것이 우리가 살펴 본대로 구약에 나타난 섬김의 핵심이다.
5   「시사저널 1108 (2011년 1.11.-1.18.)」, 21.

데 있다는 것을 우리는 예수에게서 가까이는 고 이태석 신부의 삶을 통해 알 수 있기 때문이다.

하지만 이에 한 단계 더 나아가 우리의 행하는 그것 역시 진실이 묻어나 있는 진실함과 행함 사이에 어떠한 틈도 없는 행함이어야 한다는 것이다. 진실 없는 그야말로 보이기 위한 전시적인 나눔과 구제라면 이것 또한 허울 좋은 하눌타리에 불과하기 때문이다. 그러므로 온전한 디아코니아가 어려운 것이다.

예수는 직접 모든 삶의 영역 속에서 참된 본을 보여 주셨다. 그분의 디아코니아는 몸으로 직접 살아냄으로 보여 주신 것이다. 예수의 살은 갈기갈기 찢겨져 민중의 상처 위에 덧입혀짐으로 그들의 몸에 새살이 돋게 하셨고, 그분이 마지막까지 흘린 피는 피폐한 사람들의 혈관에 수혈되어 생명의 화수분이 되었다.

예수는 종이 되어 대야에 물을 담아 수건으로 제자들의 지저분한 발을 친히 씻기셨다. 이것이 디아코노스 예수의 실체이다. 오늘도 예수의 삶은 근원적이면서 도전적이다.

이 시대에 멸절 위기에 처한 예수 정신의 핵심인 디아코니아를 되살리기 위해서는 다른 방법이 없는 것 같다. 나의 이기적이고 비루한 욕망을 과감히 벗는 용감한 결단과 신음하는 피조물과 가난하고 힘들게 사는 이웃과 어깨를 맞대고 더불어 연대하는 삶의 가치를 치열하게 붙들며 예수를 바라보며 사는 것이다.

어느 새 예수 없는 교회, 예수 없는 교회 사역의 시대가 되어 버렸다. 나무라는 것 같은 성령의 거친 소리가 희미하게 들려온다. 어서 정신을 차리고 몸과 마음을 다그치고 추슬러 교회 본래의 디아코니아적인 본질을 회복해야 하겠다.

신약성경에 나타난 디아코니아에는 구약에 나타난 예배, 말씀 준수 그리고 피조물을 보호하고 섬기는 등의 의미는 약한 것 같다. 교회가 이러한 구약의 의미와 유대교의 중요한 개념인 체다카의 정신을 좀 더 살려 신약에 나타난 디아코니아의 의미와 잘 조화시켜 나가면, 오늘날 점점 시들시들 죽어 가는 예수 정신의 핵심인 참다운 디아코니아를 다시 멋지게 일으켜 세워갈 수 있을 것이다.

그러할 때, 부유한 자나 가난한 자가 서로가 서로에 대해 함부로 잘난 체하거나 자괴감 없이 존귀하게 여기면서 참 행복과 자유를 누리는 건강한 사회를 일구어 갈 수 있는 것이다. 우리의 무뎌진 몸과 마음을 예수라는 불에 달구어 연신 강하게 만드는 혼신의 노력을 우리 함께 경주해야 하는 까닭이 여기에 있는 것이다.

해방 신학자 김근수는 스승의 책『해방자 예수』를 번역한 후, 옮긴이의 글에서 스승 소브리노와 헤어질 때, 그가 자신에게 해 준 말을 기록했다.

"가난한 사람을 잊지 마세요."[6]

이 말은 하나님의 디아코니아를 신학화하며 실천하는 모든 목회자들에게 영원히 울림이 되는 말이라고 생각한다.

독일 카셀대학교 사회학 교수인 김덕영은 종교개혁 500주년을 맞이하여 최근에 쓴 그의 책『루터와 종교개혁』의 "결론을 대신하여"에서

---

6 J. Sobrino,『해방자 예수. 해방신학으로 본 역사의 예수』, 김근수 옮김, 서울: ㈜메디치미디어, 2015, 11.

'쿠오바디스 한국 기독교'라는 물음을 던지면서 다음과 같이 썼다.

> "한국의 개신교는 종교성을 완전히 상실하고 세속주의, 기복주의, 물질주의, 배금주의, 성장주의, 대형주의, 경쟁주의, 집단주의, 배타주의, 적대주의, 세습주의 등 적폐의 온상이 된 지 이미 오래다."[7]

사회학자 김덕영이 지적한 한국 교회의 이러한 부정적 이미지는 삼위일체 하나님의 디아코니아와는 정반대의 현상이다. 정말 오늘의 교회는 정신을 바짝 차려 가난하고 힘들고 고통으로 인해 울부짖는 이 땅의 백성을 찾아오신 하나님의 디아코니아에 공의롭게 응답해야 할 것이다.

우리 주위에 가난한 사람이 얼마나 많은가? 하나님은 항상 가난한 사람에게 오신다. 하지만 우리는 그리고 교회는 자주 가난한 사람을 멀리하고 잊어버리는 것은 아닌 지 나 스스로에게 묻는다.

글을 갈무리하면서, 신약과 구약이 말하는 디아코니아의 핵심은 무엇일까를 다시 한번 가볍게 생각해 본다.

---

7 김덕영, 『루터와 종교개혁』, 서울: 도서출판 길, 2017, 341-344.

디아코니아와 상선약수(上善若水)의 삶

2010년, 이 책의 초고를 쓸 당시 종교학자 오강남이 번역하고 풀이한 노자의 『도덕경』을 읽었다.[1] 『도덕경』을 읽는 동안, 그 유명한 "상선약수" 물에 관한 8장을 읽으면서 교회의 본질인 디아코니아적인 삶과 연관 지으면서 묵상했다. 묵상하면서 필자는 『도덕경』에 나온 '물'을 '예수'와 견주어 생각해 보았다. 예수는 '생명수'인 동시에 물처럼 다투지도 않고 모든 사람을 끌어안으면서 그렇게 낮은 데로 더 낮은 데로 한없이 낮아지다가 결국 십자가에 죽으셨다. 그리고 '흐르는 물'을 '삼위일체 하나님의 역동적인 디아코니아'에 견주었고, 이 물을 흐르도록 하는 그 힘을 '만물을 새롭게 하고 생기 있게 만드는 생명의 영인 성령'에 비유하여 연상하였다. 『도덕경』 8장인 '물의 장'을 함께 살펴보자.

가장 훌륭한 것은 물처럼 되는 것입니다.

물은 온갖 것을 위해 섬길 뿐,

---

1   오강남, 『도덕경』, 서울: 현암사, 2009.

그것들과 겨루는 일이 없고,

모두가 싫어하는 (낮은) 곳을 향하여 흐를 뿐입니다.

그러기에 물은 도에 가장 가까운 것입니다.

낮은 데를 찾아가 사는 자세

심연을 닮은 마음

사람됨을 갖춘 사귐

믿음직한 말

정의로운 다스림

힘을 다한 섬김

때를 가린 움직임

겨루는 일이 없으니

나무람 받을 일도 없습니다.

필자는 오늘날 교회의 디아코니아가 이 물과 같은 삶을 살아내기를 바라는 마음에서 디아코니아의 성경 신학적 작업을 마무리하고자 한다. 이 노자의 『도덕경』에 나오는 '물의 장'을 들면서 필자의 소박한 바람을 펼친다. 물론 비교할 수 없지만 그나마 노자가 소개하고 있는 '도'에 가까운 '물의 속성'이 예수의 섬기는 삶에 근접해 있다고 생각한다. 물은 높은 데서 낮은 곳으로 한없이 흐르면서 온갖 것에 부딪치고 여러 다양한 곳에 담기게 되지만 저항하거나 불평 없이 거기에 순응하면서 물을 유지하며 끝없이 낮은 곳으로 내려간다. 그러면서 물은 더러운 것을 깨끗이 씻어 주고 지저분한 곳을 정화시킨다. 한마디로 거룩하게 하는 기능을 하는 것이다.

오랜 시간이 지나도 여전히 묵묵히 물은 물 그대로 있다. 물은 낮은 데로 흐르면서 소위 선한 일을 많이 한다. 시들시들 다 죽어가는 것 같은 식물과 온갖 생물들을 생기 있게 만든다. 뿌려진 씨앗이 자라 열매를 맺도록 도와준다. 더러운 곳을 정결하게 한다. 이 온갖 좋은 일을 하지만 정작 물은 자신이 좋은 일을 했다고 떠벌리지 않는다. 왜 나를 인정하지 않느냐고 시위하거나 섭섭해 하지 않는다. 이렇게 많은 일을 하면서도 물은 다투지 않고 힘겨루기를 하거나 자존심을 내세우지도 않는다. 이것이 물이 갖고 있는 '도'이고, '길'이다. 오강남은 이것을 다음과 같이 풀이하고 있다.

"물의 존재 방식은 무엇인가? 모두가 싫어하는 곳, 낮은 곳을 향하여 날마다 자기를 낮추면서 흐르는 것이다. 모두가 높은 곳을 향해 오르려고 안달하지만 물은 그런 일과 상관없이 우주적 원리에 자기를 턱 맡기고 유유자적 낮은 데로 임할 뿐이다. 오직 섬기는 자세로 시의적절하게 움직이는 물, 어느 누구와도 겨루는 일 없이 자기를 끝까지 낮추는 물, 과연 누가 이런 물을 나무랄 수 있을까? 여기에서도 자기 겸비(self-humiliation)가 자기 승귀(self-exaltation)의 길이라는 종교적 역설이 통하고 있다."[2]

예수는 제자들에게 어쩌면 물의 도를 가르쳐 주었는지도 모른다. 예수의 가르침의 핵심이 바로 섬기는 삶이었기 때문이다. 우리가 지금까지 수없이 논의한 대로 예수는 섬기는 자로 왔다가 섬기는 자로 죽으셨다. 그리고 하나님이 그를 지극히 높이셨다(빌 2:6-11). 오강남의 풀이

---

2   오강남, 『도덕경』, 50.

대로 예수에게 철저한 자기 겸비(謙卑)와 승귀(昇貴)가 나타난다. 예수에게서 나타난 십자가의 죽음을 포함한 섬김이 하나님의 디아코니아의 핵심이다. 하나님은 오늘 우리에게 "예수가 걸어간 그 길을 그대로 뒤좇아 걸어갈 것"을 요구하신다. 예수의 삶은 에베소서 2장 14절 이하의 말씀처럼 담을 허무는 삶이었다.

다음은 시인 공광승의 "담장을 허물다"라는 시의 구절이다.[3]

고향에 돌아와 오래된 담장을 허물었다
기울어진 담을 무너뜨리고 삐걱거리는 대문을 떼어냈다
담장 없는 집이 되었다
눈이 시원해졌다

우선 텃밭 육백 평이 정원으로 들어오고
텃밭 아래 살던 백 살 된 느티나무가 아래 둥치째 들어왔다
느티나무가 느티나무 그늘 수십 평과 까치집 세 채를 가지고 들어왔다
나뭇가지에 매달린 벌레와 새소리가 들어오고
잎사귀들이 사귀는 소리가 어머니 무릎 위 마른 귀지 소리를 내며 들어왔다

하루 낮에는 노루가
이틀 저녁은 연이어 멧돼지가 마당을 가로질러갔다

(중략)

---

3   공광승, 『담장을 허물다』, 파주: 창비, 2013.

공시가격 구백만 원짜리 기울어 가는 시골 흙집 담장을 허물고 나서
나는 큰 고을의 영주가 되었다

오래된 담장을 허물고 기울어진 담을 무너뜨리고 삐걱거리는 대문을
떼어 내니 담장 없는 집이 되어 순식간에 고을 영주가 되었다는 시인의
삶의 경계를 허무니 새로운 인생이 시인 앞에 펼쳐졌다는 것을 노래하
고 있다.

우리 역시 담을 허무신 예수의 뒤를 올곧게 따라가면 고을 영주가 아
닌 하나님 나라의 기업을 물려받는 하나님의 자녀로 이 땅을 살아가는
것이다. 세상에 부러울 것이 무엇이 있겠는가!

기실 교회의 디아코니아에 디아코니아 신학자의 화려한 신학 이론이
필요한 것은 아니다. 물론 필자는 여기에서 신학 이론과 체계를 무시하
는 것이 아니다. 무시했다면 지금 이러한 내용의 책을 쓰지 않았을 것이
다. 교회의 디아코니아에 절실히 요청되는 것은 물의 삶이다. 물의 삶은
곧 성령의 인도하심에 순종하는 삶을 살아 내는 것이다.

물처럼 끝없이 낮아지고 낮은 데로 가서 그곳에서 말없이 섬기는 것이
이다. 예수의 섬기는 삶을 통해 세상이 생명을 얻고 구원을 받아 해방의
자유를 맛보듯이 교회의 디아코니아를 통해 세상이 동일한 체험을 할
수 있어야 한다. 물은 누가 더 높은지 서로 다투지 않고 낮은 곳으로 한
없이 흐르면서 다른 물들과 연대하며 배척하지 않고 하나를 이루어 끝
없이 낮은 곳으로 흐른다.

필자는 이것을 물이 다른 물을 섬기는 것으로 이해하고 싶다. 이것은
곧 물의 관용과 포용이다. 이것이 물의 도이자, 물의 진보다. 교회의 디

아코니아 역시 낮은 곳으로 임하면서 다른 사람과 교회와 다투지 않고 배척하지 않으면서 연대를 이루어 평등한 샬롬 공동체를 이루어 나가야 한다. 이것이 교회의 진보이고, 구원을 받은 이러한 평등한 공동체가 하나님의 새 가족이며, 이것이 디아코니아 교회론의 핵심이자 또한 진정한 성례적 디아코니아이다.

다시 『도덕경』으로 돌아가 78장의 일부를 살펴보려고 한다.[4]

세상에 물보다 더 부드럽고 여린 것은 없습니다.
그러나 단단하고 힘센 것을 물리치는 데
이보다 더 훌륭한 것은 없습니다.
이를 대신할 것이 없습니다.

약한 것이 강한 것을 이기고
부드러운 것이 굳센 것을 이기는 것
세상 사람 모르는 이 없지만
실천하지는 못합니다.

『도덕경』 8장과 여기 78장에서 말하고 있는 물의 속성에 대해 모르는 사람은 없다. 78장에서 말하고 있는 것처럼 물보다 부드럽고도 강한 것이 없다. 마치 우리 주님 예수보다 더 온유하고 겸손하면서도 온갖 세상 권력과 힘을 뒤엎는 분이 없는 것처럼 말이다. 문제의 핵심은 우리 스스로 그리고 우리의 삶이 물처럼 될 수 있는가 하는 것과 예수가 걸어

---

4   오강남, 『도덕경』, 328.

가신 길을 교회가 정말 가고 있는가 하는 것이다.

교회가 예수의 뒤를 따르고, "높고자 하는 자는 먼저 낮아지고, 섬김을 받기 위해서는 먼저 섬기고, 대접을 받고자 하는 대로 먼저 대접하라."는 예수의 말씀을 잘 알지만, 이 말씀대로 살지 못하는 것이 가장 큰 문제다.

지금까지 필자는 디아코니아가 삼위일체 하나님의 본질이고, 예수의 삶의 가장 큰 특징이라고 강조해 왔지만 과연 이것이 어느 정도 교회에 설득력이 있을 지는 미지수다. 다 알고 있는 바지만 실천이 없는 앎과 말씀은 아무 의미가 없다. 그야말로 울리는 꽹과리에 불과하고 모래 위에 지은 집과 같다.

과연 오늘의 교회는 진정 하나님의 디아코니아를 감당하기를 원하는가? 예수 가르침의 핵심을 변변하지 않은 너절한 것으로 바꾸고 있지는 않는가? 우리는 이것을 스스로에게 냉철하게 묻고 치열하게 고민하고 진실하게 답하고 행해야 한다. 그렇지 않으면 교회는 교회됨을 포기하는 것이고, 그 순간 교회는 더는 하나님의 교회가 아니다. 그저 세속에 파묻힌 하나의 사조직으로 그것도 친목계 정도로 남아 있게 될 뿐이다.

교회의 디아코니아는 교회의 본질이기에 교회가 이 세상에 존재하는 한 계속 수행해야 할 지상 대과제이다.

"교회가 사회를 제대로 섬길 때 비로소 교회의 궁극적인 목적인 전도와 선교를 할 수 있다는 신학적 해석은 예수의 명령을 따르는 데서 비롯된 것이다. 교회의 사회적 사명은 교회의 본질적 사명 가운데 하나이며 더구나 사회봉사에 대한 필요성이 확대되는 시대를 맞아 교회는 섬김의 사역을 더욱 활발하게 전개하여야 한다."[5]

　교회는 이 거룩한 직을 수행해 나가면서 예수의 삶과 함께 물의 도를 생각했으면 좋겠다. 나의 생명의 주 예수 그리고 우리가 날마다 마시는 물, 물 없이 우리가 살아갈 수 없듯이 우리는 예수 없이 존재할 수 없다.

　삼위일체 하나님의 디아코니아가 있었기에 오늘의 내가 있고 우리가 있다. 디아코니아는 교회 존재됨의 생명줄이다. 디아코니아가 없는 교회는 교회가 아니다. 그것은 괴상한 세상의 이기적인 집단에 불과하다는 것을 교회는 깊이 명심해야 할 것이다. 한국 교회가 "교리와 신학은 교회를 갈라놓았지만 섬김과 봉사는 교회를 하나 되게 한다(A dogma and theology separated churches a part but diakonia service united them to one.)."라는 1925년 스톡홀롬에서 개최된 제1회 기독인의 사명과 생명 대회의 구호[6]를 붙잡고 하나 되는 샬롬의 공동체를 지향하는 이 땅의 교회로 새롭게 지어지기를 간절히 바란다.

　디아코니아라는 생명줄을 놓는 순간 교회는 죽음을 자초한 것이다. 그 순간 교회뿐만 아니라 사회 전체를 죽음의 수렁으로 내몰게 되고, 마치 급물살에 떠밀려 수많은 생명체가 죽어 가는 모습을 교회는 교회 안에서 자축하며 지켜보면서, 죽어 가는 교회 스스로의 삶을 무지 가운데서 즐기게 되는 것과 같다. 이때 주님은 분명 누가복음에 나오는 한 부자에게 말씀하신 것을 오늘의 교회와 우리 각자에게 동일하게 말씀하실 것이다.

5　최희범, "한국 교회 이대로는 희망 없다", 「Christian Leader (2011년 1월)」, 30-32, 32.

6　최희범, "한국 교회 이대로는 희망 없다", 32.

"하나님은 이르시되 어리석은 자여 오늘 밤에 네 영혼을 도로 찾으리니 그러면 네 준비한 것이 누구의 것이 되겠느냐?(눅 12:20)"[7]

또한 누가복음 12장 21절에서 누가는 다음과 같이 말하면서 한 부자의 비유를 마무리한다.

"자기를 위하여 재물을 쌓아 두고 하나님께 대하여 부요하지 못한 자가 이와 같으니라."

오늘의 교회는 설령 사람의 눈으로 볼 때 디아코니아를 잘하는 것처럼 비쳐질지라도 끊임없이 물어야 할 것이다.

"오늘 나와 우리 교회는 하나님께 대하여 진정 부요한 삶을 살고 있는가?"

결국 들을 귀 있는 자는 들을 것이다. 오늘도 하나님의 말씀이 진정 우리의 믿음에 합하여(히 4:2) "사랑으로 역사하는 믿음(갈 5:6)"을 실천하는 한국 교회가 되기를 간절히 기원한다.

교회의 디아코니아는 하늘에 재물을 쌓아 둠으로 하나님께 대하여 부요한 삶을 사는 것이다. 이것은 하나님이 얼마나 한 인간을 사랑하고

---

7 부자가 준비한 것은 곡식을 쌓을 창고, 많은 재물과 그의 소유일 것이다. 하지만 누가는 누가복음 12장 15절에서 탐심을 물리칠 것을 권고하고 있다. 왜냐하면 사람의 생명이 그 소유의 넉넉한 데 있지 않기 때문이다. 오늘의 교회로 말하자면 교회가 준비한 화려하고 큰 예배당과 잘 갖추어진 시설과 건물 등을 들 수 있을 것이다. 하지만 이러한 외형적인 것에 교회가 만족한 나머지 진정한 섬김과 봉사의 삶을 실천하지 않는다면 오늘의 교회는 하나님이 기뻐하시는 그 길을 가지 않는 것이다. 진정 중요한 것은 우리 안에 생명이 자라고 있는가 하는 것과 예수로 말미암은 하나님 나라가 건강하게 세워지고 있고 또 진보하고 있는가 하는 점이다.

귀하게 여기는지를 몸으로 일상에서 보여 주는 신학적 운동이라고 할 수 있다. 하나님의 사랑은 차별이 없음에도 불구하고, 하나님은 특별히 어려움 가운데 있는 사회적 약자에 대해 더 많은 관심을 기울이시는 분이다. 하나님이 잃은 양 그 한 마리를 귀하게 여기심을 기억하자. 교회의 디아코니아는 이 점에서 생명 운동인 동시에 한 사람을 귀하게 배려하고 존중하는 섬김 운동이다. 이 운동은 공평과 정의라는 씨줄과 사랑과 평화라는 날줄이 엮어져 하나님 나라와 희년이라는 예수 이야기로 우리에게 증언되고 있음을 기억하자. 이 거룩한 사역에 겸손, 온유와 사랑으로 동참하는 진짜 예수의 제자 교회로 새롭게 빚어지는 한국 교회가 되기를 간절히 소망한다.

오직 하나님께만 영광을! *Soli Deo Gloria*!

1. 국외문헌

Allen, Leslie C. *Ezekiel 20~48 (WBC Vol. 29)*, Texas: Word Books, 1990.

Andelson, Robert V. / Dawsey, James M.,『희년의 경제학. 땅 없는 사람들의 희망』, 서울: 대한기독교서회, 2009.

Backhaus, K. *Der Hebräerbrief*, Regensburg: Verlag Friedrich Pustet, 2009.

Balsamo, A. M.『젠더화된 몸의 기술. 사이보그 여성 읽기』, 김경례 옮김, 홍천: 도서출판 아르케, 2012.

Banks, R.『바울의 그리스도인 공동체 이상』, 장동수 옮김, 서울: IVP, 2007.

Barnes, Susan B.『사이버커뮤니케이션 이론』, 권상희 옮김, 서울: 성균관대학교 출판부, 2009.

Bartholomew, Craig G.『하나님께 소리치고 싶을 때: 욥기』, 송동민 옮김, 고양: 도서출판 이레서원, 2017.

Beach, L.『유배된 교회』, 김광남 옮김, 서울: 새물결플러스, 2017.

Benkler, Y.『네트워크의 부』, 최은창 옮김, 서울: 커뮤니케이션 북스(주), 2015.

Bindemann, W. *Die Hoffnung der Schöpfung. Römer 8,18-27 und die Frage einer Theologie der Befreiung von Mensch und Natur*, Neukirchen-Vluyn, Neukirchener Verlag, 1983.

Blauw, J. 『교회의 선교적 본질』, 전재옥 외 2인 옮김, 서울: 대한 예수교장로회총회출판국, 1988.

Boff, L. 『해방하는 은총』, 김정수 옮김, 서울: 한국신학연구소, 1988.

_____, 『삼위일체와 사회』, 이세형 옮김, 서울: 대한기독교서회, 2011.

Bonhoeffer, D. 『저항과 복종. 옥중서간』, 손규태/정지련 옮김, 서울: 대한기독교서회, 2010.

Bosch, David J. "선교의 성경적 모델에 관한 고찰", 『선교신학의 21세기 동향 (전호진 박사 한국 복음주의 선교학회 30년 성역 기념 논총)』, 한국복음주의 신학회 선교분과회 편역, 서울: 이레서원, 2000, 275-295.

Bruce, F. F. *The Acts of the Apostles. The Greek Text with introduction and commentary*, Grand Rapids: Eerdmans, 1990.

Brueggemann, W. *The Land*, Philadelphia: Fortress, 1977.

Bruner, F. D. 『성령신학』, 김명룡 옮김, 서울: 나눔사, 1989.

Calvin, J. 『기독교강요 4(하)』, 고영민 옮김, 서울: 기독교문사.

Cartier J. P. / Cartier, R. 『농부 철학자 피에르 라비』, 서울: 위즈덤하우스, 2015.

Castells, M. 『네트워크 사회의 도래』, 김묵한/박행웅/오은주 옮김, 서울: 한울, 2003,

_____ 엮음, 『네트워크 사회. 비교문화 관점』, 박행웅 옮김, 파주: 도서출판 한울, 2009.

Crabb, L. 『래리 크랩의 에덴남녀』, 윤종석 옮김, 서울: 복 있는 사람, 2014.

Crossan, J. D. 『가장 위대한 기도』, 김준우 옮김, 고양: 한국기독교연구소, 2011.

Daiber, K. F. 『교회의 정체성과 교회봉사』, 황금봉 옮김, 서울: 한국장로교출판사, 1998.

Dawn, Marva J. 『세상 권세와 하나님의 교회』, 노종문 옮김, 서울: 복 있는 사람, 2008.

_____, 『내가 알아야 할 모든 것은 창세기에서 배웠다』, 김순현 옮김, 서울: IVP, 2013.

DeVine, M. 『본회퍼의 삶과 신학』, 정은영 옮김, 서울: 한스콘텐츠㈜, 2007.

Dunn, J. D. G. 『바울 신학』, 박문재 옮김, 고양: 크리스챤다이제스트, 2006.

Edwards, G. 『하나님의 딸들』, 임정은 옮김, 서울: 죠이선교회, 2017.

Eiesland, Nancy L. and Saliers, Don E.(편집), *Human Disability and the Service of God. Reassessing religious practice*, Nashville: Abingdon Press, 1998.

Ellingworth, P. *The Epistle to the Hebrews. A Commentary on the Greek Text (NIGTC)*, Grand Rapids: Eerdmans, 1993.

Fee, Gordon D. *God's empowering presence: the Holy Spirit in the letters of Paul*, Peabody, Mass.: Hendrickson, 1994.

_____, *Paul, the Spirit and the People of God*, Peabody, Mass.: Hendrickson, 1996.

Ferguson, Sinclair B. 『성령』, 김재성 옮김, 서울: IVP, 1999.

Fox, M. 『영성-자비의 힘』, 김순현 역, 서울: 다산글방, 2002.

Fraser, N. / Honneth, A. 『분배냐, 인정이냐?』, 김원식. 문성훈 옮김, 고양: 사월의책, 2014.

Frost, M. / Hirsch, A. 『새로운 교회가 온다』, 지성근 역, 서울: IVP, 2009.

Furnish, V. P. 『바울의 신학과 윤리』, 김용옥 옮김, 서울: 대한기독교출판사 1989.

Gibbs, E. / Bolger, Ryan K. 『이머징 교회』, 김도훈 옮김, 서울: 쿰란출판사, 2008.

Gnanakan, K. 『환경신학. 생태 위기와 교회의 대응』, 이상복 옮김, 서울: 기독교연합신문사, 2005.

Goheen, M. W. 『열방에 빛을. 온 세상을 향한 하나님의 선교 이야기』, 박성업 옮김, 서울: 복 있는 사람, 2012.

Guder, Darrell L. *The continuing Conversion of the Church*, Grand Rapids: Eerdmans, 2000.

Guthrie, D. 『히브리서』, 김병모 옮김, 서울: 사)기독교문서선교회, 2015.

Habel, Norman C. 『땅의 신학. 땅에 관한 여섯 가지 이념』, 정진원 옮김, 서울: 한국신학연구소, 2001.

Hainz, J. *Koinonia. 'Kirche' als Gemeinschaft bei Paulus*, Regensburg: Verlag Friedrich Pustet, 1982.

Harris, M. 『가르침과 종교적 상상력』, 김도일 옮김, 서울: 한국장로교출판사, 2003.

Hauerwas, S. / Willimon, William H. 『하나님의 나그네 된 백성』, 김기철 옮김, 서울: 복 있는 사람, 2011.

Heckel, U. *Schwachheit und Gnade*, Stuttgart: Quell Verlag, 1997.

Hengel, M. *Between Jesus and Paul: Studies in the Earliest History of Christianity*, John Boeden 번역, Philadelphia: Fortress, 1983.

Heschel, A. J. 『안식』, 김순현 옮김, 서울: 복 있는 사람, 2007.

_____, 『예언자들』, 이현주 옮김, 서울: ㈜ 도서출판 삼인, 2015.

Hiebert, P. G. 『21세기 선교와 세계관의 변화』, 홍병룡 옮김, 서울: 복 있는 사람, 2010.

Hildebrandt, W. 『구약의 성령신학입문』, 김진섭 옮김, 서울: 이레서원, 2005.

Hooks, B. 『남자다움이 만드는 이상한 거리감. 페미니스트가 말하는 남성, 남성성 그리고 사랑』, 이순영 옮김, 서울: 한솔수북, 2017.

Horner, J. "신약에 나타난 성령 충만한 그리스도인 성화와 사회적 책임", 『성령의 사역에 있어서 그리스도인의 성화 (제6회 국제신학 학술 세미나 자료집)』, 서울: 국제신학 연구원, 1998, 1-27.

Horton, M. 『약함의 자리』, 김철규 옮김, 서울: 복 있는 사람, 2013.

Hughes, Gerard W. 『벽장에 갇힌 하나님』, 최요한 옮김, 서울: 죠이선교회, 2009.

Kaiser, Jr., Walter C.『구약난제해설』, 김지찬 역, 서울: 생명의 말씀사, 1991.

_____,『구약성경과 선교』, 임윤택 옮김, 서울: 기독교문서선교회, 2013.

Koenig, J.『환대의 신학』, 김기영 옮김, 서울: 한국장로교출판사, 2002.

Kraemer, H.『평신도 신학』, 홍병룡 옮김, 서울: 도서출판 아바서원, 2014.

Kraybill, D. B.『예수가 바라본 하나님 나라』, 김기철 옮김, 서울: 복 있는 사람, 2012.

LaCugna, C. M. *GOD FOR US: The Trinity and Christian Life*, New York: Harper Collins, 1992.

Lämmermann, G.『현장중심의 실천 신학-행위이론과 사역현장』, 윤화석 옮김, 천안: 도서출판 하교, 2006.

Lane, William L. *Hebrews 9-13 (WBC)*, Dallas: Word, 1991.

Leech, K.,『사회적 하나님. 교회는 왜 사회에 관심을 둘 수밖에 없는가』, 신현기 옮김, 서울: 청림출판, 2009.

Leith, John H.『칼빈의 삶의 신학』, 이용원 옮김, 서울: 한국장로교출판사, 2002.

Levinas, I.『윤리와 무한. 필립 네모와의 대화』, 양명수 옮김, 서울: 다산글방, 2000.

Levison, J.『성령과 신앙. 미덕, 황홀경, 지성의 통합』, 홍병룡 옮김, 서울: (사)한국성서유니온선교회, 2016.

Lindemann, A. "Die Anfänge christlichen Lebens in Jerusalem nach den Summarien der Apostelgeschichte (Apg 2:42-47; 4:32-37; 5:12-16)", *Die Evangelien und die Apostelgeschichte*, Tübingen: Mohr Siebeck, 2009, 213-230.

Linzey, A.『같은 하나님의 피조물: 동물신학의 탐구』, 장윤재 옮김, 대전: 도서출판 대장간, 2014.

Lohfink, G.『예수는 어떤 공동체를 원했나? 그리스도 신앙의 사회적 차원』, 정한교 옮김, 왜관: 분도출판사, 1985.

_____. *Braucht Gott die Kirche*, Freiburg: Herder, 2002.

Luz, U. "Biblische Grundlage der Diakonie", G. Ruddat/G. K. Schaefer (Hg.), *Diakonisches Kompendium*, Goettingen: Vandenhoeck & Ruprecht, 2005, 17–35.

Machaffie, B. J. 『기독교 전통 속의 여성』, 손승희 옮김, 서울: 이화여자대학교 출판부, 1995.

Mackie, Scott D. *Eschatology and Exortation in the Epistle to the Hebrews*, Tübingen: Mohr Siebeck, 2007.

Malone, M. T. 『여성과 그리스도교』, 서울: 바오로딸, 2012.

Martens, E. A. 『구약에 나타난 하나님의 계획과 목적』, 김지찬 옮김, 서울: 생명의 말씀사, 1990.

Mateo-Seco, L. F. 『삼위일체론』, 윤주현 옮김, 서울: 가톨릭출판사, 2017.

McFague, S. 『어머니, 연인, 친구. 생태학적 핵 시대와 하나님의 세 모델』, 서울: 도서출판 뜰밖, 2006.

_____, 『기후 변화와 신학의 재구성』, 김준우 옮김, 고양: 한국기독교연구소, 2008.

_____, 『풍성한 생명』, 장윤재/장양미 옮김, 서울: 이화여자대학교출판부, 2008.

Mckee, Elsie A. "성경과 실천의 신학자 존 칼뱅 – 믿음과 기도에 관하여", 이정숙 옮김, 「목회와 신학 258 (2010년 12월호)」, 212-224.

McKnight, S. 『파란 앵무새』, 전의우 옮김, 서울: 성서유니온, 2018.

McLaren, Brian D. 『예수에게서 답을 찾다』, 김선일 옮김, 서울: 포이에마, 2010

Melchert, Chales F. "What is the Educational Ministry of the Church?", *Religious Education*, *Vol. 73*, *No. 4* (1978), 429-439.

Michel, O. *Der Brief an die Hebräer*, Göttingen: Vandenhoeck & Ruprecht, 1975.

Mies, M. 『가부장제와 자본주의. 여성, 자연, 식민지와 세계적 규모의 자본축적』, 최재인 옮김, 서울: 도서출판 갈무리, 2014.

Alan C. Mitchell, *Hebrews*, Collegeville: Liturgical Press, 2007.

Moltmann, J. 『생명의 영』, 김균진 옮김, 서울: 대한기독교서회, 1992.

_____, 『생명의 샘. 성령과 생명신학』, 이신건 옮김, 서울: 대한기독교
서회, 2000.

_____, 『하나님 나라의 지평 안에 있는 사회 선교』, 정종훈 옮김, 서울:
대한기독교서회, 2000.

_____, 『신학의 방법과 형식 – 나의 신학 여정』, 김균진 옮김, 서울: 대
한기독교서회, 2002.

_____, 『삼위일체와 하나님의 역사. 삼위일체 신학을 위한 기여』, 이신
건 옮김, 서울: 대한기독교서회, 2017.

Mott, S. C. 『복음과 새로운 사회』, 이문장 옮김, 대전: 도서출판 대장간, 2008.

Nash, James A. 『기독교 생태윤리. 생태계 보전과 기독교의 책임』, 이문균 역,
서울: 한국장로교출판사, 1997.

Neufeld, T. R. Y. 『에베소서』, 대전: 도서출판 대장간, 2017.

Newbigin, L. 『복음, 공공의 진리를 말하다』, 김기현 옮김, 서울: SFC 출판부,
2008.

_____, 『교회란 무엇인가?』, 홍병룡 옮김, 서울: IVP, 2010.

_____, 『오픈 시크릿. 마침내 드러난 하나님의 비밀. 선교』, 홍병룡 옮
김, 서울: 복 있는 사람, 2012.

_____, 『변화하는 세상, 변함없는 복음』, 홍병룡 옮김, 서울: 도서출판
아바서원, 2014.

_____, 『레슬리 뉴비긴의 삼위일체적 선교』, 최형근 옮김, 인천: 도서출
판 바울, 2015.

Nouwen, Henri J. M. 『긍휼』, 마영례 옮김, 서울: IVP, 2002.

_____, 『돌봄의 영성』, 윤종석 옮김, 서울: 사단법인 두란노서
원, 2014.

O'Brien, Peter T. *The Letter to the Hebrews*, Grand Rapids: Eerdmans,

2010.

Oliveira, Anacletode. *Die Diakonie der Gerechtigkeit und der Versöhnung in der Apologie des 2. Korintherbriefes -Analyse und Auslegung von 2 Kor 2:14-4:6; 5:11-6:10*, Münster: Aschendorff, 1990.

Olson, K. 엮음 / Fraser, N. 외 지음,『불평등과 모욕을 넘어. 낸시 프레이저의 비판적 정의론과 논쟁들』, 서울: 그린비, 2016.

Olson, R. / Holl, C.『삼위일체』, 이세형 옮김, 서울: 대한기독교서회, 2004.

Oswalt, John N. *The Book of Isaiah. Chapters 1-38*, Grand Rapids: Wm. B. Eerdmans, 1986.

Palmer, P. J.『온전한 삶으로의 여행』, 윤규상 옮김, 서울: 도서출판 해토, 2010.

Peterson. E. / Dawn, Marva J.『껍데기 목회자는 가라』, 차성구 번역, 서울: 좋은 씨앗, 2008.

Pfitzner, Victor. C. *Hebrews*, Nashville: Abingdon Press, 1997.

Pohl, C. D.『손 대접』, 정옥배 옮김, 서울: 복 있는 사람, 2003.

_____,『공동체로 산다는 것』, 권영주/박지은 옮김, 서울: 죠이선교회, 2014.

_____ / Heuertz, C. L.『약한 자의 친구』, 박세혁 옮김, 서울: 복 있는 사람, 2012.

Rau, J.『어쩔 수 없는 숙명이라는 말은 무신론자나 하는 말입니다』, 박규태 옮김, 파주: 살림, 2008.

Rauschenbusch, W.『사회 복음을 위한 신학』, 남병훈 역, 용인: 명동출판사, 2012.

Rhoads, D. 외 2인 공저,『이야기 마가. 복음서 내러티브 개론』, 양재훈 옮김, 서울: 이레서원, 2003.

Rifkin, J.『소유의 종말』, 이희재 옮김, 서울: 민음사, 2001.

_____,『한계비용 제로사회. 사물인터넷과 공유경제의 부상』, 안진환 옮김, 서울: 민음사, 2014.

Roth, J. D. (편집), 『야수의 송곳니를 뽑다. 존 하워드 요더의 성추행과 권력남용에 대한 메노나이트의 반응』, 김복기 옮김, 논산: 도서출판 대장간, 2018.

Rusaw, R. / Swanson, E. 『교회 밖으로 나온 교회』, 서울: 국제제자훈련원, 2008.

Russel, L. M., Clarkson, J. S. / Ott, K. M.(편집), 『공정한 환대』, 여금현 옮김, 서울: 대한기독교서회, 2012.

Schäfer, Gerhard K. / Strohm, T. *Diakonie – biblische Grundlagen und Orientierungen*, Heidelberg: Heidelberger Verlagsanstalt, 1994.

Schmemann, A. 『세상에 생명을 주는 교회』, 이종태 옮김, 서울: 복 있는 사람, 2008.

Schottroff, L. "신약성서시대에 예수를 따른 여인들", 『여성들을 위한 신학 (이우정 편)』, 서울: 한국신학연구소, 1985.

Schreiner, Thomas R. *Galatians*. Grand Rapids: Zondervan, 2010.

_____, 『히브리서 주석』, 장호준 옮김, 서울: 도서출판 복 있는 사람, 2016.

Seitz, Christopher R. 『이사야 1–39 (현대성서주석)』, 이인세 옮김, 서울: 한국장로교출판사 2003.

Sider, Ronald J. 『복음주의 정치 스캔들』, 김성겸 옮김, 서울: 홍성사, 2010.

Smart, J. M. 『교회의 구속적 사명』, 장윤철 옮김, 서울: 대한 기독교 교육협회, 2000.

Smith, C. C. / Pattison, J. 『슬로처치』, 김윤희 옮김, 서울: 새물결플러스, 2015.

Smith, M. A. Kollock. P. 『사이버 공간과 공동체』, 조동기 역, 서울: 나남출판(주), 2001

Smith, Ralph L. *Micah–Malachi (WBC)*, Texas: Word Books, 1984.

Snyder, Howard A. 『참으로 해방된 교회』, 권영석 옮김, 서울: IVP, 2005.

_____, 『하나님 나라, 교회 그리고 세상』, 박민희 옮김, 의정부:

드림북, 2007.

_____,『교회사에 나타난 성령의 역사』, 명성훈 옮김, 부천: 도서
출판 정연, 2010.

Sobrino, J.『해방자 예수. 해방신학으로 본 역사의 예수』, 김근수 옮김, 서울:
㈜메디치미디어, 2015.

Söding, T. "Was schwach ist in der Welt, hat Gott erwählt (1 Kor 1, 27)",
Das Wort vom Kreuz. Studien zur paulinischen Ethik, 260-271.

Stegemann, E. / Stegemann, W.『초기 그리스도교의 사회사. 고대 지중해 세
계의 유대교와 그리스도교』, 손성현/김판임 옮김, 서울: 동연, 2009.

Stjerna, K.『여성과 종교개혁』, 박경수/김영란 옮김, 서울: 대한기독교서회,
2013.

Stuhlmacher, P. "Jesustradition im Römerbrief?", *ThB 14* (1983), 240-250.

Sukhomlinsky, V. A.『선생님들에게 드리는 100가지 제안』, 수호믈린스키 교
육사상연구회 편역, 파주: 도서출판 고인돌, 2010 참조.

Sundermeier, T.『선교신학의 유형과 과제』, 채수일 엮어 옮김, 서울: 대한기
독교서회, 2001.

Taylor, A.『불온한 산책자. 8인의 철학자, 철학이 사라진 시대를 성찰하다』,
한상석 옮김, 서울: 도서출판 이후, 2012.

Thiselton, Anthony C.『해석의 새로운 지평. 변혁적 성경읽기의 이론과 실
제』, 최승락 옮김, 서울: SFC출판부, 2015.

Tutu, Desmond M.『용서 없이 미래 없다』, 홍종락 옮김, 서울: 홍성사, 2009.

Valentine, G.『공간에 비친 사회, 사회를 읽는 공간. 사회지리학으로의 초대』,
박경환 옮김, 파주: 도서출판 한울, 2014.

Volf, Miroslav,『삼위일체와 교회』, 황은영 옮김, 서울: 새물결플러스, 2012.

Watkins, D. R.『기독교 사회봉사 입문』, 노영상 옮김, 서울: 쿰란출판사,
2003.

Watts, John D. W. *Isaiah 1-33 (WBC Vol. 24)*, Texas: Word Books, 1985.

Weiss, H. - F. *Der Brief an die Hebräer*, Göttingen: Vandenhoeck &

Ruprecht, 1990.

Welker, M.『하나님의 영. 성령의 신학』, 신준호 옮김 / 김균진 살핌, 서울: 대
　　　한기독교서회, 1995.

_____,『하나님의 계시. 그리스도론』, 오성현 옮김, 서울: 대한기독교서회,
　　　2015.

Wellman, B. / Gulia, M. "공동체로서의 가상공동체. 혼자 다니지 않는 통신
　　　망 이용자", M. A. Smith. P. Kollock 편,『사이버 공간과 공동체』,
　　　조동기 역, 서울: 나남출판(주), 2001, 327-371.

Wendel, S.『거부당한 몸. 장애와 질병에 대한 여성주의 철학』, 강진영/김은
　　　정/황지성 옮김, 서울: 그린비, 2013.

Wenham, D.『바울: 예수의 추종자인가 기독교의 창시자인가?』, 고양: 크리스
　　　챤다이제스트, 2002, 372-379.

White, J.『하나님의 자기 주심의 선물: 성례전』, 김운용 옮김, 서울: 예배와설
　　　교아카데미, 2006.

White, R. E. O.『누가신학 연구-기독교에 대한 누가의 변증』, 김경진 옮김, 서
　　　울: 한국로고스연구원, 1995.

Wink, W.『사탄의 체제와 예수의 비폭력』, 한성수 옮김, 고양: 한국기독교연
　　　구소, 2004.

Wolff, H. W.『예언과의 만남』, 차준희 옮김, 서울: 대한기독교서회, 1999.

Wright, C. J. H.『하나님 백성의 선교』, 한화룡 옮김, 서울: IVP, 2012.

Wright, N. T.『성찬이란 무엇인가』, 안정임 옮김, 서울: IVP, 2011.

_____,『톰 라이트 예배를 말하다』, 최현만 옮김, 평택: 에클레시아북스,
　　　2012.

_____,『하나님은 어떻게 왕이 되셨나』, 최현만 옮김, 평택: 에클레시아
　　　북스, 2013.

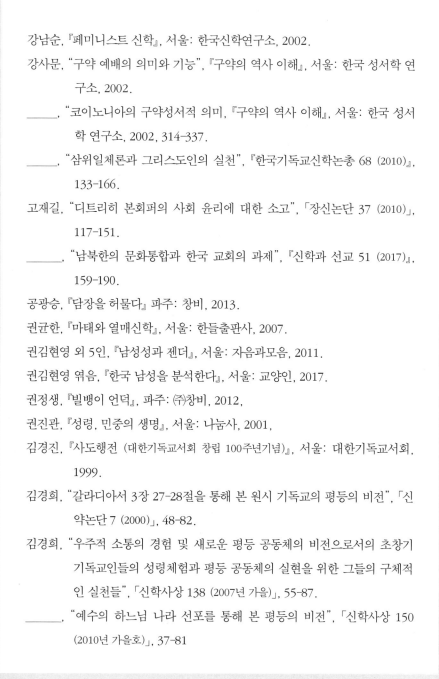

2. 국내문헌

강남순, 『페미니스트 신학』, 서울: 한국신학연구소, 2002.

강사문, "구약 예배의 의미와 기능", 『구약의 역사 이해』, 서울: 한국 성서학 연구소, 2002.

_____, "코이노니아의 구약성서적 의미, 『구약의 역사 이해』, 서울: 한국 성서학 연구소, 2002, 314-337.

_____, "삼위일체론과 그리스도인의 실천", 『한국기독교신학논총 68 (2010)』, 133-166.

고재길, "디트리히 본회퍼의 사회 윤리에 대한 소고", 「장신논단 37 (2010)」, 117-151.

_____, "남북한의 문화통합과 한국 교회의 과제", 『신학과 선교 51 (2017)』, 159-190.

공광승, 『담장을 허물다』 파주: 창비, 2013.

권균한, 『마태와 열매신학』, 서울: 한들출판사, 2007.

권김현영 외 5인, 『남성성과 젠더』, 서울: 자음과모음, 2011.

권김현영 엮음, 『한국 남성을 분석한다』, 서울: 교양인, 2017.

권정생, 『빌뱅이 언덕』, 파주: ㈜창비, 2012,

권진관, 『성령, 민중의 생명』, 서울: 나눔사, 2001,

김경진, 『사도행전 (대한기독교서회 창립 100주년기념)』, 서울: 대한기독교서회, 1999.

김경희, "갈라디아서 3장 27-28절을 통해 본 원시 기독교의 평등의 비전", 「신약논단 7 (2000)」, 48-82.

김경희, "우주적 소통의 경험 및 새로운 평등 공동체의 비전으로서의 초창기 기독교인들의 성령체험과 평등 공동체의 실현을 위한 그들의 구체적인 실천들", 「신학사상 138 (2007년 가을)」, 55-87.

_____, "예수의 하느님 나라 선포를 통해 본 평등의 비전", 「신학사상 150 (2010년 가을호)」, 37-81

김균진, 『자연환경에 대한 기독교 신학의 이해. 현대 자연과 대화 속에서』, 서
　　　　울: 연세대학교 출판부, 2006,

김근주, "레위기와 구제", 「그 말씀 (2010년 10월호)」, 6-33.

_____, 『특강 예레미야』, 서울: IVP, 2014.

_____, 『특강 이사야』, 서울: IVP, 2017.

김기석, 『인공지능과 신학적 인간학』, 한국신학논총 15 (2016), 63-87.

김기숙, "기독교대학의 통전적 교육을 위한 교육사상적 기초". 『21세기 기독교
　　　　육의 과제와 전망 (고용수 총장 회갑기념논문집)』, 서울: 예영커뮤니케
　　　　이션, 2002, 376-413.

김기태. 박진석 외, 『디지털 시대의 교회와 커뮤니케이션』, 서울: 한들출판사,
　　　　2017.

김기현, 『예배, 인생 최고의 가치』, 서울: 죠이선교회, 2011.

김덕영, 『루터와 종교개혁. 근대와 그 시원에 대한 신학과 사회학』, 서울: 도서
　　　　출판 길, 2017.

김덕환/김인, "한국 디아코니아의 활성화와 실천과제-한일 디아코니아 활동을
　　　　중심으로", 『21세기 세계교회의 흐름과 사회의 전망 (김용복 박사 회
　　　　갑기념논문집 제2권)』, 김용복 박사 회갑기념 논문집 출판 위원회, 전
　　　　주: 한일장신대학교출판부, 331-349.

김도일(책임편집), 『미래시대. 미래세대. 미래교육』, 서울: 도서출판 기독한교,
　　　　2013.

김동수, "그리스도 안에서 약함의 강함", 이재서 외 공저, 『하나님 나라와 장애
　　　　인』, 서울: 도서출판 세계밀알, 2015, 145-180.

김명수, "주기도에 관한 문학비평적 연구", 「신학사상 122 (2003년 가을)」, 167-
　　　　194.

_____, "초기 기독교 예수운동에 나타난 공(公)경제윤리", 「신학사상 150
　　　　(2010년 가을)」, 83-115.

김명용, "복음과 사회 선교", 『현대교회와 사회봉사 (유의웅 편저)』, 서울: 예영
　　　　커뮤니케이션, 1995, 37-51

김병훈, "개혁 신학의 성찬론", 『장로교회와 신학 6 (2009)』, 68-97.

김선일, "이웃과 함께하는 사역으로서의 선교적 교회", 「백석신학저널 26 (2014 년 봄호)」, 9-36.

김선태, 『선교복지학개론 - 하나님의 형상으로의 회복』, 서울: 카이로스, 2005.

_____, 『선교학개론』, 서울: 도서출판 카이로스, 2006.

김성은, "분단된 한반도를 위한 기독교 민족역사교교육의 문제", 「신학사상 148 (2010년 봄)」, 237-267.

김세광, 『예배와 현대 문화』, 서울: 대한기독교서회, 2005.

김세윤, 『복음이란 무엇인가』, 서울: 두란노 아카데미, 2003.

_____, 『칭의와 성화』, 서울: 사단법인 두란노 서원, 2013.

_____, 『그리스도가 구속한 여성. 성경적 남녀 관계와 여성 리더십』, 서울: 두 란노, 2016.

김영관, "바울의 신학에 기초한 칼 바르트의 교회론", 「신학사상 138 (2007년 가을)」, 147-178.

김수연, "억압된 타자, 소수자로서의 자연: 물의 위기 상황에서 지구-행성의 신학을 모색하며", 한국문화신학회 엮음, 『소수자의 신학』, 서울: 동 연, 2017, 271-290.

김영한, "21세기 한국 사회와 문화변혁: 변혁적 문화신학의 프로그램", 김영 한, 『21세기 한국 기독교문화와 개혁신앙』, 서울: 예영커뮤니케이션, 2008, 23-59.

_____, "교회 재산의 공익성", 김영한, 『21세기 한국 기독교문화와 개혁신앙』, 310-341.

_____, "헬무트 틸리케의 신학적 사유의 독특성", 『한국기독교신학논총 71 (2010)』, 99-121.

김옥순, "교회와 섬김: 교회의 본질로서 섬김", 「기독교사상 489 (1999년 9월 호)」, 16-32.

_____, 『디아코니아학 입문』, 서울: 한들출판사, 2010.

_____, 『디아코니아 신학. 섬김과 봉사 - 교회의 디아코니아 활동을 위한 신학

적 성찰』, 서울: 한들출판사, 2011.

_____, "디아코니아 관점에서 본 장애인과 함께하는 교회 공동체", 김옥순 외 공저, 『장애인신학』, 서울: 한국장로교출판사, 2015, 268-297.

김운용, 『예배, 하늘과 땅이 잇대어지는 신비』, 서울: 장로회신학대 교출판부, 2015.

김유준, 『조나단 에드워즈의 삼위일체론』, 서울: 기독교문서선교회, 2016.

김윤희, "네 이웃을 네 몸과 같이 사랑하라", 『성경과 신학 25 (1999)』, 38-67.

김은수, "존 칼빈의 공교회적 삼위일체론 이해와 신학적 공헌", 『한국조직신학 논총 49 (2017년 12월)』, 45-89.

김은홍, "선교적 교회의 이론과 기초", 「백석신학저널 26 (2014년 봄호)」, 93-117.

김이곤, "시편 8편에 나타난 신학적 인간학", 『구약성서의 고난신학』, 서울: 한국신학연구소, 1989, 207-224.

김정우, "이사야서에 나타난 성령의 모습과 사역", 『이사야 2. 어떻게 설교할 것인가?』, 서울: 두란노 아카데미, 2008, 11-32.

김정형, 『탈냉전 시대 분단 한국을 위한 평화의 신학』, 서울: 나눔사 2015

김철영, 『기독교 관점에서 본 정의와 공동체 생활』, 서울: 장로회신학대학교출 판부, 2000.

김한옥, 『기독교 사회봉사의 역사와 신학』, 부천: 실천 신학 연구소, 2004.

김한호, "디아코니아 신학과 장애인신학", 김옥순 외 공저, 『장애인신학』, 서울: 한국장로교출판사, 2015, 242-267.

_____, 『디아코니아와 예배』, 경기도 광주: 서울장신대학교 디아코니아 연구소, 2016.

김회권, 『이사야 I (대한기독교서회 창립 100주년 기념 성서주석)』, 서울: 대한 기독교서회, 2006.

_____, 『하나님 나라 신학으로 읽는 사도행전 1』, 서울: 복 있는 사람, 2007.

_____, "하나님 나라와 생태계 보전 운동", 「복음과 상황 242 (2010년 12월 호)」, 32-44.

_____,『하나님 나라 신학으로 읽는 모세오경』, 서울: 도서출판 복 있는 사람, 2017.

김홍근, "'관계'에 대한 Martin Buber의 관계신학과 대상관계이론 및 영성신학 적인 조명", 「신학사상 138 (2007년 가을)」, 247-278.

김홍덕,『장애신학』, 대전: 도서출판 대장간, 2010.

김홍현, "창조신학에서 '몸(바사르)의 공존'으로서 장애(인)신학 제고 – 이사야 35장을 중심으로", 이재서 외 공저,『하나님 나라와 장애인』, 서울: 도서출판 세계밀알, 2015, 219-251.

김희강, "서구 페미니즘과 한국 페미니즘", 강정인 엮음,『현대 한국 정치사상. 탈서구중심주의를 지향하며』, 서울: 아산서원, 2014, 298-333.

남태욱,『한반도 통일과 기독교 현실주의: 라인홀드 니버를 중심으로』, 서울: 나눔사 2012.

노영상, "이사야서에 나타난 전지구적 샬롬(the Global Shalom)의 개념과 선교 전략",『하나님 나라와 선교 (서정운 명예총장 은퇴기념 출판위원회)』, 서울: 대한기독교서회, 2001, 222-243.

노영상,『기독교와 생태학』, 서울: 성광문화사, 2008.

류장현, "다문화 사회의 떠돌이 민중에 대한 신학적 이해", 「신학사상 148 (2010년 봄)」, 41-66.

박가분,『포비아 페미니즘』, 고양: 도서출판 인간사랑, 2017.

박경수, "칼뱅의 사상과 한국 교회의 사회적 역할", 「기독교사상 605 (2009년 5월)」, 58-68.

_____, "삼위일체론에 대한 칼뱅의 공헌", 박경수,『교회의 신학자 칼뱅』, 서울: 대한기독교서회, 2009, 169-189.

_____, "칼뱅의 경제사상에 대한 고찰",『한국기독교신학논총 68 (2010)』, 57-79.

박경수(책임편집),『하나님 나라와 평화』, 서울: 대한기독교서회, 2017.

박동현, "삼가 하나님을 잊지 말라. 신명기 8장 11-20절", 「교회와 신학 33 (1998년 여름호)」, 108-119.

_____, "성경에서 말하는 경건", 『하나님 나라와 선교 (서정운 명예총장 은퇴기념 출판위원회)』, 서울: 대한기독교서회, 2001, 361-383.

박명림, "지금 우리는 어디에 서 있는가 - 실천하는 정치학자, '사회적 영성'을 말하다", 「복음과 상황 315 (2017년 2월호)」, 22-32.

박상진/장신근/강영택/김재웅 지음, 『기독교학교의 공공성』, 서울: 예영커뮤니케이션, 2014.

박수암, 『사도행전』, 서울: 대한기독교서회, 2006.

박영돈, 『일그러진 성령의 얼굴. 한국 교회 성령운동 무엇이 문제인가』, 서울: IVP, 2011.

박영호, 『다석 유영모』, 서울: 두레, 2009.

_____, 『깨달음 공부. 다석 사상으로 찾는 참삶의 길』, 서울: 교양인, 2014.

_____, "기독교는 공적신앙이 될 수 있는가? - 바울신학적 접근", 「신학사상 179 (2017/겨울)」, 9-39.

_____, "만인제사장론과 선교적 교회: 베드로전서 2장 9절의 해석을 중심으로", 『선교와 신학 43 (2017)』, 175-210.

박용범, "사이버네틱스 시대의 기독교윤리", 『한국신학논총 15 (2016)』, 9-31.

박은규, 『21세기의 예배』, 서울: 대한기독교서회, 2004.

박익수, "바울의 헌금 이해, 「신학과 세계 39 (1999년 가을)」, 113-144.

_____, 『누가 과연 그리스도의 참 사도인가? - 고린도후서 주석』, 서울: 대한기독교서회, 1999.

박재순, 『한국생명신학의 모색』, 서울: 한국신학연구소, 2000.

_____, 『씨알 사상』, 서울: 나녹, 2010.

_____, 『다석 유영모의 철학과 사상』, 파주: 도서출판 한울, 2013.

_____, 『다석 유영모. 동서사상을 아우른 창조적 생명철학자』, 서울: 홍성사, 2017.

박준서, "구약에 있어서 예배의 의미", 『구약세계의 이해』, 서울: 한들출판사, 2001.

박철수, 『하나님나라 - 기독교란 무엇인가?』, 대전: 도서출판 대장간, 2015 (전면개정판).

반재광, "누가의 '환대의 식탁' 연구", 「신약논단 24/3 (2017 가을호)」, 553-585.

배재욱, 『생명. 신약성경에서 생명을 묻다』, 서울: 대한기독교서회, 2010.

백소영, 『백소영의 드라마 속 윤, 리』, 서울: 꿈꾸는터, 2017.

_____, 『페미니즘과 기독교의 맥락들. 젊은 페미니스트 크리스찬을 위한 길라
        잡이』, 서울: 뉴스앤조이, 2018.

백용기, "한국디아코니아자매회의 역사와 영성신학", 「신학사상 129 (2005)」,
        29-66.

백충현, 『삼위일체적 평화통일 신학의 모색』, 서울: 나눔사, 2012.

_____, 『내재적 삼위일체와 경륜적 삼위일체. 현대 삼위일체신학에 대한 신
        학, 철학의 융합적 분석』, 서울: 새물결플러스, 2015.

변창욱, "교회와 선교", 『교육교회 397 (2011년 1월)』, 46-51.

서정운, "사회 선교에 대한 선교신학적 이해", 유의웅 편저, 『현대교회와 사회
        봉사』, 서울: 예영커뮤니케이션, 1997, 81-106.

_____, "한국 교회와 한국인 디아스포라의 선교적 의미", 『하나님 나라와 선
        교 (서정운 명예총장 은퇴기념 출판위원회)』, 서울: 대한기독교서회,
        2001, 91-102.

성종현, "예수와 디아코니아", 『신약성서의 중심주제들』, 서울: 장로회신학대
        학교출판부, 1998, 259-279.

_____, "신약성서와 디아코니아", 『신약성서의 중심주제들』, 235-258.

_____, "교회의 본질과 사명", 『신약성서의 중심주제들』, 206-218.

소기천, "누가복음에 나타난 하나님 나라의 선교와 제자도", 『하나님 나라와
        선교 (서정운 명예총장 은퇴기념 출판위원회)』, 서울: 대한기독교서회,
        2001, 56-76.

손디모데, 『공동체 정체성을 위한 교육목회』, 서울: 예영커뮤니케이션, 2012.

손병덕, 『교회 사회복지』, 서울: ㈜학지사, 2010.

손봉호, 『약자 중심의 윤리 - 정의를 위한 한 이론적 호소』, 서울: 세창출판사,
        2015.

손성현, "미래 세대와 기독교 생태 교육", 김도일(책임편집), 『미래 시대. 미래 세대. 미래 교육』, 서울: 도서출판 기독한교, 2013, 559-586.

손원영, 『기독교 교육과 프락시스』, 서울: 한국장로교출판사, 2001.

_____, 『영성과 교육』, 서울: 한들출판사, 2004.

_____, "후기현대시대의 통전적 신학교육", 『한국문화와 영성의 기독교 교육』, 서울: 대한기독교서회, 2009.

_____, "신학교육의 모델들", 『한국기독교신학논총 70 (2010)』, 253-275.

손인웅, "디아코니아와 하나님 나라와 성령", 『하나님 나라와 성령 (대한예수교 장로회총회교육부 편)』, 서울: 한국장로교출판사, 2000, 328-342.

송용원, 『칼뱅과 공동선. 프로테스탄트 사회 윤리의 신학적 토대』, 서울: IVP, 2017.

신광은, 『메가처치를 넘어서』, 서울: 포이에마, 2015.

신옥수, "몰트만의 사회적 삼위일체론 – 비판적 대화를 중심으로", 「장신논단 30 (2007)」, 203-236.

심영보, 『사이버 신학과 디지털 교회』, 파주: 한국학술정보(주), 2008.

심창섭, "칼빈의 생명신학-기독교강요 중심으로", 「신학지남 305 (2010년 겨울호)」, 75-94.

안경승, "성경적인 성정체성의 회복: 하나님의 형상을 중심으로", 『복음과 상담 25/2 (2017)』, 45-81.

안교성, 『한국 교회와 최근의 신학적 도전. 생명의 하나님, 한국 교회를 정의와 평화로 이끄소서』, 서울: 장로회신학대학교출판부, 2017.

안명준, "한국 교회를 위한 칼빈의 신학적 해석학: 성령의 역할", 『칼빈과 한국 교회 (요한 칼빈 탄생 500주년 기념사업회)』, 서울: SFC, 2010, 308-327.

안승오. 박보경, 『현대 선교학 개론』, 서울: 대한기독교서회, 2008.

양금희, 『근대 기독교 교육 사상』, 서울: 한국장로교출판사, 2001.

양세진, "교회가 품은 재능을 흐르게 하라. 은혜에 대한 응답, 은사를 통한 섬김", 「크리스채너티 투데이 한국판 31 (2010년 12월)」, 14-16.

양용의, 『히브리서 어떻게 읽을 것인가』, 서울: (사)한국성서유니온선교회,

2014.

엄기호, 『단속사회』, 파주: ㈜창비, 2014.

_____, "보편성의 정치와 한국의 남성성", 권김현영 엮음, 『한국 남성을 분석
　　　한다』, 서울: 교양인, 2017, 155-184.

오강남, 『또 다른 예수. 비교종교학자 오강남 교수의 도마복음 풀이』, 서울: 위
　　　즈덤하우스 2009.

_____, 『도덕경』, 서울: 현암사, 2009.

오현선, "'기독교 생명과 정의의 도보순례'의 신학교육적 성찰", 「한국여성신학
　　　80 (2014년 겨울)」, 61-85.

옥성호, 『엔터테인먼트에 물든 부족한 기독교』, 서울: 부흥과 개혁사, 2010.

유경동, "삼위일체 신학과 장애인 신학", 한국기독교교회협의회 정의평화위원
　　　회 장애인소위원회 엮음, 『장애 너머 계신 하나님. 장애인신학 정리
　　　를 위하여』, 서울: 대기독교서회, 2012, 95-133.

유승원, "바울 서신에 나타난 섬김", 「그 말씀 (2010년 11월)」. 43-64.

유재원, 『이머징 예배 뛰어넘기』, 서울: 도서출판 하늘향, 2016.

윤영민, 『사이버 공간의 사회』, 서울: 한양대학교 출판부, 2003.

윤혜린, 『지구화 시대 여성주의 철학』, 서울: 철학과현실사, 2009.

은준관, 『신학적 교회론』, 서울: 한들출판사, 2006.

이경숙, "'기쁨과 은총의 해'로서의 희년의 구약성서적 의의", 『구약성서의 하
　　　나님. 역사. 여성』, 서울: 대한기독교서회, 2000, 426-451.

_____, "구약성서에 나타난 자연 - 인간 - 지혜", 『구약성서의 하나님. 역사.
　　　여성』, 401-425.

이광석, 『데이터 사회 비판』, 서울: (사)한국물가정보, 2017.

이광순, 『선교의 특수성과 보편성』, 서울: 미션아카데미, 2000.

이규민, "2011년 한국 사회의 전망과 한국 교회의 새로운 방향", 『교육교회
　　　397 (2011년 1월호)』, 14-20.

이도영, 『페어 처치. 공교회성. 공동체성. 공공성을 회복하는 선교적 교회』, 서
　　　울: 새물결플러스, 2017.

이동춘, 『한반도 통일논의의 신학담론, 정치신학에서 화해신학으로』, 서울: 나눔사 2017.

이만식, "장애인 복지와 교회의 사명", 「장신논단 30 (2007)」, 479-508

이문균, "삼위일체 신관에서 본 기독교의 인간 이해", 『한국기독교신학논총 20 (2000)』, 109-134.

_____, 『신앙과 삶속에서 삼위일체 알아보기』, 서울: 한국장로교출판사, 2005.

_____, "삼위일체 하나님과 사회적 비전", 『한국기독교신학논총 38집 (2005)』, 43-64.

_____, "계시론적 삼위일체론과 존재론적 삼위일체론 – 바르트와 지지울라스를 중심으로", 「신학사상 148 (2010년 봄)」, 67-99.

이범성, "장애인신학과 선교", 김옥순 외 공저, 『장애인신학』, 서울: 한국장로교출판사, 2015, 182-211.

이상은, "신학과 인공지능", 『한국신학논총 15 (2016)』, 33-61.

_____, "관계적 정의: 후버(W. Huber)가 말하는 다원 사회 안에서의 교회적 구심점", 「신학사상 178 (2017 가을)」, 117-152.

이수영, "성령신학", 『개혁신학과 경건 (이수영 목사 회갑 기념 문집)』, 서울: 장로회신학대학교 출판부, 2006, 166-184.

이성민, "복음서와 사도행전에 나타난 봉사", 「그 말씀 257 (2010년 11월호)」, 23-42.

이신건, "나눔과 소통의 미학 – 먹는 것", 「기독교사상 619 (2010년 7월)」, 78-84.

이영미, 『이사야의 구원신학 – 여성 시온 은유를 중심으로』, 서울: 맑은 울림, 2004.

_____, "이해와 포용으로서의 선교. 낯선 사람과의 어울림을 실천한 영성들", 한국여성신학회, 『선교와 여성신학 (여성신학사상 8집)』, 용인: 프리칭 아카데미, 2010, 16-47.

이용주, "칼 바르트의 신학과 사회주의의 상관관계에 대한 연구", 『한국조직신

　학논총 49집 (2017년 12월)』, 209-248.

이원규, 『한국 사회 문제와 교회 공동체』, 서울: 대한기독교서회, 2002.

_____, "한국 교회 여성, 그들은 누구인가", 이원규, 『힘내라, 한국 교회』, 서울: 동연, 2009, 59-70.

이은선, "목회자로서의 칼빈", 『칼빈과 한국 교회』, 오정호(편집책임 외 공저), 서울: 생명의 말씀사, 2009, 107-167.

이재서, 『사회봉사의 성서신학적 이해』, 서울: 도서출판 세계밀알, 2008.

_____, "예수님의 장애치유의 함의와 선교적 효과 연구", 이재서 외 공저, 『성경과 장애인』, 서울: 도서출판 세계밀알』, 2013, 30-63.

_____, "한국 교회의 장애인 평등권에 관한 연구", 이재서 외 공저, 『하나님 나라와 장애인』, 서울: 도서출판 세계밀알, 2015, 281-317.

이정배, "역사와 자연을 넘어 생명으로 - 기독교 자연관의 생명신학적 의미", 이정배, 『신학의 생명화, 신학의 영성화』, 서울: 대한기독교서회, 1999.

_____, "동서 신학 사조에서 본 다석의 얼 기독론 - 아래로부터의 기독론으로서 얼(생명) 기독론", 이정배, 『없이 계신 하느님, 덜 없는 인간. 다석 신학의 얼과 틀 그리고 쓰임』, 서울: 도서출판 모시는 사람들, 2009.

_____, "개신교적 생태신학의 특성과 다석신학 속의 생명의식", 이정배, 『없이 계신 하느님』, 255-287.

이준우, 『장애인과 함께 가는 교회』, 서울: 인간과 복지, 2017.

이지은, "사이버 공간의 몸: 미술, 권력 그리고 젠더", 『서양미술사학회논문집 21 (2004년 6월)』, 219-244.

이진오, 『재편』, 파주: 비아토르, 2017.

이혁배, 『개혁과 통합의 사회 윤리』, 서울: 대한기독교서회, 2004.

이희성, "하나님의 대행자, 그 기능과 사명", 『이사야 2. 어떻게 설교할 것인가?』, 서울: 두란노 아카데미, 2008, 105-118.

임성빈, 『21세기 책임윤리의 모색』, 서울: 장로회신학대학교출판부, 2002.

임성빈 외 13인 지음, 『공공신학. 한국 교회의 사회적 섬김에로의 초대』, 기독교윤리실천운동 엮음, 서울: 예영커뮤니케이션, 2009.

임영효, 『사도행전에서의 선교와 교회성장』, 서울: 쿰란출판사, 2001.

임정택 외 지음, 『소통기계와 네트워크 인문학』, 서울: 연세대학교 출판부, 2011.

임창복, "초대교회 교역과 교육 사이의 상호긴밀성", 『임창복, 기독교 교육과 신학』, 서울: 장로회신학대학교출판부, 2001, 267-301.

_____, 『노인 기독교 교육』, 서울: 한국장로교출판사, 2004.

_____, 임창복 외 2인 공저, 『21세기 교회의 선교교육』, 서울: 한국기독교 교육교역연구원, 2007.

_____, "성경적 관점의 코이노니아 교육에 관한 연구", 「장신논단 35 (2009)」, 179-213.

임희국 엮음, 『여교역자로 살다』, 서울: 새물결플러스, 2017.

임희모, "교회 본질 회복에 있어서 사회봉사의 역할", 『한국기독교신학논총 20 (2000)』, 263-283.

_____, "성찬론적 사회봉사", 『선교와 디아코니아 5 (2001)』, 208-227.

_____, "타자와 환대의 선교-레비나스 철학과 선교신학의 만남", 『기독교신학 논총 56 (2008)』, 189-211.

_____, "생명봉사적 통전 선교", 『선교와 신학 22 (2008)』, 141-172.

_____, "몽골의 사막화방지 생태선교 – 기독교환경운동연대의 '은총의 숲' 프로젝트를 중심으로", 『한국기독교신학논총 71집 (2010년)』, 295-319.

장경철, "조직신학적 접근의 하나님 나라와 성령", "디아코니아와 하나님 나라와 성령", 대한예수교장로회총회교육부 편, 『하나님 나라와 성령』, 서울: 한국장로교출판사, 2000.

장도곤, 『예수 중심의 생태신학』, 서울: 대한기독교서회, 2002.

장승익, "바울 신학에 있어서의 장애 이해", 이재서 엮음, 『장애인신학』, 서울: 도서출판 세계밀알, 2009.

_____, "장애인신학을 위한 성경적 근거로서의 환대", 이재서 외 공저, 『성경과 장애인』, 서울: 도서출판 세계밀알, 2013, 224-252.

_____, "장애인 신학의 교회론을 위한 성경신학적 시도. 에베소서 2:11-22을 중심으로", 이재서 외 공저, 『하나님 나라와 장애인』, 서울: 도서출판 세계밀알, 2015, 109-144.

_____, "예수 동선의 정치적 함의-음식과 식사를 중심으로", 공적신학과 교회 연구소 편, 『하나님의 정치』, 용인: 킹덤북스, 2015, 47-69.

_____, "삼위일체 관점에서 본 예수의 디아코니아", 「복음과 상황 326 (2018년 1월)」, 66-77.

장윤재, "동물 소수자의 신학", 한국문화신학회 엮음, 『소수자의 신학』, 서울: 동연, 2017, 291-315.

장흥길, "생명 나눔의 성서신학적 근거 대기의 관점에서 바라본 신약성경에 나타난 생명", 「장신논단 30 (2007)」, 111-138.

정기묵, "사이버 공간과 선교 – 사도행전 27장의 상황을 중심으로", 『선교와 신학 27 (2011년 2월)』, 279-307.

정미현, "칼빈의 경제윤리와 젠더", 한국기독교사회 윤리학회 편, 『기독교사회윤리 19 (2010)』, 181-203.

정성욱, 『삶 속에 적용하는 삼위일체신학』, 서울: 홍성사, 2007.

정승원, "장애인을 위한 언약공동체 신학", 이재서 외 공저, 『신학으로 이해하는 장애인』, 서울: 도서출판 세계밀알, 2009, 133-172.

_____, "하나님 나라 주역으로서의 장애인", 이재서 외 공저, 『성경과 장애인』, 서울: 도서출판 세계밀알, 2013, 93-129.

정종훈, "독일 교회에 비추어 본 한국 교회의 남북통일을 위한 과제", 『한국기독교신학논총 68 (2010)』, 257-285.

정지석, "국경선평화학교의 평화통일운동-철원에서 평화통일을 준비하는 국경선평화학교 이야기", 박경수 책임편집, 『하나님 나라와 평화』, 서울: 대한기독교서회, 2017, 335-346.

정훈택, "복음을 따라서: 사도행전의 구조와 그 주요 내용", 목회와 신학 편집부 엮음, 『사도행전 어떻게 설교할 것인가』, 서울: 두란노, 2003, 11-33.

정희진, "한국 남성의 식민성과 여성주의 이론", 권김현영 엮음, 『한국 남성을 분석한다』, 서울: 교양인, 2017, 27-66.

조석민, 『신약성서의 여성. 배제와 혐오의 대상인가?』, 논산: 도서출판 대장간, 2018.

조성돈, "기독교 성인교육의 가능성과 전망", 『기독교학의 과제와 전망』, 한중식/한석환 엮음, 서울: 숭실대학교 출판부, 2004, 591-613.

조재천, 『히브리서』, 서울: 홍성사, 2016.

조현철, "그리스도교 생태영성을 찾아서 – 성서의 생태적 이해", 「신학사상 149 (2010년 여름)」, 93-125.

주승중, 『다시 예배를 꿈꾸다』, 서울: 사단법인 두란노서원, 2014.

차정식, "바울의 '코이노니아'와 사회복지 사상", 「신학사상 136 (2007년 봄호)」, 65-97.

_____, 『기독교 공동체의 성서적 기원과 실천적 대안』, 서울: SFC출판부, 2015.

차준희, "예언서의 윤리사상 – 미가 6:6-8을 중심으로", 『한국기독교신학논총 55 (2008)』, 55-78.

채수일, "창조의 보전과 한국신학: 선교신학적 시각에서", 『21세기의 도전과 선교』, 서울: 대한기독교서회, 1998, 54-73.

최대열, "장애(인)신학의 교회론", 이재서 외 공저, 『성경과 장애인』, 서울: 도서출판 세계밀알, 2013, 130-164.

_____, "모든 사람을 위한 장애인신학", 김옥순 외 공저, 『장애인신학』, 서울: 한국장로교출판사, 2015, 26-49.

_____, 『성서, 장애 그리고 신학』, 서울: 도서출판 나눔사, 2015.

최동규, "참된 교회의 성장을 위한 선교적 교회론", 「백석신학저널 26 (2014년 봄호)」, 37-55.

_____, 『미셔널 처지. 선교적 교회의 도전』, 서울: 대한기독교서회, 2017.

최만수, "사 60-66장: 예루살렘의 영광된 미래", 『이사야 2. 어떻게 설교할 것인가?』, 서울: 두란노 아카데미, 2008, 361-399.

최무열,『한국 교회와 사회복지』, 서울: 나눔의 집 출판사, 2004.

최성수,『예배와 설교 그리고 교회』, 서울: 예영커뮤니케이션, 2018.

최연구,『4차 산업혁명시대. 문화경제의 힘』, 서울: 중앙경제평론사, 2017.

최영숙, "바울의 고난과 하나님의 능력",「신약논단 17 (2010년 여름)」, 395-
   425.

_____. "바울의 예레미야 9:23-24 읽기",『신약연구 9 (2010년 9월)』, 439-
   464.

최영실, "'섬김'으로 '참 평화'를!",『한국기독교신학논총 37 (2005)』, 271-299.

최윤배, "칼뱅 신학의 오늘날의 의미에 관한 연구-그의 삼위일체론을 중심으
   로",「교회와 신학 80 (2016)」, 219-241.

최인식,『예수, 그리고 사이버 세계. 사이버 문화신학 이야기』, 서울: 대한기독
   교서회, 2001.

한국문화신학회 엮음,『소수자의 신학』, 서울: 동연. 2017.

한국선교신학회 엮음,『선교적 교회론과 한국 교회』, 서울: 대한기독교서회,
   2015.

한국여성연구소 엮음,『젠더와 사회. 15개의 시선으로 읽는 여성과 남성』, 파
   주: 도서출판 동녘, 2014.

한국일,『세계를 품는 선교 – 선교 중심 주제』, 서울: 장로회신학대학교출판부,
   2004.

_____,『선교적 교회의 이론과 실제』, 서울: 장로회신학대학교출판부, 2016.

한기채,『삼중혁명의 영성』, 서울: 두란노, 2009.

허호익,『신앙, 성서, 교회를 위한 기독교신학』, 서울: 동연, 2009, 97-102;

현요한,『성령, 그 다양한 얼굴. 하나의 통전적 패러다임을 향하여』, 서울: 장로
   회신학대학교출판부, 1998. 2005.

_____. "하나님의 능력과 마음의 코이노니아 – 성령에 대한 하나의 개념적 이
   해",「장신논단 38 (2010)」, 191-214, 211).

현재규,『열린 친교와 삼위일체론』, 서울: 기독교문서선교회, 2016.

홍기영,『통전적 선교』. 서울: 도서출판 물가에심은나무, 2008.

홍상태,『현실 정보사회와 정보사회운동』, 파주: 도서출판 한울, 2009.

홍주민, "사회적 문제에 대한 응답으로서의 디아코니아 운동 – 여성적 디아코니아 운동을 중심으로",「신학사상 129 (2005)」, 67-90.

_____, "야훼의 섬김",「기독교사상 593 (2008년 5월)」, 182-191과 188-189 참조.

황승룡,『성령론–신학의 새 패러다임』, 서울: 한국장로교출판사, 1999.

황필규, "한국 교회와 사회봉사, '인식에서 행동으로'",「기독교사상 489 (2009년 9월호)」, 33-44.

황홍렬, "사회복지 디아코니아/사회봉사와 선교",『선교와 디아코니아 5 (2001)』, 11-62.

_____, "치유와 화해를 위한 한국 교회의 과제: 화해로서의 선교",『복음과 선교 (세계선교연구회 엮음)』, 서울: 미션아카데미, 2006, 397-432.

_____, "장애인선교신학 정립을 위한 한 시도", 김옥순 외 공저,『장애인신학』, 서울: 한국장로교출판사, 2015, 212-240.

_____, "21세기 선교의 새로운 패러다임",『부산장신논총 15집 (2015)』, 259-293.